运筹多空策略

捍卫金融疆土

一场没有硝烟的战争已经打响！
谁将成为最后的王者？
谁能捍卫中国的金融疆土？

期货英雄7

——蓝海密剑中国对冲基金经理公开赛
优秀选手访谈录 2017

王亮亮　沈　良　刘健伟　主编

东航金控有限责任公司 & 七禾网　出品

地震出版社
Seismological Press

图书在版编目（CIP）数据

期货英雄. 7，蓝海密剑中国对冲基金经理公开赛优秀选手访谈录2017/
王亮亮，沈良，刘健伟主编. 一北京：地震出版社，2018.1
ISBN 978-7-5028-4948-1

Ⅰ. ①期… Ⅱ. ①王… ②沈… ③刘… Ⅲ. ①期货交易－经验
Ⅳ. ①F830.9

中国版本图书馆 CIP 数据核字（2018）第 008072 号

地震版　XM4128

期货英雄 7
——蓝海密剑中国对冲基金经理公开赛优秀选手访谈录 2017

王亮亮　沈　良　刘健伟　主编
责任编辑： 吴桂洪　王凡娥
责任校对： 凌　樱

出版发行：**地震出版社**

北京市海淀区民族大学南路 9 号　　　　邮编：100081
　　发行部：68423031　　68467993　　传真：88421706
　　门市部：68467991　　　　　　　　　传真：68467991
　　总编室：68462709　　68423029　　传真：68455221
　　证券图书事业部：68426052　68470332
　　http://www.dzpress.com.cn
　　E-mail：zqbj68426052@163.com

经销：全国各地新华书店
印刷：三河市嵩川印刷有限公司

版（印）次：2018 年 1 月第一版　　2018 年 1 月第一次印刷
开本：787×1092　1/16
字数：329 千字
印张：21.5
书号：ISBN 978-7-5028-4948-1/F（5651）
定价：48.00 元

目　　录

序　言

　　刚刚过去的 2017 年，以豆粕、白糖为代表的期权品种陆续上市，国内期货市场可谓真正步入了衍生品时代。即便不能深谙那些希腊字母的普通投资者，对未来行情观点也不只局限方向，他们可以精细到因深度看多(空)、不太看多(空)程度，抑或只是波动率回缩或放大而进行交易。衍生品时代来临，市场中每个交易的账户、仓位控制和现金流的方式都变得更为灵活，交易之艺术可谓甚加深化。

　　谈到交易分析方法，从成本定价、供需、宏观、技术指标到时下借助技术手段对传统方法升级，可谓不胜枚举。最近一年，诺贝尔经济学奖授予了行为金融学奠基者理查德·塞勒(Richard Thaler)。根据他的学说，经济学不再是繁复的数学公示推演，而是回归到经济活动与普通人行为心理相联系的古典传统。这位芝加哥大学教授还客串出演过奥斯卡获奖电影《大空头》(The Big Short)，在赌桌上为大众通俗地普及合成 CDO 概念，其经典台词就是"如果你相信人类做事情总有逻辑可循，那只能说明你疯了。"

　　对于交易人是否理性，各类学说都有自身的假设和论证。每到年底赛季末，我们都会对自己一年的交易得失进行梳理。回想一下，我们是否对某个阶段的商品价格波动存在巨大困惑，过去的投资决策是否也存在着塞勒所说的"心理账户"，即心中有一个理性前瞻的计划者同时又有一个短视盲目的行动者，而最终我们的行为被这两个自我相互争夺所左右。每个学说都不可能完全解释市场，交易方法本身就是随着不同的"未来"变成"现在"而不断精进的。

　　聚焦某个时段，比赛是选手们横向竞技的舞台；而放诸历史长河，比赛过程中的点滴既是典型行情战役的记录，更是交易者自身纵向成长提升的历程。金融衍生品市场瞬息万变，每个价格的形成都是参与者的决策和行动的结果。"蓝海密剑"大赛作为以长周期持续记录选拔为特色的期货公开赛事，呈现着中国期货交易者群体典型样本，无论个体盈亏都是映衬市场交易者行为的客观现实。作为期货市场发展演化和大赛选手成长的见证，《期货英雄》系

1

列访谈探访大赛精英选手的交易心路，为每一位热爱中国期货市场、关注"蓝海密剑"的期货人提供交流平台，愿各位读者都能从本书里各位获奖作者们的无私分享中有所收获、有所启发。

王亮亮

蓝海密剑组委会秘书长

东航期货有限责任公司副总经理

《期货英雄1》《期货英雄2》《期货英雄3》《期货英雄4》《期货英雄5》《期货英雄6》各路豪杰寄语

徐佳佳： 不知不觉之间，蓝海密剑大赛已经进入了第10个年头，《期货英雄》系列图书也出到了第7册。作为2008年开始参加蓝海密剑大赛的交易者，我认为今年的《期货英雄》尤其值得一看。这是因为，刚刚过去的2017年，是期货市场行情较为复杂、无序震荡时间较长、操作难度较往年有所加大的一年。在这样的年份里，即使是身经百战的期货老手，与飘忽不定的市场一年搏斗下来，也不免生出许多新的感悟，积累下不少宝贵的心得。今年的《期货英雄》不仅将为我们展示大赛中各种流派的交易高手如何各显神通，来应对这少见的复杂行情，也记录了他们是如何在交易较为不顺时调整心态，逆流而上。这无疑值得每个期货交易者去研读、去回味。

顾伟浩： 世事如棋，乾坤莫测。过去的2017年，全球政治经济角逐的大幕继续向纵深挺进。热点中东，各方力量纵横捭阖，风云突变。宿敌沙以暗通款曲，伊朗内争，搅动天下风云。世界能源中心波谲云诡，或将严重殃及中国国家战略与石油供应。

而当今世界老大美国，孤立主义与保守思想日趋强烈，引发全球权力真空与政治力量再平衡，热点地区冲突持续不断！

经济方面，依旧是美国一枝独秀，美股一路高歌猛进。中国的供给侧改革星火燎原，铁腕治国能力进一步提升，几大风险问题有效控制，中国经济平稳前行！

展望2018年，中国经济结构性变化将进一步深化，互联网时代赢家通吃现象更为明显。美国税改与加息缩表继续推进，全球资本紧缩转移大潮或将触发，成为关注要点之一。而中东局势，朝核问题的演变或将引发地区严重

1

军事冲突，必将对我国产生严重影响，也需密切关注。

蓝海密剑已走过 10 个春秋，期间涌现不少令人钦佩的名家高手，希望多年以后，在中国的资本市场，蓝海英雄们能占据一席之地，尤如当年在美国市场纵横驰骋叱咤风云的海龟老虎们！

周汉平： 2017 年期货市场是最难投资的一年，机构之间的博弈太厉害了，导致量化交易收益普遍非常低。这个时候就要另辟战场了，股票成为我获取绝对收益的来源。我的股票投资理念是价值投资，2017 年刚好是价值投资兴起之年，所以整年下来取得的收益还不错。当资金比较大后，多市场配置可以取得投资上的平衡，更有利于资产的稳定增加。

周伟： 2017 年行情比较反复，对每位交易员来说都是一个巨大的考验，在这市场里活着才是最重要的，行情困难期能做到尽量少亏，以等待大行情的来临！对于洼盈投资来说，去年开始逐渐走上正轨，我们发行了十几只产品，目前运行良好。希望 2018 年市场能给我们广大投资者提供更多的机会！

杜云宏： 蓝海密剑卧虎藏龙，英雄辈出，祝贺蓝海密剑越办越好，祝贺《期货英雄 7》顺利出版。期货市场越来越成熟，产业资金的深度参与，复杂了商品价格趋势，增加了投机资金的获利难度。投资者最好专注于单个品种，熟悉该品种的方方面面以提高胜算。

刘志刚： 2017 年对期货市场来说注定是不平静的一年，商品期权上市、股指期货交易松绑为市场增添不少亮色。同时，商品期货市场在褪去 2016 年的牛市光环后，2017 年的行情走势也变得跌宕起伏，商品市场整体呈现上涨格局。但震荡开始加剧，行情走势曲折，波动明显加大，这无疑给广大投资者的操作增加了很大困难，身边的期友们也都不约而同的感叹现在的市场赚钱越来越难了，不过这也是一个自由发展的市场所要经历的必然阶段，以后我们面临的将是一个更加成熟，更加理性的市场，掉馅饼的行情将会越来越少。

期货市场里没有一劳永逸的方法，交易员主动性的学习、思考，不断完善自身的交易系统才是应变之道，《期货英雄》系列丛书给我们一个很好的学习他人成功经验的机会，但是需要提醒投资者的是，不要盲目复制别人的成功方法，要认清自己的优势和特点，把别人成功经验融入自身的交易系统中，另外在关注别人成功之道的同时，还应多去思考一些他人的失败经验，话说成功有很多种方式，但是失败的原因却惊人的相似，毕竟期货交易是一个风险极大的行业。作为一个在期货市场摸爬滚打了七年多的交易员，强平、爆仓之类的词语多次在自己和朋友身上出现过，对此我总结一点：在期货交易里，仓位控制、资金管理永远都是最最重要的一环，没有之一。

最后我想说，在所有行业里面，期货交易员是最孤独、承受压力最大、对自身修养要求最高、成功率又是最低的职业。在此寄语，希望《期货英雄》系列丛书越办越好，不断持续对广大期货交易者以帮助。

黄俊：时光飞逝，2017年已经成为历史，第九届蓝海密剑也落下帷幕，走进第十届，作为蓝海密剑的一位老兵，回首这一年的大赛整体情况不难发现，2017年的CTA策略受到了比较严峻的考验，大部分交易选手的综合收益和表现不如往年，相当一部分成熟交易员的年综合收益率及净值增长率处于历史低值。我想这和市场参与者结构越来越丰富，参与者成熟度越来越高，从而使市场有效性增强密不可分，同时，若是放在整个更长的交易周期来看，这又是很正常的现象，可就是在如此艰难的交易情况下，仍然有优秀选手取得了骄人的成绩，表现出了惊人的交易水平和行情把握能力！

每年的这个时候，都是我有所期盼的时刻，因为这个时候《期货英雄》系列丛书就会如期面世，我一如既往的期待沈良兄带着他对优秀交易员独到的观察视角与睿智，带领我们走入他们的交易人生，与他们进行一次次精彩的脑力激荡并迸发出交易智慧的火花，为所有读者奉上一份期货交易智慧的饕餮盛宴！

让我们一起开卷，来领略这些优秀选手的风采吧！

李志康：期货市场是商战最激烈的战场，乃死生之地，它既是英雄驰骋的舞台，也是新人辈出的埋骨冢。而交易能力作为一种技艺，唯有自我更新、自我迭代、自我革命，保持终生学习方能生存并取得成长，希望不管前人后人、顺境逆境，始终不骄不躁，谦虚谨慎，不断进步！

林庆丰：回顾 2017 年的中国期货市场，商品行情曲折震荡加剧，市场活跃度和趋势度有所下降。伴随着供给侧改革的持续推进和环保督察趋严，黑色系再领风骚。值得注意的是，2017 商品行情波动比起往年明显加大，如果资金管理不到位，要么一夜暴富，要么一夜爆仓。商品市场结构特征（成交量、持仓量、行情波动幅度等）时刻在变，不变的是人性。要想在这个市场持续长久的生存下去，在创建一套相对比较成熟的交易系统的前提下，还要针对市场行情特征的不断变化，时刻对自己的交易系统做一些微调，做到紧跟市场，这样才有可能在这个市场长久生存下去。

不忘初心，砥砺前行。祝大家 2018 年投资顺利！祝东航蓝海密剑期货实盘大赛越办越好。

张国海：自 2009 年参加东航期货举办的蓝海密剑大赛已有 9 个年头，亲自参与见证了蓝海密剑大赛由小到大的发展历程，参与比赛的投资者也越来越多、影响力也越来越大，从中也涌现出许多优秀的投资者，但同时也看到了不少投资者的陨落，杠杆交易的残酷现实让我深刻体会到了只有活着才能创造奇迹！同时祝福蓝海密剑大赛的投资者能够活得长久，让我们一起来见证蓝海密剑越办越好！

许建红：金融市场行情瞬息万变，反复无常，具有不确定性，作为职业交易员就是在不确定当中寻找相对确定性的机会出击，实现稳定盈利。交易任何时候都要把风控放在第一位，不要东山再起，讲究的是细水长流，资金稳定增长。

市场认同的观点多半挣不到钱，好的交易员内心肯定是孤独的，要耐得住寂寞。作为市场的受益者，我们应该感恩市场，积极回报社会，做一个善良正直的人。祝福投资朋友们身体健康，万事顺意！祝福蓝海密剑大赛越办越好！

恶狼：年初郑重转型，恰遇超级巨浪，再度三起三落，自扇上千耳光，寸心有所微进，从而彻悟转型！感恩一切，感恩2017年遇到的所有的人、所有的事……2017年再次证明了：生活总是让我们遍体鳞伤，但到最后，那些受伤的地方一定会变成我们最强壮的地方。期待蓝海密剑十周年大赛的杰出表现！

唐正勇：刚刚度过跌宕起伏的2017年，是喜悦中带点遗憾，还是苦涩中留存希望？我们都交出了不同的答案。是的！市场没有永远的英雄，只有永远的学生，怀着敬畏，敢于面对、勇于创新才会在市场中站稳脚跟。

江苏恒汇泰投资有限公司祝《期货英雄》的读者朋友们心想事成、投资顺利，都能成为市场的英雄。

林之鹤：投机是没有硝烟的战场，我们经常看到几个人站出来，更会看到一群人倒下去，能够常年屹立不倒的往往是凤毛麟角，这个游戏的规则是非常残酷的，我们能做的就是在最大程度保护自己的前提下去参与搏杀。当然，并非努力，就可获得成功。在投机的战场里，我们最需要学会的，就是认输。当行情背驰的时候，你就要知道，这一局输了，便退出，以后再来。认输，不是结局，而是，给自己另一个机会！

黄啸：许多经历了过去辉煌的商品期货交易者在面对当下的种种坎坷的时候，唏嘘不已，感叹市场的飘忽不定，获利艰难。而实际上市场的这种表现都太正常不过，交易之路就是修行之路，我们要正确认识市场的这种波动本质，拥抱无常、心怀淡定，抓住交易背后亘古不变的逻辑，只要背后有正确的大逻辑的支撑，就一定要相信否极泰来的的天道。在行情不利导致资金回撤的时候做好资金管理，认真检查和回顾自己的策略逻辑，只要不是因为违背交易策略而造成的回撤，只要回撤控制在预设的范围内就不要太在意。不管是什么时候都要严格执行、坚定贯彻每一个符合策略的交易点。虽然市场会有足够的耐心等待着我们犯错，但我们也必须要有足够的耐心等待市场来吻合策略逻辑，熬过周期的寒冬最终获得市场的表扬和奖赏。

吴洪涛： 今天，在这里我们说说"江湖"之"期货江湖"。因为有人的地方就有江湖。盘面数字变动"刀光剑影"，盘中则是赤裸裸的博弈！期货江湖映照着每个期货人内心最直接、最残酷的人性！

因此，要想行走"期货江湖"，必须要有自己的"道"，世上没有任何系统或技术交易方法能永保胜利，交易者需要在实践中审时度势，依靠自身的修炼和智慧做出正确的判断，才能在这个"期货江湖"立于不败之地！

章位福：当我知道正确的方向，我会遵守一辈子

（2017年1月1日　傅旭鹏访谈整理）

章位福

期货程序化交易高手。江西人，早年在福建打工，现居浙江。

少年时因家境一贫如洗，初一下学期就辍学，做了一年多陶瓷工后改做理发师，经过15年多的时间努力，白手起家，从一名普通的理发师成长为20余家连锁美发店的老板。

2003年开始接触股票投资，2009年底参与期货交易。通过努力自学和参加相关金融培训课程，2010年实现了期货程序化自动交易。使用金字塔平台自动化交易，目前主要交易商品期货，多品种、多周期、多策略组合交易。在期货市场上的盈利超过600万元。

精彩观点：

更加重视策略的普适性，要全市场操作，不要把筹码放在一个品种上面，并且要以交易趋势行情为主。

我觉得以后的市场会越来越成熟。所以我会选择大道至简的方式，并且选择一小时和日线这样的周期来做交易。

在回撤中坚持下来的信念来源于资金管理。

我认为做程序化就要坚守原则，也就是计划你的交易，交易你的计划。

做程序化就不要有任何人为和主观的部分，要遵循全自动的程序化交易，遵循趋势交易的理念，因为按照趋势交易，涨得再高我还是敢做，跌得再低我也敢做。

任何的策略都有各自的优点和缺点，所以这几年的抄底策略一路做下来，我认为虽然不赚钱，但是赚到了经验。

只要按照我们的计划去做，赚钱我们要去接受，亏钱也要去接受。

赚钱和亏钱都是我们的经验，会有助于我们以后的交易过程中做得更好。

我一直都把主要的精力放在实业上面，未来还是会以实业为主、投资为辅，因为实业还是根本。

我的商品策略的主要特征，第一个是大道至简，就是交易条件尽量简单；第二个是普适性，就是全市场的品种在3年时间内都要能够达到正期望值，而且是用单一的参数不做任何优化，用一套策略来应对所有的品种，总体能够取得平均的收益；第三个是以趋势交易为主，就是在趋势发生的必经之路上埋伏，全市场去运行。

多品种、多周期、多策略这个组合的优势其实做程序化的人都很清楚：盈利是相加的，回撤是互相抵销的，这是最大的一个优势；这样的组合是第二个优势，就相当于天空中有很多片云朵，我在每片云朵下面都放一个脸盆，期待它下雨，不管哪片云下雨，我都能够盛到一点雨，相当于我是赚取市场平均的收益。

策略越是简单、交易的周期越长，它的普适性就会越强；越是复杂的策略，它失效的可能性就会越高。

利人利己的事情我们肯定要多做，损人利己的事情我们坚决不做，损己利人的事情我们量力而行。

我们对市场本质理解以后，再去通过市场的本质用简单的代码表现出来，而不是说简单地去写一段代码，这才是大道至简的理念。

我觉得做任何事情，兴趣是决定一个人能否成功的根本。

在整个程序化交易里面，我认为策略只占20%，资金管理占30%，心态以及对市场本质的理解占到50%。

每年30%以上的收益倒不敢保证，但是有信心长时间地保持平均30%的年化收益率。

最大的感悟：第一个是一定要理解市场的本质；第二个就是我们对资金管理要有一个非常清楚的认识；第三个就是要遵循大道至简的交易逻辑。

信佛是一种信仰，我觉得一个人必须要有信仰，因为信仰会给我们一些非常正确的指引。

我一直遵循佛学的一些做人原则，比如行善积德、顺应自然、敬畏因果。

今天赚多少钱其实并不重要，今天亏多少钱也不是最重要的，重要的是有没有按照交易的计划来执行，有的时候做交易赚钱不代表做正确了，亏钱也不代表做错了，做正确的事情才能做好交易。

我人生最大的一个转折来源于《世界上最伟大的推销员》这本书，他改变了我的为人处世的态度和方法；还有一本书是《富爸爸穷爸爸》，它让我树立了正确的理财观念。

当我知道正确方向的时候，我会遵守一辈子。

做正确的事情每个人都能成功，只是快慢的区别；但做错误的事情，是不可能一直成功的。

从对整个社会贡献的角度来说，那肯定是实业对社会贡献更大，因为实业可以创造就业机会，可以帮助更多的人，这种成就感是做期货投资无法相比的。

问题1：章位福先生您好，感谢您和东航金融、七禾网进行深入对话。距前一次的沟通已经4年有余，这4年中您对交易以及市场有没有新的感悟和理解？

章位福： 4年前我主要做股指日内交易，因为周期比较小，所以策略上的条件会比较针对短周期，但是这种策略会有一个问题——只适合做股指。后来因为股指有段时间非常难做，如果这套策略放在其他品种上面去交易基本上是不适应的，所以这4年来，我最大的感悟是**更加重视策略的普适性，要全市场操作，不要把筹码放在一个品种上面，并且要以交易趋势行情为主。**

问题2： 这4年中期货市场发生了很大的变化，比如绝大部分商品都推出夜盘、股指受限、市场专业性越来越强等，您在交易之中感受到的市场变化有哪些？这些变化对您程序化交易有何影响？

章位福： 这几年期货市场的变化比如说夜盘、股指受限、投资者的结构跟以前有些不一样，而且现在程序化交易的比重越来越高，像现在做日内的交易就特别难，没有以前那么好做，**我觉得以后的市场会越来越成熟。所以我会选择大道至简的方式，并且选择一小时和日线这样的周期来做交易，**因为一小时和日线的周期是比较大的周期，很难用短期的资金来改变这个大周期的趋势，而且日线周期跟政策和商品周期都是有关联的，所以后面会以更大的周期、多品种的方式来做交易。

问题3： 您现在的交易方法和交易系统，同4年前相比，有哪些重要的改变和调整？

章位福： 4年前是以做股指日内交易为主，并且是多策略交易的方式，商品也会少量地交易。现在的交易系统更加地简洁化，整个策略更加简洁，但是对价格的逻辑和市场本质的理解会比较重视，特别是后期资金的配比、整个仓位的权重都会比较重视。现在的策略比以前更简单、简洁、明朗，而且对策略的普适性特别注重，策略要在所有品种上都有正收益，以前的策略只针对股指的。

问题4： 您个人期货投资自2013年中旬开始出现较大回撤，回撤时间也较长，请问是什么原因导致了回撤？又是什么样的信念使您能在这段回撤中坚持下来？

章位福：2013年的时候还是做股指，做股指中间出现一个比较难做的过程，我当时新增加了一个策略，这个策略是基于当时商品是处于熊市相对底部位置的逻辑，所以做了一个只开多、不开空的抄底商品的策略，而且这个策略要求必须赚钱才能够平仓，所以导致了一个很大的回撤。而这个回撤也是因为那时候有一个人为的判断，认为当时整个商品是处于熊市的底部位置。但这个策略我也是一直执行规则，一直做到今年的上半年，总的来说还是略有盈利，但在这上面确实花了比较久的时间。现在回过头来看，其实这个策略是不成熟的，主要是因为有一个人为的判断，忽略了趋势交易的理念，这段经历给了我一个非常宝贵的人生经历和交易经验，虽然经历了这么长时间的回撤，但我觉得对我的个人经验和人生来说是非常宝贵的。**在回撤中坚持下来的信念来源于资金管理**，因为当时做抄底策略的时候，根据资金管理每一个品种的点位我都有做最坏的打算，往下跌多少我都能承受，整体的仓位比较轻，所以就能坚持下来。另外，**我认为做程序化我们要坚守原则，也就是计划你的交易，交易你的计划**，这是很重要的一个交易原则。只有走过来了，我们才知道过程中发生了什么，才可以从这个过程中去做总结、重新梳理规则。所以对我来说只要亏损的金额能够承受，并且仓位不要过重，坚持下来是不难的。

问题5：经过这几年的回撤，近期您的个人投资累计净值重新再创历史新高，经历了回撤，净值再创新高，您有何感想和体会？

章位福：这个回撤的过程是因为熊市的时候用了一个抄底的策略，也一直在遵循那个抄底策略交易，一直等到今年上半年我才切换回趋势策略，所以近期净值在创新高。在这个过程中，我最大的感受是，**做程序化就不要有任何人为和主观的部分，要遵循全自动的程序化交易，遵循趋势交易的理念，因为按照趋势交易，涨得再高我还是敢做，跌得再低我也敢做**。我个人判断基本面的能力是特别弱的，也没有这个条件。

问题6：2014年和2015年股指出现一波比较大的行情，但因为您把股指策略停掉换成抄底策略而错过了。今年下半年商品有一波非常流畅和大幅度的上涨行情，但是您抄底的策略今年上半年就停掉了，换了趋势策略。错过了这样的行情，您是否觉得可惜？

章位福：不会觉得可惜啊，**任何的策略都有各自的优点和缺点，所以这几年的抄底策略一路做下来，我认为虽然不赚钱，但是赚到了经验。只要按照我们的计划去做，赚钱我们要去接受，亏钱也要去接受。亏钱和赚钱都是我们的经验**，会有助于我们在以后的交易过程中做得更好，所以没有可不可惜之说。抄底策略的仓位必须是低的，资金不能用得太多，趋势策略反而资金可以用上去，所以没有可不可惜，都是各有利弊的。

问题7：您近一年曾减少了在期货市场上的投入，那段时间您是否主要精力有所转移？今年重新积极地投入期货交易中，是什么原因和想法使您重新加大对期货市场的投入？

章位福：**我一直都把主要的精力放在实业上面，未来还是会以实业为主、投资为辅，因为实业还是根本。**做程序化其实不用花太多的时间来交易，因为程序化更重要的是交易的思想或者是在整个交易过程中一种坚定的信念，其他的都让计算机来完成就可以了。今年只是做了一个程序化策略的转换，换了一个趋势策略上去。

问题8：2016年以来，商品期货行情火爆，您的策略表现如何？请谈谈您的商品策略的主要特征。

章位福：2016年商品期货走牛，我的策略表现还是不错的，整体都达到了我的个人预期。**我的商品策略的主要特征，第一个是大道至简，就是交易条件尽量简单；第二个是普适性，就是全市场的品种在3年时间内都要能够达到正期望值**，而且是用单一的参数不做任何优化，用一套策略来应对所有的品种，总体能够取得平均的收益；**第三个是以趋势交易为主，就是在趋势发生的必经之路上埋伏，全市场去运行。**我不会对策略进行过度的拟合，不会增加策略的烦琐性。

问题9：您目前的系统是多品种、多周期、多策略的组合，您觉得这样的组合优势主要在哪些方面？

章位福：多品种、多周期、多策略这个组合的优势其实做程序化的人都很清楚：**盈利是相加的，回撤是互相抵销的，这是最大的一个优势；**这样的组合是第二个优势，就相当于天空中有很多片云朵，我在每片云朵下面都放一个脸盆，期待它下雨，不管哪片云下雨，我都能够盛到一点雨，相当于我是赚取市场平均的收益。而且这样的组合可以平滑曲线，提高资金的使用率，我认为程序化交易未来一定是朝着多品种、多周期、多策略的方向发展的，针对单一品种的程序化交易肯定不是未来的主流。

问题10：在选择品种上有何要求和标准？每个品种、周期和策略资金和仓位如何分配？

章位福：只要是市场上的品种，都会进入我的监控范围，选择品种的标准很简单，就是在日线级别上成交量要超过5万手，并且达到程序的开仓条件，就会成为我的交易品种。如果成交量低于5万手，这个品种有信号我也不会开仓，但是如果原先有持仓，现在成交量不足5万手，同时有平仓信号，这时候我会平仓。我在每个品种上基本是分配2%～3%的资金，按照每个品种的价值量来分配，所以每个品种上分配得就会比较少而且比较平均，仓位最大会达到60%～70%。

问题11：目前您的账户具体进出场交易时，是价格突破了就立刻成交，还是等一个周期结束后以收盘价成交？您觉得这两种方法各自的优缺点有哪些？

章位福：我的策略目前都是以收盘价成交的。这两种方法各有优势，即时成交的方式能够以最快的速度去成交，不用担心市场反向急速下跌或者急速上涨的情况。以收盘价成交的第一个好处是可以过滤掉盘中的虚假信号，比如说价格突破完以后又收回来，这样的盘中假信号可以过滤掉；第二个好处是可以减少在盘中去追价的交易成本，这两个是主要的优点。因为我是用多品种、多周期、多策略的方式来交易，所以对交易成本比较重视，而对盘中价格突破后提前地有优势的价格就不是特别重视。比如说均线在某个位置，价格突破上去的时候我不交易，等到这根K线收盘，收盘价也有可能拉出大阳线，导致收盘价离信号价很远，但我不重视这一点，我们经过测算，有时候收盘价也可能会形成一个过滤的效应。

问题12：有些人认为，一个程序化策略如果不变化，那它的有效性是不会长久持续下去的，请问您如何看待策略的更新？您是否会定期进行策略优化？

章位福：我认为**策略越是简单、交易的周期越长，它的普适性就会越强；越是复杂的策略，它失效的可能性就会越高。**所以我不怎么会定期优化策略，只是会定期地看一下。还要去注意市场本身有没有发生改变，包括交易规则、投资者结构还有K线的一些常规特征，如果这些是有改变的，我们就要重新思考这个策略是否能够适应当前的这种市场，然后再做相应的调整。如果市场本身没有改变，只是行情走得比较纠结，我认为这仅仅是一个正常的表现，因为在震荡行情中趋势策略注定是要亏损的，我认为这个不是策略失效。

问题13：您对于生活和交易都推崇"大道至简"的理念和原则，也有人认为简单的策略不会太有效，您怎样看待这个问题？

章位福：我个人认为还是应该要大道至简。方向很重要，大道是先要有方向，之后用简单的方式把它表现出来，这是我遵循的理念和原则。就像做人一样，**利人利己的事情我们肯定要多做，损人利己的事情我们坚决不做，损己利人的事情我们量力而行**，就是这样的一个原则。策略方面也是一样的，比如说做趋势交易，我们追寻一个简单的趋势的原则，我们要想清楚趋势的本质是什么，然后把这个本质阐述出来，能够用一句话说的，绝不用两句话。**我们对市场本质理解以后，再去通过市场的本质用简单的代码表现出来，而不是说简单地去写一段代码，这才是大道至简的理念。**

问题14：您在2010年就实现了期货程序化自动交易，是国内比较早从事程序化交易的人员，从刚开始进行程序化交易到现在，您是否觉得程序化越来越难赚钱？

章位福：这个问题也要看是哪种类型的程序化交易方式，像日内的程序化交易肯定是越来越难赚钱。我自身主要从中长线趋势交易的角度来看，我觉得没有明显的变化，中长线的趋势策略没有特别弱化的情况。即便中间有几年时间因为行情走得比较纠结、波动比较小，导致表现不是特别好，我认为这也是正常的。所以我觉得未来只要波动足够大，中长线的趋势策略表现还是跟以前差不多。

问题15： 一名程序化交易员或多或少都曾涉入过IT行业，或对编程有所了解，而您表示自己是从零开始自学，请问在您学习的过程中遇到过哪些障碍？

章位福： 我刚开始学程序化的时候连英语都不懂，障碍肯定是很大的，那时候看都看不懂，什么意思也不清楚。编程方面前期我是很头痛的，我有想法，但是不能把它编出来。为了克服这些障碍，我在编程序的时候不懂英语，那我就用复制粘贴的方式；看不懂的地方，我就看注解，理解了这里面的逻辑和原理之后，我再尝试一个个地去写，就是这样一个过程。**我觉得做任何事情，兴趣是决定一个人能否成功的根本**，我对程序化交易有非常浓厚的兴趣，所以我通过不断地学习和理解，并且付出实际行动去编写程序，目前我有想法就能编出来。虽然在这个过程中有很多的障碍，但现在基本上都解决了，我觉得现在已经没什么障碍，写程序对我来说是件轻松的事情。

问题16： 程序化交易方式现在被越来越多的投资者所青睐，请问您认为通过程序化交易实现盈利有哪些关键点？

章位福： 我觉得做程序化交易策略不是重点，很多人做程序化都在寻找一个非常好的策略，但我认为策略不是盈利的关键。**在整个程序化交易里面，我认为策略只占20%，资金管理占30%，心态以及对市场本质的理解占50%**，所以一个人能不能做到稳定盈利，策略不是最重要的，主要取决于对资金管理的理解以及对市场本质的理解。如果有个好的策略，让一个对市场本质理解不深的人去用，当这个策略表现不好的时候，他很可能就不能坚持下去。如果一个资金管理很激进的人来做一个非常好的策略，那他很可能也会面临非常大的亏损。所以策略、资金管理、对市场本质的理解和心态都要结合起来，我认为做好这三个方面，才能够在程序化交易中稳定盈利。

问题17： 去年股指受限之后，对您的交易影响大不大？如果有一天股指放开之后，您是否会重新交易？

章位福： 因为我在股指受限之前就转换成做抄底策略了，所以股指受限对我来说没什么影响。股指如果放开了，我肯定会做，因为股指是一个非常好的交易品种，当初也是因为股指是做程序化非常好的一个标的，才让我入门到程序化交易里面。我相信如果有一天股指放开，波动和成交量变大的话，会有非常多的投资者重新参与交易，那我肯定也不例外。

问题18：目前也有很多人做股票程序化交易，您是否考虑参与股票程序化交易？

章位福：我目前也在用少量资金测试股票的程序化交易，就相当于多了一种交易标的。但股票只有做多机制，没有做空机制，而且没有杠杆效应，目前仍然处在测试阶段。

问题19：现在测试股票的策略，跟期货上的策略有没有什么区别？

章位福：股票的策略跟期货的策略多少是有些区别的，股票的策略会把上证指数、深圳成指、板块指数等考虑进去。

问题20：在投资方面，您给自己定的使命是"投资年化收益平均30%"，除了前两年，年化收益的任务都已经实现了。您觉得在后续的几年中，是否有信心保持每年30%以上的收益？

章位福：**每年30%以上的收益倒不敢保证，但是有信心长时间地保持平均30%的年化收益率。**因为只要市场有波动，我相信对我们来说就有机会，像今年的这个行情，就给了我们做程序化的超额的收益，相当于今年赚一年的钱，可以抵两三年。所以每年30%的收益我不敢保证，但是平均每年30%的收益我是很有信心的。

问题21：有些人认为，期货市场中赚大钱的人，很多都是重仓猛干几年冲出来的，很少是通过稳定复利增长实现的。对于重仓猛干和稳定复利，您怎么看？

章位福：我的理解是不能只看单账户的情况，很多人看到别人一个账户里面拿10倍的杠杆来做交易，觉得这个人非常疯狂，但是我不这么认为，我觉得很有可能这个人是个交易高手。假设他有1000万元的本金，只开了一个100万元的期货账户，他用这100万元把仓位开满，其实相对于1000万元是没有杠杆的，假如他赚了100万元，从账户里看是翻了一倍，但是实际上他外面还有900万元，相当于只赚了10%；亏损的时候也是相同的，他如果把这100万元都亏完了，也只亏了10%。所以我认为重仓猛干一定要建立在场外有安全的资金做铺垫的前提下，当他碰到极端的不利行情时，也不会真正影响他的资金安全。很多的民间投资单账户可以翻几十倍几百倍，我认为其实他场外是有一定的资金来做铺垫的，他并不是把所有资金都放在期货里面，而且很大一部分人是采用盈利出金的方式。但有很多不成熟的投资者，是真的重仓猛干，把身上仅有的资金全都放在一个账户上重仓猛干，这种是致命的，他在这个市场上极有可能亏光。稳定复利是必然要做的，比如做资产管理通常会采用稳定复利的方式，因为对资金的回撤和波动有限制。

问题22：做了这么多年交易，您最大的感悟是什么？

章位福：**最大的感悟第一个是一定要理解市场的本质；第二个就是我们对资金管理要有一个非常清楚的认识；第三个就是要遵循大道至简的交易逻辑**。同时也要时刻敬畏这个市场，忠于规则、总结规则、完善规则。

问题23：您本人是信佛的，也多次参加过禅修活动，您觉得信佛和禅修对生活和对期货交易的意义在于哪些方面？

章位福：**信佛是一种信仰，我觉得一个人必须要有信仰，因为信仰会给我们一些非常正确的指引**。比如说佛学存在了几千年，它有一些最基础的行为准则，这些准则不用我们自己去悟，只要去遵守就可以了。这种信仰在生活中可以让我特别坦然地面对每一件事情，在我成功的时候不会太骄傲，在我失败的时候不会太失望，也不会太悲观。而且**我一直遵循佛学的一些做人原则，比如行善积德、顺应自然、敬畏因果**。这对交易最大的影响就是让我看淡交易的过程，**今天赚多少钱其实并不重要，今天亏多少钱也不是最重要的，重要的是有没有按照交易的计划来执行，有的时候做交易赚钱不代表做正确了，亏钱也不代表做错了，做正确的事情才能做好交易。**

问题24：您白手起家，通过自己的刻苦努力，不仅在实业上做得非常出色，在期货投资上也做得非常优秀。您觉得您今天的成绩主要得益于哪些方面？

章位福：我14岁就步入社会，在工厂上过班，也在工地里上过班，后来选择了做美发。**我人生最大的一个转折来源于《世界上最伟大的推销员》这本书，他改变了我的为人处世的态度和方法**；还有一本书是《富爸爸穷爸爸》，

11

它让我树立了正确的理财观念。**我个人的性格就是当我知道正确方向的时候，我会遵守一辈子**，除非我发现有更好的方向，我才会做略微的调整。所以我今天能走到现在，源于我做事情客观、做正确的事情，还有足够的努力，另外我每年都会给自己定计划和目标，而且未来的方向会计划得比较明确，相当于我是一个按部就班的人。

问题25：对于很多年轻人，您觉得他们能否通过努力复制您的经历？您认为一些年轻的期货交易者应该树立怎样的理念？

章位福：**做正确的事情每个人都能成功，只是快慢的区别；但做错误的事情，是不可能一直成功的。**所以我认为方向很重要，只要是把方向找正确了，每个人都可以成功。在这个过程中，除了需要努力之外，还需要找对方向，并且要找到好老师，因为自己去摸索会走很多弯路，但如果有别人来指引你，你是可以走上捷径的。对现在初级的期货交易者，我认为只需要做一件事：账户先放10000块钱，从1手开始做起，先交易半年，先理解这个市场的交易规则、交易心态、交易逻辑，再来选择适合自己的交易体系。有些人不一定适合做程序化交易，有的人可能用手工交易会更好，所以我认为新的交易者应该用非常少的钱，先到这个市场来练习，就像游泳一样，下了水才知道水温。

问题26：您认为做实业和做期货投资有什么区别和联系？实业上的经历对您期货交易是否有一定帮助？

章位福：做实业跟做期货从生意的角度来说，实业做得好的话它是一个没有回撤的资金曲线，做期货是一个投机的过程，这个月有可能亏也有可能赚，我们只是遵循了一个大概率赚钱的可能。**从对整个社会贡献的角度来说，那肯定是实业对社会贡献更大，因为实业可以创造就业机会，可以帮助更多的人，这种成就感是做期货投资无法相比的。**所以实业除了能够让自己成功之外，还可以让更多的人成功，这是实业的魅力所在。实业上的经历对期货交易当然会有直接的影响，做实业的经历让我更加客观理性地面对一些事情，而做期货交易必须具备客观、分析、冷静的特质，所以实业的经历是我做投资的前期非常重要的铺垫。

问题27： 未来几年，您对投资方面有什么规划？

章位福： 首先我还是会以实业为主、投资为辅，以实业为根本。未来几年投资方面基本上还是遵循程序化交易的方向，通过稳定复利让自己的投资成绩更好。如果有合适的资金和机会，我也会尝试对外做一些资管。

洼盈投资：以打造中国的元盛为目标而不懈努力

(2017年1月6日，沈良访谈整理)

洼盈投资

上海洼盈投资管理有限公司，创立于2015年，注册资金5000万元，由老牌私募合顺投资和海证投资共同组建而成。公司主要投资领域为商品期货、金融期货及组合证券，通过量化人工智能监测体系、系统化趋势跟踪、多元化投资组合模式在投资市场努力获取风险可控的回报，实现公司及管理资产的保值增值。

精彩观点：

建立在兴趣的基础上去做交易，加上较完善的策略自然而然就在当前的市场环境中赚到了钱，就像编好渔网，张开渔网，鱼儿自然就进来了。

交易做到一定规模了，风控(防守)更重要。

短期暴利的方式没有可复制性。

长期复利是非常惊人的，在目前国内这种市场环境下，如果能够保持年化+50%以上的收益是相当不错的。

做量化交易的，注重的是正期望值的交易体系，严格的纪律和执行力。

内心的承载和阅历作为软实力至关重要。同样是一套趋势跟踪系统，每个人看到的可能是不一样的，这就跟个人的阅历和交易经验有关系。

如果内心的承载和阅历没有到位，可能会因为市场行情的一变一亏损，就会调整自己的策略来适应行情，最后适得其反。

洼盈投资现在的策略主要是由这两块(趋势跟踪和对冲套利)组成的，主要的盈利逻辑就是利用市场的波动率。

主要使用60分钟、日线和周线三个周期，同时交易34个品种，每个品种在每个周期上开仓0.5%左右，总仓位在60%以内。

盈亏同源，要想扩大利润，就必须承担一定的盘中回撤来取得。

采用价格区间突破的方式，我们最长的单子持仓接近2年，不断地换月持有，当然盈利也是相当丰厚的。

加入对冲套利策略来减少行情反复震荡时的损失，而不是主观地去识别震荡与趋势。

我们的交易策略在每个年份都能够捕捉到市场热门品种且盈利可观，另外我们长期坚持，复利效果比较惊人！

如果某一年赚得少，就会比较安心，甚至想加点资金；但是像今年赚得多，反而会担心明年赚得不多，或者说可能会有一段痛苦期。

利润部分回吐是趋势跟踪策略的特征，在西方投资界称其为"胖尾效应"。

以前表现不好的品种不代表以后也表现不好，关键还是投资逻辑和交易理念是否科学。

(2017年商品市场)应该还是会持续火爆，随着公募基金配置商品期货、房产调控、资产配置荒等因素，资金仍旧大量涌入，对整体期货市场是利多的。

低调做人，实在做事，把姿态放低，以平和的心态接受市场行情波动，顺其自然地获取市场投资收益。

以打造中国的元盛为目标而不懈努力！

整体是多策略、多品种、多周期的动态资产组合策略。

日线上测试出来的结果不存在连续一两年不赚钱的情况，实战下来也没有。只用均线测试，全品种组合的情况下，也不会发生连续一两年不赚钱的情况。

从收益风险比来看，排除个人交易天赋极强的人，正常情况下应该是量化的业绩能够跑赢主观交易的业绩。

保持不断学习，与时俱进、组织架构合理、团队化作战、客户利益至上、抱着长期持续经营的私募机构能够不断前行，不具备核心竞争力盲目扩张的私募机构肯定是要被淘汰的。

问题1： 洼盈投资您好，感谢您和七禾网进行深入对话。十几年时间，贵公司管理的账户，从几万块钱开始做到现在几个亿，能实现如此骄人业绩的核心原因是什么？

洼盈投资： 客观原因，第一，中国期货市场在各个年份都有波动性比较大的热门品种，我们公司在这么多年交易实战中建立了相对完善的策略库，能够与时俱进地针对不同时期行情特征抓住热门品种，所以收益还算可观；第二，我们采取了复利的模式；第三，市场与我们系统的契合度比较高，主要是策略与品种波动性的契合度高。

主观上的原因是我们心态比较平和，并不是为了赚钱而赚钱，而是**建立在兴趣的基础上去做交易，加上较完善的策略自然而然就在当前的市场环境中赚到了钱，就像编好渔网，张开渔网，鱼儿自然就进来了**，而市场上很多人不能赚钱还是由于内心不定。

问题2： 就您看来，做期货应该充满激情还是应该心如止水？交易方法应该精妙绝伦还是应该平淡无奇？为什么？

洼盈投资： 小资金应该是前者，小资金输得起，即使亏完了也可以通过其他渠道赚回来；大资金选择后者为好，**交易做到一定规模了，风控(防守)**

更重要，那就需要心如止水，平淡无奇来从容应对各种市场风险。

精妙绝伦的方法可能有买在低点、卖在高点的一笔交易，小资金完全可以实现。但是对于大资金来说，不可能用一笔成交完成一次交易，资金需要分批入场。另外，要是大资金充满激情，风控就会出现大问题。

问题3：2016年的期货行情，是有可能实现短期暴利的(也确实有人做到了)。您如何看待长期复利和短期暴利？

洼盈投资：武林各派各有招数，实现短期暴利的人也有他自己的招数，某些人今年能够获得很大的收益我们也会为之高兴，但是我们认为**短期暴利的方式没有可复制性。**2016年期货行情是特别大，但不能指望年年行情如此火爆，虽然我们2016年收益还算可观，但还是非常理性客观地看待市场，**长期复利是非常惊人的，**在目前国内这种市场环境下，**如果能够保持年化+50%以上的收益是相当不错的。**相比之下，我们的方法或许更稳定，更有可复制性和可延续性。

问题4：就您看来，要实现长期复利，必须做好哪些方面或具备哪些要素？

洼盈投资：我们是**做量化交易的，注重的是正期望值的交易体系，严格的纪律和执行力。**交易体系一切都来源于历史统计数据，如果由胜率和盈亏比两个指标构成的系统使得资金持续上升，那么就是一个正期望值的交易系统。

另外，**内心的承载和阅历作为软实力**也是**至关重要**的，可以说是"道"与"术"的结合。**同样是一套趋势跟踪系统，每个人看到的可能是不一样的，这就跟个人的阅历和交易经验有关系。**一个新手可能就看到胜率有多高，赚的有多猛。但是作为一个老手，就不光会看到这些，最主要的还是看怎么样不会暴仓。这就跟阅历有关系，经历过才知道，只有在不暴仓的前提下，才能保证后面的胜率、盈亏比。换句话说，资金管理比体系更重要。

从个人的体会来看，正常情况下把交易体系打造完善后，市场仍是在变化的。**如果内心的承载和阅历没有到位，可能会因为市场行情的一变一亏损，就会调整自己的策略来适应行情，最后适得其反。**随着交易时间的增加，或许会对"大道至简"等感悟更深刻，很多时候就不会去做一些自认为聪明的事情，如果做了反而影响到交易的延续性。总的前提还是交易体系是完善的，在此基础上"道"和"术"显得更为重要。

问题5：您认识的高手和私募比较多，最欣赏的是哪一个或哪几个？主要欣赏他(他们)哪些方面？

洼盈投资：国内的期货私募市场发展时间尚短，现在还不好说，接下来行业还会继续洗牌。从国际上来看，英国的元盛是目前全球架构成熟、规模最大的CTA资产管理公司，它一直是我们洼盈投资学习的榜样。元盛也是从小资金起家，一开始运用CTA策略，现在做得这么成功，是很值得我们这些小私募公司学习的。他们规模做大之后把一些资金分配到证券市场等，这些道路是我们很多私募公司都要走的。接下来我们也会按照他们的步伐10年、20年走下去。如果将来有可能的话，我们也会参与到国际市场中。每个公司能发展起来都有其核心竞争力，有机会的话我们也想向他们去取经。

问题6：贵公司管理的一个个人账户，2008年60万元，至2016年12月资金权益突破3.7亿元。请问这个账户主要用的是什么策略？这个策略的盈利逻辑是怎样的？这个策略在这八九年时间里，是保持不变的，还是有所调整的(若有调整，主要做了哪些调整)？

洼盈投资：我们洼盈投资是由合顺投资和海证投资这两大股东共同组建的，合顺擅长趋势跟踪，海证以对冲套利见长，**洼盈投资现在的策略主要是由这两块(趋势跟踪和对冲套利)组成的，主要的盈利逻辑就是利用市场的波动率。**调整方面比如说，以前资金规模小的时候14：55下单都可以，现在5分钟下不完单；有的品种交易所做了持仓限制，就减少持仓或者干脆不做了；交易所保证金或者停板规则变动，也要做一些小的调整。这些细节方面会有所调整，策略大的层面没有调整。另外，策略也会跟着市场波动率而细微动态调整。

问题7：请谈一谈这个账户目前的交易周期、品种选择和品种搭配的情况。

洼盈投资：我们现在**主要使用60分钟、日线和周线三个周期，同时交易**

上期所、郑商所、大商所和中金所的**34个品种**，股指由于目前流动性太差，暂停交易。**每个品种在每个周期上开仓0.5%左右，总仓位在60%以内。**在该周期上，反向波幅达到一定程度就平仓。

问题8：请谈一谈这个账户在资金管理和风险控制方面的设置。

洼盈投资：我们的资金管理和风险控制体系分为三个层面：第一个层面是类资产组合理论，不会把资金过于集中在几个品种上，而是进行分散配置以降低风险，同时策略组合上面也进行分散，相当于品种分散和策略分散来降低系统性风险；第二个层面是客观止损系统，每个品种，每个策略在交易信号发出之前就自带了止损设置，不会因为行情极端主观延缓止损等因素而增加不可控风险；第三个层面是资金管理，我们每个风格的产品线，在产品运行初期会根据止损清盘线来配置资金，比如说产品0.9止损清盘，那我们在产品运行初期使用的资金不会超过10%，在做出安全垫之后再逐步调整资金配置。我们还是基于产品净值的不同时期，一般在产品运行初期都是回撤控制比较小，但在净值已经做到2.0以上的时候，就有可能发生较大的回撤，因为**盈亏同源，要想扩大利润，就必须承担一定的盘中回撤来取得**，实际上是由一个保守到相对激进的动态调整过程。

问题9：请谈一谈这个账户相关策略的进场依据和出场依据。主要是看形态、看指标，还是看其他的因素（或相关因素的组合）？

洼盈投资：我们是做量化客观交易的，进场依据和出场依据都是严格按照我们的策略信号执行，**采用价格区间突破的方式**，不会在盘中进行主观干预，基于此，我们会毫不犹豫地截断亏损，盈利也会持续放大，**我们最长的单子持仓接近2年，不断地换月持有，当然盈利也是相当丰厚的。**

问题10：当一波趋势行情反向时，这个账户的策略一般是如何处理的？当行情出现震荡时，这个账户的策略一般是如何处理的？

洼盈投资：一波趋势行情反向时，如果我们的策略有止损离场信号，那自然是立即平仓。行情出现震荡不可避免，我们一般是**加入对冲套利策略来减少行情反复震荡时的损失，而不是主观地去识别震荡与趋势。**如果能把趋势和震荡都完美处理，那么世界都是你的，但这是不可能的事情。

问题11：从资金曲线上，我们看到这个账户相关策略的盈利能力很强，就您看来，这个账户的策略能够持续盈利，并且能够较大幅度盈利的核心原因是什么？

洼盈投资：核心原因是**我们的交易策略在每个年份都能够捕捉到市场热门品种且盈利可观，另外我们长期坚持，复利效果比较惊人！**

问题12：这八九年来，这个账户的策略表现最好的一年盈亏情况如何？表现最差的一年盈亏情况如何？这些是否在您的预期之内？

洼盈投资：几年来的收益率如下：2008年（+301.60%），2009年（+313.60%），2010年（+68.70%），2011年（+21.05%），2012年（+117.59%），2013年（+50.89%），2014年（+24.28%），2015年（+92.16%），2016年（+338.16%），我们觉得只要每年能保持正收益就可以了，赚多赚少是市场给的。**如果某一年赚得少，就会比较安心，甚至想加点资金；但是像今年赚得多，反而会担心明年赚得不多，或者说可能会有一段痛苦期，**明年心理预期有20%、30%赚就觉得很不错了。

问题13：虽然这个账户的策略盈利能力很好，但某些阶段的回撤也比较大，请问最大的一次回撤大约是多少？最长的不创新高的时间大约多长？这些是否在您的容忍之内？

洼盈投资：仔细观察资金曲线，你就会发现，每次回撤都是在大幅盈利之后。**利润部分回吐是趋势跟踪策略的特征，在西方投资界称其为"胖尾效应"。**正所谓盈亏同源，只有利润的部分回吐才能证明趋势行情的结束。这几年统计下来，最大的一次回撤在40%左右，是大幅度盈利后的正常回吐，我们的复利年化收益在+120%左右，盈亏比3：1以上，最长不创新高的时间大约半年左右吧，这都在我们的正常规划之内。

问题14：这个账户的策略在执行过程中，会不会因为"资金波动大或者来回止损、错过某些行情"而很难受？

洼盈投资：这个不会的，我们是电脑全自动交易，不参杂感情，不存在很难受而进行人为干预，否则我们也不可能走到现在。

问题15：这个账户的策略会不会在某些品种上表现较好，而在另一些品种上表现欠佳？对此，您会不会调整品种，或对不同的品种区别对待？

洼盈投资：考虑到波动率和交易所限仓，会有部分品种区别对待，但相差不是很大，**以前表现不好的品种不代表以后也表现不好，关键还是投资逻辑和交易理念是否科学。**

问题16：这个账户的策略从小资金做到了大资金，您觉得它的资金容量大约是多少？这个资金容量是如何计算出来的？

洼盈投资：我们洼盈投资现在管理10个亿左右的资金，运用四套策略，在三个周期的34个品种上分散交易，流动性没有问题，公司的数据库还有若干个策略备用，我们前期推演了一下，以我们现在的所有策略，按照现在的市场容量管理100亿元资金流动性应该没什么大问题。

问题17：2016年商品期货比较火爆，就您看来，火爆的原因是什么？

洼盈投资：主要还是资产配置荒的背景下资金大量流入期货市场，且有些品种本身具备了触底反弹的动能，加上资金因素，自然行情就火爆起来了。

问题18：2017年的商品期货会不会继续火爆？为什么？

洼盈投资：**应该还是会持续火爆**，力度大小很难预测，因为**随着公募基金配置商品期货、房产调控、资产配置荒等因素，资金仍旧大量涌入，对整体期货市场是利多的。**

问题19：您目前比较看好哪些品种的投资机会？

洼盈投资：我们是做量化交易的，对每个品种一视同仁，不存在看好哪个品种，不看好哪个品种的情况。

问题20："洼盈"这两个字比较有意思，请问贵公司为什么取这个名字？"洼盈"有什么含义或渊源？

洼盈投资：来源于《道德经·二十二章》：

曲则全，枉则直，洼则盈，敝则新，少则得，多则惑。

我们公司取这个名字也是符合我们创始股东的风格，**低调做人，实在做事，把姿态放低，以平和的心态接受市场行情波动，顺其自然地获取市场投资收益。**

问题21：请您谈一下洼盈投资的定位和发展目标。

洼盈投资：我们洼盈投资希望能够为中国投资市场的高净值客户和成熟的机构投资者做长期稳健的资产管理，**以打造中国的元盛为目标而不懈努力！**

问题22：贵公司主要的投资策略有哪几类？每一类的核心特征是怎样的？

洼盈投资：公司主要策略涵盖CTA趋势组合、套利对冲、证期结合、类固收四大策略，会根据每个交易策略的风险度把整体资金动态分配于各个品种；实施多时间周期运用于各个策略及各个交易品种，**整体是多策略、多品种、多周期的动态资产组合策略。**

问题23：今年趋势策略盈利不少，明年会不会有更多的人和资金参与到趋势策略中来？对于某类策略在一两年中表现不错而吸引越来越多的资金的问题您怎么看？

洼盈投资：我认为还是要丰富策略，配置不同的策略，如果只使用一个策略还是会有风险的。所以除了趋势策略，我们也在逐步把对冲套利的策略运用进来。如"双十一"那天有人长周期上亏钱，但是小周期上赚了不少，整体就没多少亏损。

问题24：从理论上来说，日线级别是否会存在连续一两年都不赚钱的情况？您接不接受这种情况的发生？

洼盈投资：**日线上测试出来的结果不存在连续一两年不赚钱的情况，实战下来也没有。**如果只做几个品种是有可能会发生，但是因为做的品种比较多，所以到目前为止也没有发生这种情况。如果发生了也只能接受，**只用均线测试，全品种组合的情况下，也不会发生连续一两年不赚钱的情况。**只是像2011年曲线会难看一些，过程中会难受一点，但最终也还是赚了20%多。

问题25：2016年的行情中，套利对冲策略的状况如何？

洼盈投资：2016年应该算略正收益，微赚。波动率大了之后，比如原来300点会收敛的，结果500点都不收敛。套利对冲可能不会作为主策略，但是整体还是在改善，我认为后期主要是用来抗震荡和提高资金使用率，不能把这个策略作为主要盈利来源，而是一个辅助的策略。

问题26：您也提到了证期结合和类固收，请简单介绍一下。

洼盈投资：证期结合是指对股票标的采取CTA策略，进行趋势追随。现在期指流动性差，如果有改善的话，也能用期指做一些动态的保护。

类固收是用分级基金A，或者可转债等方式做一些择时持有，风险比较小收益比较稳定，主要是提高资金的使用率。和套利对冲策略一样，都只能作为辅助型策略，平滑资金曲线。

问题27：目前如果按交易模式的情况划分，可以将一些私募机构划分为CTA量化、股票和股指对冲量化、做股票或者期货单边多头等，近期又多了一批宏观配置的机构。宏观配置是指有些人买商品是抱着和买股票一样价值投资的理念，买进后打算持有两年。您面对目前市场上形形色色的策略、机构，有何感想？您认为哪些机构会发展得更好？

洼盈投资：哪些发展得更好还需要评价标准。单纯以规模的话，宏观对冲类的策略可以做到很大的规模，如果从资金稳定性的角度来说，那可能是要以牺牲容量换来的高频交易策略更胜一筹。从收益率的长期稳定性来看量化更好，而如果追求收益率的爆发力，肯定是主观交易更容易实现。**从收益风险比来看，排除个人交易天赋极强的人，正常情况下应该是量化的业绩能够跑赢主观交易的业绩。**

问题28：现在私募机构众多，各有各的打法和招数。请问贵公司的核心优势是什么？

洼盈投资：我们觉得洼盈投资有三个核心优势：

一是我们的策略经历过市场多年的实践检验，且不断与时俱进地改进完善；

二是我们的股东有较强的投资研发能力，也有较强的资金实力和进取心；

三是我们的管理团队是老中青的结合，市场经验丰富，且具有锐意进取的能力。

问题29：贵公司主要为哪些类型的客户服务？如何实现客户利益和公司利益的一致性？

洼盈投资：我们主要为成熟的高净值客户和机构投资者服务，目前发行的产品都会进行自有资金跟投，以保证客户利益和公司利益的一致性。

问题30：在当下的监管环境和行情背景下，您觉得怎样的私募机构能持续胜出？而怎样的私募机构会被淘汰？

洼盈投资：目前私募机构确实在洗牌，我们认为**保持不断学习，与时俱进、组织架构合理、团队化作战、客户利益至上、抱着长期持续经营的私募机构能够不断前行，不具备核心竞争力盲目扩张的私募机构肯定是要被淘汰的。**

彭俊英：做交易并不是做预测，重点是如何应对

（2017年1月15日，傅旭鹏访谈整理）

彭俊英

福州随势投资有限公司创始人、董事长。中长线主观手工交易，基本面与技术面相结合，基本面为主，有自己独立的交易系统。曾做过黄金外汇MT4平台的模拟盘，2012年到2014年4月专职交易股票，之后开始交易期货。2014年第六届蓝海密剑年度净值总排名第4名，2016年第八届蓝海密剑年度净值总排名第4名，目前蓝海密剑三年累计净值第一，获得五星评级。

精彩观点：

我比较专注，这可能是做交易比较需要的。

做交易肯定是需要专注与认真的。

一个想法是对还是不对，我们从是否可证伪这方面去验证它或者否定它。如果我们经过有迹可循的依据把它验证了或者否定了，那我们就去遵循它或者抛弃它，并且进行不断的优化。

不同的资金、在这个市场定位不同的投资者，生存策略也是不一样的，那相对来说理念也不太一样。

结合自身的情况，要比较适合自身的生存策略，在这个生存策略的前提之下，衍生出来的一套交易策略，那就可以了。

要先有一套大概率可能会盈利的系统，然后再往上加杠杆。

期货市场其实是股票市场的一个延伸，整个交易方法基本是一样的。

交易还是不一样的，它是一个信息不对称的博弈。

主观交易的优势在于它完全是盘手的个性化发挥。

计算机程序化交易的特点是，它没有感情，一个策略该执行就执行，这个就是铁的纪律，这就是它的优势。

不管是做趋势策略还是震荡策略，手工交易和程序化交易它本身所具有的风险都是一定的，这个是没有区别的。

（2016年商品期货行情火爆）最主要的还是库存理论的作用，以及供需错配，这两个因素合起来的合力。

我不是那么看好2017年整个商品市场，至少说2017年要出现2016年这么疯狂的大单边、所有商品平均上涨幅度超过50％的行情可能难度会更大一点。

对于比较看好的品种，我这几个月一直在推荐的都是菜粕和菜油。

我们做交易并不是做预测，重点是如何应对。

不同的交易系统都有自己的盲区，我选择了我这种交易系统，那我必须承受这样的回撤。

出金是一个非常好的资金管理的方法，因为出金之后可以让账户里的资金绝对的安全。

顺势和逆势都要把时间周期结合起来看。

我们所需要了解的是基本面的一个大概，以及我们通过这些信息去找到价格将来的推动方向。

重点并不是获取基本面信息，而是如何去思考、如何去应用这些信息。

只要胜率乘以盈亏比是大于1的都可以，并不一定说胜率要多高，或者盈亏比要多大，关键是要适合自己的操作风格和承受能力。

最开始参加比赛，我其实就是想找到自己的定位，然后通过观察各个选手的资金曲线，我们去寻找他们具有的优点和缺陷，那我们有则改之，无则加勉。

问题1： 彭俊英先生您好，感谢您和东航金融、七禾网进行深入对话。距您上一次接受七禾网的专访已经过去一年有余，在这一年中您对交易和市场有没有新的感悟和理解？

彭俊英： 新的感悟和理解倒是没有，大部分的操作手法都跟之前差不多。2016年只是市场情况跟之前有点区别，因为**2016年新进入到商品期货市场的资金比较多，整个市场引起了比较剧烈的改变**，这对交易系统肯定是有影响的，但是影响不大，有一定的冲击，我也是在不断地适应。

问题2： 您现在的交易方法和交易系统，同一年前相比，有哪些重要的改变和调整？

彭俊英： 现在的交易手法跟一年前相比，没有非常重要的改变和调整，但根据市场的情况进行了一些简单的微调。比如说，整个交易杠杆相对之前会放低一些，因为最近的保证金比例比之前高，所以为了适应，我会放低一些杠杆，但是放得还不够低。2016年做了一些之前没有做过的策略，像比较冒险的摸顶策略，以前没有做过，2016年我觉得机会比较成熟，就做了几次。还有做了近月合约的期现回归策略，一般我是不做近月合约的，2016年也做了一些近月合约的策略。

问题3： 有些投资者进入期货市场，需要好几年的历练才能稳定盈利，而您2014年开始期货交易就取得了这么优秀的成绩，您觉得能取得这样的成绩来源于自身的哪些方面？

彭俊英： 这个问题比较难回答，因为一个成功的人他所认为的使他成功的方式或者秘诀，他能成功是否的的确确就因为如此呢？这个不好说。只是现在我做得好，我说的可能大家都会相信，那如果我做得不好，即使我说的是对的，可能别人也觉得不对。

取得这样的成绩的原因，我觉得有两个方面：第一，**我比较专注，这可能是做交易比较需要的，**我刚开始做股票，构建交易系统的时候，只要有一点想法，我就会把这个想法和策略在几千只股票当中去复盘测试一遍，经常复盘测试到深夜或凌晨，笔记也做了好几本。**做交易肯定是需要专注与认真的。**另外，我能较好地使用相对来说比较科学的方法和思维，也就是说，一个想法是对还是不对，**我们从是否可证伪这方面去验证它或者否定它。如果我们经过有迹可循的依据把它验证了或者否定了，那我们就去遵循它或者抛弃它，并且进行不断的优化。**这样做不一定能够很快地找到一条正确的道路，但至少我们能比较快地去否定一些错误的方式或者方法。

问题4：您24岁开始交易股票，26岁开始交易期货，并且取得优秀的成绩，您认为现在一些年轻的期货交易新手应该树立怎样的理念、培养怎样的习惯才能在交易上少走弯路？

彭俊英：这个其实没有定式，大家都在说应该追求复利，追求稳健的收益，但是我觉得**不同的资金、在这个市场定位不同的投资者，生存策略也是不一样的，**那相对来说理念也不太一样。在这种情况下，对于树立怎样的理念，其实没有比较标准的回答，只能说**结合自身的情况，要比较适合自身的生存策略，在这个生存策略的前提之下，衍生出来的一套交易策略，那就可以了。**交易新手前期不要着急，**要先有一套大概率可能会盈利的系统，然后再往上加杠杆，**这才是正确的。如果这个系统测试下来收益率并非正期望的，那就不要加杠杆，加杠杆只会让亏损的速度更快。

问题5：在做期货之前您做过两年股票，您交易股票的经历对后期交易期货是否有一定帮助？交易期货的方法和交易股票的方法是否有相似之处？

彭俊英：整个交易理念、交易系统都是在股票上总结出来的，中间也做了黄金外汇MT4平台的模拟盘，这个方法就慢慢地琢磨出来了，并且试用下来效果也还不错，然后就开始运用在期货上。所以说，**期货市场其实是股票市**

场的一个延伸，整个交易方法基本是一样的。

问题6：您股票、期货和外汇等都参与过，随着证监会批准郑商所和大商所分别开展白糖期权和豆粕期权交易，商品期权的脚步在不断加快，您认为期权是否是一个适合普通投资者参与的投资标的？未来您是否会考虑参与期权交易？

彭俊英：期权肯定是要参与的，因为毕竟它是一个市场的重要组成部分，到时候它一开放的话，肯定是要参与的。**对于普通交易者来说，只要做好心理准备，并且进行学习的话，那肯定也都是可以参与的。**

问题7：未来做期权交易，您会提前做哪些准备？

彭俊英：那肯定是要先学习的，还有做一些简单的模拟，然后多跟同仁交流。

问题8：近期"阿尔法狗"在和世界围棋高手的对决中取得60连胜的成绩，您认为未来在交易中拥有人工智能的"机器人"是否会占主体地位？手工交易是否会越来越难做？

彭俊英：人工智能跟程序化交易完全是两码事，因为现在程序化交易其实是人类写的策略，然后进行自动执行的过程。目前来说，程序化交易还做不到自主更新整个交易系统、策略，甚至自行衍生出非常多的子策略。比如像"阿尔法狗"这些东西，它们是在完全信息博弈中，均衡博弈这些也是数学的一部分，就相当于是在数学上求解，在这方面我们人类是远远比不上的。但是**交易还是不一样的，它是一个信息不对称的博弈**。最先受到程序化冲击的是那种完全基于技术指标的、盘面数据统计应用的策略，因为比数据、比统计，那肯定不如计算机来得快，人类在这方面是远远比不上计算机的。但是**根据基本面交易，可能会比较难以受到冲击**，因为根据基本面交易，涉及到如何理解经济运行，如何理解金融市场的运行。目前比如像"阿尔法狗"，它们只是在数学上求解，比如说下围棋，它根本不知道围棋是什么，或者说，它没办法直接从自己这个领域延伸到另外一个领域，所以在可预见的中近期来说，我觉得交易上人类的优势还是可以保持得住的。

问题9：现在有越来越多的投资者在进行程序化交易，您觉得主观手工交易和程序化交易相比，优点和缺点体现在哪些方面？您是学计算机出身的，您是否考虑过进行程序化交易？

彭俊英：简单来说，**主观交易的优势在于它完全是盘手的个性化发挥**，个性化发挥得好的话，那简直就是神操作，但如果发挥不好，出错的话就会一错再错，然后就一塌糊涂。这是它的优势也是劣势，这跟我们交易中的盈亏同源道理是一样的。**计算机程序化交易的特点是，它没有感情，一个策略该执行就执行，这个就是铁的纪律，这就是它的优势。**那它的劣势也来自于此，一旦发生错误、出了BUG，它也就不管了，也一直运行，这就是它的缺陷所在。目前的程序化交易本身也是人写的策略，所以它跟人工交易最主要的区别在于执行方面，**不管是做趋势策略还是震荡策略，手工交易和程序化交易它本身所具有的风险都是一定的，这个是没有区别的。**

有考虑往程序化方面发展，因为毕竟我的策略当中有些东西的确是可以程序化的。

问题10：2016年商品期货比较火爆，以黑色系品种为代表的商品期货大幅波动，就您看来，2016年商品期货火爆的原因是什么？

彭俊英：我觉得**最主要的还是库存理论的作用，以及供需错配，这两个因素合起来的合力。**在2015年年底之后有一点点基本面的支撑，再加上大量资金无处去，2015年在股灾之后有很多资金找出口。**一方面资金有需要，再者基本面有支撑，那在这种情况下国家政策有一点配合，各方的合力就形成了一波比较大的上涨。**

问题11：您认为2017年商品期货能否延续2016年那样的火爆行情？近期您比较看好哪些品种的行情？

彭俊英：近期我做了一次比较大的止损，或许我的观点是错的。**我不是那么看好2017年整个商品市场，至少说2017年要出现2016年这么疯狂的大单边、所有商品平均上涨幅度超过50%的行情可能难度会更大一点。**

对于比较看好的品种，我这几个月一直在推荐的都是菜粕和菜油，走到哪都这么说，具体是对还是错我也不好说，因为**我们做交易并不是做预测，重点是如何应对。**

问题12：在2016年12月上旬以及近期您的账户出现较大的回撤，请问两次回撤的原因是什么？出现较大幅度的回撤之后，会不会对您的心理和信心产生一定冲击？

彭俊英：第一次回撤的原因是节奏走得太快，加仓速度过快，主要是在塑料上亏损。之后最近这一次大的回撤原因在于保证金比例过高，保证金比例过高影响的不是我的盈利能力，影响的是我的风控，系统的风控会受到严重的影响。因为保证金比例过高，为了维持一定的杠杆比例，我无法出金，这个是最大的影响。这次回撤还是在我已经有意识地调低杠杆比例之后，还是回撤得比较多。因为我的保证金比例完全是期货公司保证金，没有调特保，所以受到比较大的影响。

对于交易系统的信心我肯定是不会动摇的，因为这种回撤是我的交易系统本身所具备的，它本身所具有的缺陷就是这样，是无可回避的。不同的交易系统都有自己的盲区，我选择了我这种交易系统，那我必须承受这样的回撤，只是这一次回撤的的确确是超出了我的预期。所以在心理上肯定是有一点难受的，但是我每一年都是这么过来的，我2014年做期货的时候，刚开始净值已经回撤到0.6，2015年也是年初就回撤到0.5的净值。2014年我就这样把净值从0.6做到9.4，2015年从0.5的净值做到了2.36左右。现在只能先休息一两个月，等状态调整过来了，然后再慢慢爬坑。

问题13：您的交易账户经常会出金，您认为经常出金是否为一种比较好的资金管理方法？请问在何时您会出金，是否有这方面的规则？

彭俊英：我认为**出金是一个非常好的资金管理的方法，因为出金之后可以让账户里的资金绝对的安全。**不管盘手再牛逼，整个策略再精妙，从概率上来讲肯定都会遇到极端风险，那么只有出金可以在遇到绝对风险的时候确保场外资金的安全，我在银行卡里的钱是不会亏掉的，实实在在不行，那我账户里的钱全部亏掉，但是我出掉的钱是绝对安全的。那么在这种情况下，出金对我来说是规避真正的极端黑天鹅的一个终极办法。

我基本是在盈利的时候出金，但在不盈利的时候我也出金，盈利的时候一般出金30%到40%的盈利额，有时候盈利多的话会把盈利额的大部分都取出来，具体要看当时的情况。

问题14： 您的交易系统中有多套策略，您的策略的特点是什么？不同的策略您是如何搭配的？

彭俊英： 虽然我的策略有多套，但是它们具备一个共同特点。经过分析，**预期能够有1～3个月的行情，或者能够有20%～30%幅度的行情，我才会做，** 否则我是不做的，那当然可能我的分析是错的，那我就止损。

不同的策略没有一定的搭配，比如发现了一个机会，并且这个机会符合我的预期，我认为能够有20%～30%的幅度或能够有1～3个月的行情的话我就去做，并不一定是跟随趋势。一般人对于趋势的理解就是上涨做多、下跌做空，并不一定是这样的，我有时候会逆势去做。最关键的是关于势的定义，就是你如何定义这个势，如果说你做的是1～3个月周期，如果1～3个月周期，你对它的判断是下跌的，即使它现在是上涨的，那做空其实也是顺势的，我不觉得这是逆势。关键这个势是符合你所操作的区间，那就是顺势，也就是说，**顺势和逆势都要把时间周期结合起来看。**

问题15： 一个新的策略产生后，您是否会先进行历史复盘验证再用于实盘？您的策略结合了基本面，是否会给历史复盘验证带来一些困难？

彭俊英： 肯定要先复盘的，基本上**我做策略的话，数据都要用大量数据，这个品种有多长数据，我就用多长数据去复盘，并且不会去做过多优化。**

技术面跟基本面是相辅相成、相互配合的，**复盘的时候其实可以不用过于关注基本面，** 可以找到当时的一些简单的基本面情况和信息，比如你要复盘到80年代的行情，当时的一些具体的基本面信息肯定不好找，能找到一些大概的就很不错了。所以复盘的话看个大概就行了，因为基本面本身也是一个比较大概的东西，尤其是大行情的那种大基本面信息，本身就不用去抠太细。

问题16： 您做交易同时结合基本面和技术面，并以基本面为主，在交易中具体是如何将两者结合起来的？

彭俊英： 举个例子，我2016年做镍，我们从一些公司的财报上去推理，有几个大的矿业公司，我们可以大致算出来它的现金流成本大概在什么位置，

2016年成本支撑，然后再加库存理论，形成整个上涨的大逻辑。在这个基础上，我们就跟踪这段区间，镍价在它的成本中位数附近是一个什么样的表现，镍价一跌破成本中位数就迅速往上拉，盘中稍微往下砸就又往上拉。在这种情况下，基本面和技术面两个相互结合，就能够相互印证，我们就开始逐步地建仓。

只要大方向确定了，并且区间确定的话，我不是非常在意入场点有多好。

问题17：您是如何获取基本面信息的？有些人认为，个人投资者很难获得准确、全面的基本面信息，对此您怎么看？

彭俊英：基本面信息我都是网上看的。我觉得**追求准确全面的基本面信息是一种比较过于追求完美主义和理想主义的想法，因为我们所有的基本面信息首先是滞后的；**第二，它都是应用统计学的一个抽样调查的结果，根据统计原理，抽样调查本身是有固有缺陷的，也不好说这个结果有多准确、多全面，即便是国家统计局、美国统计局，这些数据也不可能完全准确。比如大家都比较推崇美国数据，但它这个月发布，下个月就可能要调整，有时候数据调整之后甚至直接能翻倍，所以首先**我们就没办法获得准确和全面的基本面信息。此外，我们所需要了解的是基本面的一个大概，以及我们通过这些信息去找到价格将来的推动方向。**这就像我们开车，精准的数据就像路线一样，比如说一条路往哪里走，中间具体怎么拐并不重要，我们不需要去知道精准的路线，只要能从起点到终点，以及中间没有出现一些大的事故，中间的路没有断掉，那就可以了。

重点并不是获取基本面信息，而是如何去思考、如何去应用这些信息。试想，哪个大的公司获取的基本面信息没有比我们多、没有比我们好、没有比我们精准，比如大的公司跟大的公司之间，就像远大在塑料上做得多好，它获取的基本面信息肯定是精准的，但同时别的公司获取的信息也能一样好，但是它们做得就不如远大好。很多信息大家都看得见，大家看的都是一样的信息，所以重点还是如何应用信息。

问题18：很多趋势交易的胜率往往在50%以下，您的交易胜率达到70%左右，您是如何保持这么高的胜率的？结合基本面对您提高胜率是否有较大帮助？

彭俊英：实话实说，2016年的胜率这么高，非常重要的一个因素还是运气比较好，2016年整体都是上涨的一个格局，我们做中长线的特点就是，一旦做对了，那你这几个月都是对的，所以胜率相对来说会得到加成。还有2016年初运气比较好，踏准了一次四月底的大回调，那胜率上也是得到了一个加成。

结合基本面是有帮助的，我的交易胜率高就是我的策略胜率高，我的策略是以基本面为主的，那基本面的贡献肯定是有的。

问题19：很多投资者比起胜率，他们更加注重盈亏比，您是如何看待交易胜率和盈亏比的？

彭俊英：这个话题其实是老生常谈了，我们简单地来说，胜率乘以盈亏比就是一个简单的期望计算，那**只要胜率乘以盈亏比是大于1的都可以，并不一定说胜率要多高，或者盈亏比要多大，关键是要适合自己的操作风格和承受能力。**比如说盈亏比极高，那胜率可能变低，如果你无法承受连续多次错误的打击的话，那这个也不合适；如果你无法承受一次回撤30%、40%，那追求高盈亏比也不合适。所以关键还是要适合自己。

问题20：技术面您主要看哪些形态和指标？

彭俊英：**所有技术指标都衍生于价格与量，其中量包括持仓量和成交量，价格和量这两个是母指标，其他的都是在此基础上衍生出来的。**我现在基本上不看指标，形态看得相对多一点。我看得最多的是价格和均线值，比如说均线价格偏离过多，那就会考虑价格是否会均值回归等。

问题21：一笔交易入场后如果出现亏损，您是如何止损的？如果出现浮盈，您又是如何处理的？

彭俊英：出现亏损要看情况，如果行情比较大地超出我的预期，我就可能止损快一点；如果行情是在预期内的，出现亏损我就扛着，并且如果对这个策略比较有信心的话，那就一直扛着，扛到亏损了30%、40%，这个是最终的止损方式了。总的来说，**当走势跟你的推测实在脱节得很厉害的话，就止损，或者亏了30%、40%就止损。**

出现浮盈我一般会加仓，但是像2016年10月那种情况我没加仓，而且那时候我主要还是多单，但是我没有加仓，因为那时候行情已经比较过于激进了。

当行情达到自己预期的价格附近，我可能就考虑开始平仓了，或者当走势可能出现转机了，基本面出现一些信号了，那就考虑平仓了结。

问题22：您在选择品种上有何标准和要求？一般同时会做几个品种？

彭俊英：我一般少的时候同时做1～3个，多的时候五六个。标准就是刚才说的，预期能有两三个月的行情，或者能有20%、30%的空间，那在这种情况下我就会去做。至于流动性，肯定不能是流动性很差的死合约。

问题23：您交易的总仓位是如何控制的？每个品种的仓位是如何控制的？是否在一段时间内会对某些品种仓位有所侧重？

彭俊英：我自己的账户是比较激进的，以杠杆为衡量标准，通常5倍杠杆左右，单品种上多的时候大概四五倍杠杆。如果是同时做两三个品种的话，一般对把握大的品种会有所侧重。

问题24：您每年都参与蓝海密剑的实盘大赛，也获得了非常优秀的成绩。请问您参与实盘比赛的初衷是什么？在比赛中有哪些高手是您比较佩服的？他们身上有哪些值得学习的地方？

彭俊英：最开始参加比赛，我其实就是想找到自己的定位，然后通过观察各个选手的资金曲线，去寻找他们具有的优点和缺陷，那我们有则改之，无则加勉。此外，比赛的时候这些数据都会自动计算，因为我个人精力有限，如果自己做统计比较麻烦，所以就由比赛方来做统计，会比较好一点。获得成绩是意外的收获，当时我自己也没想到2014年就获得了第四。

比较佩服的高手有福州的严圣德前辈，他几年来的交易都非常平稳，这是非常值得我们学习的。这次比赛总共有7位元帅，他们各个都是身怀绝技的高手，也都是我们学习的目标。他们的有些策略和我是比较一致的，那我们可以学习他们分析基本面的方法，以及对于扛单的认识，学习他们如何扛单，如何调整心态以及如何理顺基本面思考的逻辑，因为做长线肯定是要扛单的。像严总，我可以学习他对于资金不断成长的把控心态，他也是从小资金做起来的。

问题25： 新的一届蓝海密剑比赛开始了，对于今年的比赛和期货交易，您的期望和目标是什么？

彭俊英： 今年开年净值就直接砸了一个0.5的坑下来，所以首先还是慢慢爬。今年目标亏损在20%以内，因为我已经连续盈利4年了，如果今年亏损在20%以内的话，那我觉得至少总体还是成功的。**我刚开始做交易的时候，给自己定了个5年的目标：第一年亏得多一点，第二年亏得少一点，第三年能够做到把生活费挣好，然后第四五年能够稳定盈利，并且能够做点名气出来，然后再往外走一步。** 现在已经是第5年了，整体来说比较好地、超前地完成了预期。在这种情况下，那先稳一稳，毕竟不是所有人都能做到每年都赚钱的，那么今年亏也是很正常的一件事情，只要亏得少一点就好了。

问题26： 未来您对投资方面的规划是怎样的？是否会考虑加入或组建团队往资管方面发展？

彭俊英： 我已经成立了一个福州随势投资有限公司，也正在组建团队，在招人慢慢培养。现在刚开始我也不懂，毕竟自己实力有限，也没办法高薪聘请人才，所以招的都是一些毕业生，然后慢慢地培养他们，慢慢地磨合。

于忠：事情做对了，钱自然就来

（2017年2月9日，沈良访谈整理）

于忠

山东淄博人，1992年中专毕业，进入国企金属公司，2005年开始自主经营钢材，2009年以13万元资金进入期货市场。

"儒商"账户获和讯期货第二届实盘大赛综合积分第二名，账户收益率奖第三名。在第十届全国期货实盘交易大赛中，参赛账户"润东"荣获基金组亚军和十年长期稳定盈利奖亚军。

蓝海密剑实盘大赛"齐商"和"金猴"两个账户2016年分别盈利2.1亿元和1.7亿元，获元帅晋衔奖。

精彩观点：

从2009年到现在，我有一种脱胎换骨的改变，从一个现货贸易商转变为金融投资者。不变的一点是我还是把期货当做生意来做。

2017年的主题还是供给侧改革,认为需求弱价格就会低的观念需要转变。

不少基本面分析的人亏钱的主要原因是很难看透这个市场,一知半解就去操作。跟盲人摸象一样,只看到市场的一部分,看不全面,容易犯方向性的错误。

近一两年来,要研究市场的转折点变得更复杂和困难,很多业内人员都不太看得清楚。

当自己充满自信的时候就大胆地做。

我现在还能在市场中赚钱,我的分析判断还有效,还能符合走势,那我就一直做下去。

做期货赚钱比什么都强。

期货市场是一个无限扩大的市场,我做期货这些年还没感觉到哪些势力可以达到控盘的程度,所以是相对比较有逻辑有道理的市场。

我以往赚钱也好,亏钱也罢,从不会认为是市场不公造成,亏损都是因为自己学艺不精。亏钱也不要怨天尤人,学好本事继续干。

我认为我能赚钱,至少有一半源于这个经验(现货出身的经验),非常关键。亏钱还有个原因是悟性,期货市场的悟性和现货市场不完全是一样的。

不管是(2016年)上半年的螺纹还是下半年的焦煤、焦炭,都是需求增大,供应减少导致了最终呈现的价格变化,出现了暴涨。

2017年的去产能主要体现在螺纹上,所以以钢材为龙头是今年(2017年)的主基调。

在阶段性回调的时候也参与了做空,但是做得很少。

2017总体来说应该会比2016年更顺畅一些,如果这些不确定性因素都兑现的话,螺纹应该会在3700~4000元/吨。

去产能以钢材为核心,原料没有太大的亮点,甚至还有可能下跌。

当行情走势和你预测的方向相反时,说明你有预测出现了盲点。有可能是发生了什么事情你没有注意到,就是要寻找到这个盲点。如果实在找不到,就先减仓,市场让你看不清楚,你又在持续亏损,那还不如先停一停。

我只想把这个市场研究好，把握好当下，预测好方向，这是我最主要的愿望。

如果你不能承受，处在崩溃边缘了，那无论预测得对还是错都应该先出场，先让自己安定下来，再处理后面的事情。一定要保证账户里的资金能够让自己心平气和地去研究去交易，这是最重要的。

期货行业是赚钱非常快的行业，不要对钱看得过重，看得过重会影响你的心态。只要你把研究做好了，事情做对了，钱就自然来了。

我会用比较小的资金比例去做，保证自己有个好心态，把市场分析得深刻、全面才是真正赚钱的逻辑。

我宁愿少赚一点也不想把亏损放大。

宏观和供需都要关注，在某个时期某个方面可能成了主要因素和爆发点，综合起来形成了行情的走势。

今年(2017年)上半年供需应该是最重要的一个考量点。

中美接下来最大的矛盾可能是贸易战，贸易战中将会牵扯到进出口，包括像一些农产品，都可能受到影响。

(我做交易)没有明确的计划，在确定好总体方向的前提下一步一步去调整和跟进。

行情的确定性强弱决定了我仓位的轻重，我的仓位从0%～100%都有可能，主要是看自己的主观预判和行情是否符合。

盈利出金对于心态的调整是至关重要的，出金能让我有一个好的心态，我就觉得钱始终是可控的。

我认为不应该因为亏损入金，这是一大忌。

问题1：于总您好，感谢您和东航金融、七禾网进行深入对话。您2009年以13万元资金进入期货市场，当时您对期货市场的认知是怎样的？如今，8年过去了，您对期货市场的认知有何改变？

于忠：2009年以前我一直是做钢材贸易生意，后来螺纹钢期货上市我就开始关注并且参与到期货市场中。当时螺纹钢期货和现货的价格也差不多，我就拿了13万元开始做期货，当生意来做。运气也比较好，一进去做多就赚钱了，也就一直坚持做到现在。

从2009年到现在，我有一种脱胎换骨的改变，从一个现货贸易商转变为金融投资者。不变的一点是我还是把期货当做生意来做，只不过对于市场的内涵、本质等有了更广更深的理解，不像以前只当做是一买一卖的交易。现在综合了各种市场分析，把时间跨度拉长，相对来说更有前瞻性和预期性了。这个市场也在变得越来越成熟，越来越难以操作，投资者也变得越来越聪明。这七八年里每一年都有不一样的特征，波动率也在明显加大。

我感觉2017年的市场会更为复杂，从供需两方面来说，需求有减弱的趋势，但是**2017年的主题还是供给侧改革，认为需求弱价格就会低的观念需要转变。**

问题2：期货市场大部分交易者是亏钱的，您觉得他们主要是哪些问题没处理好才导致亏钱？

于忠：从我这些年在市场中接触到的人来看，赚钱和亏钱都分很多种。技术面分析我也不是很懂，但是**不少基本面分析的人亏钱的主要原因是很难看透这个市场，一知半解就去操作。跟盲人摸象一样，只看到市场的一部分，看不全面，容易犯方向性的错误。**像2016年的焦煤、焦炭、螺纹行情，都体现了一种要跟产业链结合起来分析才能看清市场的局势。所以**近一两年来，要研究市场的转折点变得更复杂和困难，很多业内人员都不太看得清楚。**

问题3：您做期货这8年，是比较顺利的，还是有所坎坷的？在期货市场，您最难忘的是哪件事？

于忠：这些年来就2012年小亏，其他按年份来看都赚得不错。但是在暴赚的年份中中间都是会经历两三次波折，过程还是比较艰辛的，不过我调整得比较快，所以总体而言都是赚钱的，最主要的还是遇到挫折的时候及时调整。

这七八年里有两波的转折点是比较难忘的，一个是从2012年底到2013年初的时候做了一波空，另一个是2015年底到2016年初这是一个做多的转折点，这两个我都把握住了，应该说是一个高位和一个底部的转折期，还是比较难忘的。

对于转折点的把握也没什么具体的方法，不是一个具体的公式，主要是根据我多年的市场经验，对市场的判断，对宏观经济面的研究，经济现象、货币表现等总体结合起来，都掺杂了一些预见性的东西。说赌博也好，说是理性分析也好，总之最后做出的判断是综合了众多因素的结果。**当自己充满自信的时候就大胆地做**，最后验证出来我的选择是对的，但是当时也是走一步看一步，虽然也会有疑惑但还是坚持了下来。

问题4：期货在您的人生中充当着怎样的角色？您做期货会一直做下去吗？有没有什么时候收手的打算？

于忠：从2009年至今，我也在市场中也有了一种脱胎换骨的感觉。因为**我现在还能在市场中赚钱，我的分析判断还有效，还能符合走势，那我就一直做下去**，不需要管年龄。等我什么时候不能赚钱了再想其他的问题吧。**做期货赚钱比什么都强**，那就做一年算一年，接下来也要不断学习不断适应，尽量不要被市场抛弃，跟着主流走。

问题5：您曾说过"期货跟高考一样，是国内相对公平、干净的市场"，为什么这么说？

于忠：**期货市场是一个无限扩大的市场，我做期货这些年还没感觉到哪些势力可以达到控盘的程度，所以是相对比较有逻辑有道理的市场**，从长期走势来看都是符合逻辑，符合市场预判在运行的，没有某个机构或者个人在操控，所以我认为这个市场是比较干净的。**我以往赚钱也好，亏钱也罢，从不会认为是市场不公造成，亏损都是因为自己学艺不精。**所以我认为只要抓住市场本质，没有那么多乱七八糟的因素，是个相对干净的市场，国内高考同理。**亏钱也不要怨天尤人，学好本事继续干。**

问题6：您是钢贸商出身的，多年的钢贸经验对您做期货有哪些益处？

于忠：帮助还是比较大的。我对市场，对产业的了解主要是来源于多年做钢材的经验，这种效果不是短时间内能出来的，是比较基础性的效果。**我认为我能赚钱，至少有一半来源于这个经验，非常关键。**

问题7：也有人说"做现货经营的人思路上有较大限制，现货商做期货往往要亏钱",对此,您怎么看?

于忠: 其实在市场中,不光是做现货的人亏损,其他行业来做期货亏损的人更多,本身期货市场就是赚钱的人少,亏钱的人多。我认为相比其他行业,产业出身的人做期货还是有一定优势的,只不过还需要补一下知识点,比如金融知识、宏观分析等。**亏钱还有个原因是悟性,期货市场的悟性和现货市场不完全是一样的,**可能也是大部分人不能适应这种改变,所以无论是现货产业还是其他行业的人进入这个市场大多数还是亏钱,这是一个无法改变的事实。做产业的人进期货之后也要好好学习一下,看自己是否真的合适做交易。

问题8: 您对黑色系商品比较了解,请问黑色商品中您主要做哪一个或哪几个?除了黑色系品种,其他品种您有没有参与?

于忠: 主要做螺纹钢、焦炭、焦煤、铁矿石这几个黑色系品种。其他品种也做,但会相对少一点,当黑色系震荡,机会不大的时候,可能会去做一些农产品,但是持仓会比较低。

问题9: 2016年黑色系品种上涨的基本逻辑是什么?这方面的逻辑在2017年是否继续存在,或有什么变化?

于忠: 前三年跌过头了,跌出了一个很低的价格。后来通过市场化,去了一部分产能,加上2016年国家的刺激政策,确实也起到了作用。双重效应下造成了一个供不应求的局面,所以**不管是上半年的螺纹还是下半年的焦煤、焦炭,都是需求增大,供应减少导致了最终呈现的价格变化,出现了暴涨。**

2017年的龙头应该是在螺纹上,因为焦煤焦炭经过下半年的一次暴涨,去产能的政策相对稳定一些了,**2017年的去产能主要体现在螺纹上,所以以钢材为龙头是今年的主基调。**2015年、2016年的时候钢材其实不是去产能,而是增产能的,2017年是坚定的钢材去产能年,另外一些传统的因素更加剧了去产能的进程和决心。所以黑色系在2017年上涨的话无疑是以钢材为龙头的。

问题10: 2016年黑色系品种大涨,但期间几次反向波动也很大,您是怎么处理反向波动的?在反向波动时,账户的回撤大不大?有没有参与阶段性做空？

于忠：2016年上半年的时候有一波暴跌，当时有个权威人士讲话，也是个巧合，我就在高位平仓了，感觉国家对钢材的上涨有些不满，上涨速度过快，所以就彻底清仓了，说实话这次也是有点侥幸，但是后来事实证明也是市场自身的原因导致的下跌，后来又涨起来了。在上涨的过程中有波折也很正常，去年下半年我主要是做"双焦"，"双焦"市场期货和现货比较接近，我就按现货的思路来做，这两个品种相对而言也比较强，就做得比较成功，所以主要也就赚了这两波行情，大多数是以做多为主基调，加上行情也比较大，就赚得比较多。

在阶段性回调的时候也参与了做空，但是做得很少，是基于暴涨之后通常容易出现暴跌的情况，也参与了一些，但是总体感觉不踏实，所以参与得少。做空也赚了一些，但是跟做多比起来少很多。

2016年的回撤不大也不小，利润最大回撤在30%左右。

问题11：在"蓝海密剑"的颁奖典礼上，您表示2017年看好螺纹，为什么看好这个品种？上涨空间有多大？上涨得会比较顺利还是会有较大波折？

于忠：**我认为2017总体来说应该会比2016年更顺畅一些**，因为市场还有很多不确定性因素在时刻影响，也不好预测上涨空间。大胆预测一下，**如果这些不确定性因素都兑现的话，螺纹应该会在3700～4000元/吨**。

问题12：除了螺纹，您觉得2017年还有哪些品种会有较大的投资机会？

于忠：我认为2017年就是以螺纹为龙头，其他黑色系的品种就没有做多的架势，**去产能以钢材为核心，原料没有太大的亮点，甚至还有可能下跌**。其他品种没有研究我就不好说了。

问题13：对行情的分析预测，如果对了，如何赚到该赚的钱？如果预测错了，怎样才能亏得少一点？

于忠：预测对就比较省事了，你只要一直拿着单子就可以了。如果预测错了，你要找原因，什么时候发现错了都要先出局了再说。**当行情走势和你预测的方向相反时，说明你有预测出现了盲点，这就是考验技术工作的时候。有可能是发生了什么事情你没有注意到，就是要寻找到这个盲点。如果实在**

找不到，就先减仓，市场让你看不清楚，你又在持续亏损，那还不如先停一停。我一般就是以这两种方式来应对预测错误的情况。

问题14：您在2016年盈利不少，实现了几个"小目标"。请您谈谈您在期货市场的总体目标是怎样的？

于忠：我没有明确的目标，走一步看一步，**我只想把这个市场研究好，把握好当下，预测好方向，这是我最主要的愿望。**

问题15：您认为"财富的增长和心态的增长必须是相辅相成的"，就您看来，做期货想要获得持续成功，必须具备怎样的心态？

于忠：盈利时候的心态和亏损时候的心态也是不同的，主要说亏损时候的心态。亏损了之后就是考验你心态的时候，**如果你不能承受，处在崩溃边缘了，那无论预测得对还是错都应该先出场，先让自己安定下来，再处理后面的事情。一定要保证账户里的资金能够让自己心平气和地去研究去交易，这是最重要的。**能客观理性去分析市场，预测准了，加上好的心态，那盈利的可能性就非常高。心态好也能帮助你在亏损的时候减少亏损幅度，盈利的时候保证比较高的盈利速度，大赢小亏，时间久了赚钱的可能性就比较大。

问题16：您对金钱抱有怎样的态度？您目前的资产主要配置在哪些领域？

于忠：我认为**期货行业是赚钱非常快的行业，不要对钱看得过重，看得过重会影响你的心态。只要你把研究做好了，事情做对了，钱就自然来了，**把账户上的钱看做一个数字就行了。

家庭的资产主要是我太太在管理，我只管期货上的事。

问题17：您多次参加期货实盘比赛，请问您参赛的主要目的是什么？就您看来，参加大赛有助于提高交易水平吗？

于忠：参加比赛比较好玩，另一个也是为了认识一些朋友。毕竟我在山东，金融人才也不像上海这么多，参加些比赛也能结识一些全国各地的朋友，交际面也广一些，对我做基本面分析也积累了一些人脉，事实上也达到了这样的效果。此外，比赛也能刺激人的一种激情，能起到更强的锻炼作用，就不知不觉参加了好几届的比赛。

问题18：有人认为参赛账户往往比较激进，导致风险过大，或者参赛者太在意别人对自己的看法而压力太大。您会不会有这些方面的问题？

于忠：我完全不会有这方面的影响，我参赛的账户也是按照正常去做，也没有刻意想要为了拿名次而激进，我并没有很强的好胜心，参不参赛对我交易没多少影响。专门为了参赛搞个账户我觉得也没什么意义。

问题19：您说过"把期货当做生意去做"，请问期货和生意有什么联系？如何把期货当做生意去做？

于忠：期货就是远期的现货，道理是一样的，只不过是拉长了时间的现货生意。因为时间长了，掺杂的因素就多了，研究的要更深一点。所以我认为期货和现货都差不多，就是要把预期加进去。做生意总是要尽可能不亏钱的，我下一个单子是有可能亏钱的，所以会想得比较多一些，我说的把期货当做生意来做就是这个意思。

问题20：您的核心投资理念是怎样的？请您谈谈您在期货市场赚钱的盈利逻辑。

于忠：我的赚钱逻辑一个是把期货当生意做；还有一个是**我会用比较小的资金比例去做，保证自己有个好心态**；再一个就是要把市场分析透，多学习，多研究，多和朋友交流，**把市场分析得深刻、全面才是真正赚钱的逻辑。**做基本面研究的人如果看不透市场的话很容易做亏。

问题21：您对自己的交易风格是如何定义的？为什么选这种风格？

于忠：我是不太能够忍受回撤的，**我宁愿少赚一点也不想把亏损放大。**随着时间往后推移，我也越来越求稳。因为赚的钱到底有多少，我也不是很在意，顺其自然，但是我将主要精力放在控制回撤上，所以我的仓位会偏重一点，但也不会特别重，总体来说算是较为激进。找准机会的时候敢于重一点，但是大多数时候还是处于中性的程度，相对求稳。

问题22：您擅长宏观面分析和供求面分析，请问，宏观面上您一般关注和分析哪些要素？供求面上您一般关注和分析哪些要素？

于忠：这两个点说起来就比较复杂了。宏观面国内外的大事都要知道，包括政治、经济、政策都得去了解，像经济政策、环保政策等都得关注。供求方面，供应是增加还是减少，需求是增加还是减少，都需要去分析。**宏观**

和供需都要关注，在某个时期某个方面可能成了主要因素和爆发点，综合起来形成了行情的走势，每个时间段的侧重点都是不一样的，你就要在找出在某个时间段哪个力是最大的，这样更利于找出一个确定性的方向来指导自己下单。

今年上半年供需应该是最重要的一个考量点，供应减少是一个较为确定性的东西。宏观面相对稳定或者说是变化不大。供应减少是否会使得供需失衡是最关键的一方面。

问题23：您说过"不做期货，特朗普和我没关系，做期货，特朗普就和我有关系"，为什么说您做期货了，特朗普就和您有关系？有什么样的关系？

于忠：这就是前面所说的宏观面因素，特朗普影响美国的经济政策、政治政策，影响到大宗商品，比如原油，而各种大宗商品之间是互相牵连的，这就成了宏观面的重要一方面。当然不做基本面研究的话，特朗普跟你也没什么关系。

目前最直接的影响应该体现在原油上，原油的价格会不断抬升。后续特朗普可能要搞经济建设，对大宗商品，尤其是全球钢材的需求上会得到提升，那是相对远期。但是影响还是很大的，因为美国的经济等级非常高，一旦加入到经济建设的行业里来，对需求的提升还是很大的，所以还是要密切关注。

此外，**中美接下来最大的矛盾可能是贸易战，贸易战中将会牵扯到进出口，包括像一些农产品，都可能受到影响。**我们必须时刻关注，中美之间的贸易关系将来会如何发展。特朗普是不按常理出牌的人，很难预测到他将来要做什么，**一个超乎想象的人往往能做出超乎想象的事来，不能按常规逻辑去考虑他，**突破性的考虑问题可能会比较好一些。

问题24：您除了研究宏观面和供求面以外，在交易上有没有运用技术分析？

于忠：我从来没有研究过，完全不懂技术面分析。赚钱的方式有很多种，也不光技术面的，各种各样的高手都有。他们的方式我也学习不了，对我可能也不管用。我不了解也不多做评价，各有各的道。

问题25：您会不会经常做交易计划？您的交易一般是按计划做的，还是盘中临时决定的？

于忠：我不做计划，我就是每一步都会提前考虑好，但是不会每个星期、每个月做一些具体的计划。就像打仗一样，我发动一场战役，就把这场战役打好，至于什么时候结束我也不知道，结束了之后我再考虑下一战。**没有明确的计划，在确定好总体方向的前提下一步一步去调整和跟进。**

问题26：您做期货仓位一般控制在多大范围内？什么情况下会重仓？什么情况下轻仓？有没有空仓等待的时间？

于忠：也有空仓的时候，相对来说少一点。市场没有什么行情，看不清的时候，我的仓位是比较轻的。但是有的行情确定性比较强的时候，我的仓位就会变得很重。**行情的确定性强弱决定了我仓位的轻重，我的仓位从0%～100%都有可能，主要是看自己的主观预判和行情是否符合。**

问题27：您有盈利出金的习惯，请问您一般在什么情况下会出金？出金有什么好处？如果一个阶段账户亏损较大，会不会入金？

于忠：盈利出金一直是我的一个习惯，当盈利翻倍了我就会把本金先出掉，剩下的利润再去做。当翻了两三倍的时候再把本金拿出来。如果盈利不多的话我暂时先不动，主要还是根据盈利状况来。**盈利出金对于心态的调整是至关重要的，出金能让我有一个好的心态，我就觉得钱始终是可控的。**

如果出现亏损比较大的情况，我也不会补钱。**我认为不应该因为亏损入金，这是一大忌。**这也是这么多年来我一直很骄傲的，我从不会因为亏损去入金补仓，钱不够了我就平仓。

鲁轶：以最悲观的态度看待风险，才有可能活下来

(2017年2月15日，傅旭鹏访谈整理)

鲁 轶

复旦大学语言学学士，计算语言学硕士。在IBM（中国）有限公司任职12年，2015年创立上海与取投资管理有限公司。与取投资是一家专注于量化投资的策略公司，致力于对市场数据背后交易行为的研究，量化市场风险，主动管理市场风险，积极地服务于国内快速成长的中产阶级的资产增值需求。

精彩观点：

从来就不存在跟风险不匹配的收益。

盈亏比的最佳甜蜜的时期，就是风险释放掉的时候，为什么不敢大胆地进来承担剩下的仅有的一点风险？

人和市场没有关系，人只能借助系统才跟市场有关系。

像"双十一"那样的行情肯定是还会出现的，而且随着趋势跟踪策略的盈利性吸引更多的人进来，这样的行情肯定是要反复出现的。

要对人有更多的研究，因为市场中交易的确实不是这些品种，而是背后的人的博弈。

顺势是因为人的思维惯性，高点是因为人的情绪疯狂点，我们能对惯性做量化，那我觉得应该也有某些方法可以对这种情绪的爆发点做一些量化。

程序化交易只是一个表现形式，真正最重要的还是人的思想。

策略是不能变的，但是背后形成策略的逻辑本身应该已经把变化性考虑在里面了，它已经是为变化性而设计出来的策略，而不是还需要变化。

一个策略要真正实盘，有两点很重要，不能说它赚钱了，或者说它资金曲线好看，或者风险小，而必须是它具备简单性和普适性。

短期的暴利就是不该赚的钱，你赚到了，长期复利就是你在赚你该赚的钱，用时间去赚你该赚的钱，不要错过你不该错过的行情。

你的过程对了，得到的结果才有意义；你的过程不对，光看结果都是没有意义的。

你必须以最悲观的态度去看待风险，当它真的来的时候你才能活下来。

如果真要进来（二级市场），那要么就是交给专业的人做，要么就是自己努力提升自己。

如果把我们的策略的资金曲线认为是一只股票K线图，那这就是长线大牛股，像现在这个点都是属于中途回调，是可以抄底的股票。

尽快找到自己喜欢的事情，做一些自己能成就的事情。

问题1：鲁总您好，感谢您和七禾网进行深入对话。贵公司取名为"与取投资"，请问这个名字的含义是什么？

鲁轶："与取"的意思其实就是舍得，一开始我取这个名字的时候还有过一些纠结。我们一开始就不做结构化的产品，都是做管理型的产品，我们**希望跟客户之间的定位，是一起承担风险、一起赚取收益的**，而不是说完全**不承担风险来赚取收益**，我们自己的投资理念里认为**从来就不存在跟风险不**

匹配的收益。而且我个人感觉"与取"这个词如果用象形文字写出来就更有意思了，"与"是一个手，"取"也是一个手，如果你的手不打开，市场的钱怎么塞到你手上来？"与"就是你把你的手打开，要松一点，这样你才能得到市场该有的利润，基本上是这个意思。我们也一直跟客户讲，投资这个事情，或者更简单地说就是交易的事情，我们不是在投入一个标的，我们就是在赚这个标的在人群中的理解偏差造成的价差，这就是个游戏，这个游戏就是在风险和收益之间取舍的一个游戏，所以我们就把它直接作为名字了。

问题2：有很多做量化交易的私募，因为他们的策略本来就已经完成了，可能更多地会去做结构化的产品把规模做大，您为什么不采用他们这种方式，而一开始做管理型的产品？

鲁轶：主要是因为期货这个东西特殊，期货的杠杆本来就是免费得到的，比如说我自己的账户用自有的资金在做，我承受了20%的风险，但其实我的保证金还没有用足，如果说我愿意给客户做担保来做结构化的产品，我还不如先把自有资金杠杆调大，这有空间。其实说白了，我只能承受这些风险，所以我不愿意再放开这个敞口，那在这种时候，我又想扩大自己总的盘子的盈利，那我只能跟客户一起来做管理型的产品。客户也是一个慢慢培养的过程，我觉得也要跟他们灌输一个理念——要关注盈亏比，也就是所谓对市场时机的一个掌握。**盈亏比的最佳甜蜜的时期，就是风险释放掉的时候，为什么不敢大胆地进来承担剩下的仅有的一点风险？而且回报又是相当可观的。我们也一直在讲，我们的定位就是帮助客户管理风险，然后长期复利。**前面两点要跟客户一起去培养，要培养他们理念，第三点我觉得他们做起来有难度，知行不合一，在整个过程当中的巨大的波动性带来的呕吐感，这些我们都代劳了，他们就不用管了。所以我们从一开始没做结构化的产品，但是未来可能会做。我觉得现在很多人把顺序做反了，先做结构化产品，再做管理型产品，其实应该先做管理型产品，再做结构化产品。等到你自己承受风险的能力上去的时候，你又有能够充分信任的策略，那个时候所有的市场营销手段都可以免了，到那时再来做可能更合适。

问题3：您在去年"双十一"当天下午就把所有品种都平仓获利了，从而避免了当天晚上的暴跌行情。请问您是依据什么能够如此精准地平仓获利，是否在交易策略中有相应的量化条件？

鲁轶："双十一"的故事还挺有意思的，从最后的结果来看，表面上我们确实表现为比较精确，其实**不是精确，只能从概率角度去讲**。在"双十一"前几天的时候，行情延伸幅度已经很大了，趋势已经很强了，焦炭已经出现连续十六根阳线了，然后交易所也有反应了，要提高保证金等。我们有个量化子系统在衡量这些东西，当时我没有撤，客户就觉得我是不是有点太狂妄，但是我跟他讲，如果行情就此马上反转的话，确实也没办法，这个钱是我们该退回去的。我们就是趋势跟踪系统先生效，另外一套系统对情绪做了一些界定，当时还没有触发我们的"情绪高点"系统。平仓之后客户看到了，打电话过来问我原因，我跟他说，今天真的是触发了前两天我们在讨论的量化系统的信号，那就必须平。他说，我是不是受了他前两天给我打电话的影响，希望我不要受他的影响，要坚定持有获利仓位，我当时也没话可说。那时候我压力是蛮大的，因为当天晚上一开盘又是巨大的涨幅，其实如果不平仓，仔细算"双十一"晚上夜盘的头一个小时，因为提前平仓又少赚了好多钱，但是当时我也没多想，当天晚上我也没看盘，早早关电脑睡觉了，第二天起来，微信圈里面就吵翻天了。但确实我这样做不能说是精准的，没有精准的东西，而且量化对情绪高点的判断其实是反趋势的，而且它的主要依据也是一些概率。当时我就说，**在我们的衡量标准里面，99%的概率当天平仓是可以的**。而且之所以我们有这个预判，也是我们以前花钱买来很多教训，比如2015年7月8日，还有2016年也好多次，3月7日、4月21日、7月4日，都有类似的情况，这些事情你看得多了，慢慢就会去总结一些东西，但这个东西总结出来仍然不是确定性的，如果"双十一"晚上行情继续往上走的话，很有可能最后一段我们就不参与了。当时我想，**这样做至少可以让资金曲线平滑一下，因为最后一段行情肯定是不能完全拿到的，那我们就回避掉**。与取的投资策略里面都是把任何主观的东西回避掉，也就是**人和市场没有关系，人只能借助系统才跟市场有关系**，所以这个东西也都是放在系统里面，系统没有说话的话，估计我们也不会平，后来事实证明，我们在去年11月11日平掉之后，11月15日又开仓了，真正的高点在12月12日左右，这个高点你就逃不掉了，别人说为什么这个你没逃掉，因为这个没有触发信号，你怎么逃？不是所有的高点都能逃得掉的。所以我们在这方面确实是有量化条件的，但不是精准的，是个概率的问题。

我们其实不太讲"双十一"这件事，因为这样对客户的预期的引导不是特别合理，他们就是应该在赚了钱之后接受大波动的，我认为这是没有办法的，但是如果说碰巧进入了这么一个小范围，那我觉得大概率我们能捕捉到的时候，还是可以捕捉一下的。

问题4：去年开始商品期货波动明显加大，您认为像去年"双十一"晚上的行情以后是否还会出现？对于程序化交易者，应该如何避免或减小在这种极端行情中的损失？

鲁轶：第一个问题，我觉得肯定会出现，而且事实上真的出现了，"双十一"之后我们的情绪子系统在商品市场上没有触发，但在国债市场上已经触发了，国债第一波暴跌的时候，跟去年"双十一"的情况类似，其实我们也可以做得很好。当时我们几个大的账户因为流动性原因没有做它，但是我也一直在观察。所以我觉得**像"双十一"那样的行情肯定是还会出现的，而且随着趋势跟踪策略的盈利性会吸引更多的人进来，这样的行情肯定是要反复出现的。**

对于第二个问题，我觉得对我们做程序化交易的人来说，就是做顺势交易。**首先我觉得要有个心理的底线，就是说这样的极端行情要接受，然后再来考虑如何做优化。**有时候如果你先考虑优化，你可能就不能接受这样的行情，反而会影响整体的战略布置。我们有几个朋友，他们当时自己也在交易，但是他们全部都接受了，他们也过得挺舒服的，赚到该赚的钱就可以了。在这个过程中，如果真的要去避免，我觉得还是**要对人有更多的研究，因为市场中交易的确实不是这些品种，而是背后的人的博弈，我觉得顺势是因为人的思维惯性，高点是因为人的情绪疯狂点，我们能对惯性做量化，那我觉得应该也有某些方法可以对这种情绪的爆发点做一些量化。**传统的那种超买、超卖其实就在研究这个，只不过它的研究思路是不是一定正确？大家可以按照自己的想法再去想想，我觉得这是一种有益的思考，老子也经常说，阴阳是要互换的，所以这方面的研究肯定是有价值的。

问题5：近期"阿尔法狗"在和世界围棋高手的对决中取得60连胜的成绩，您认为未来在交易中拥有人工智能的"机器人"是否会占主体地位？有越来越多的人参与到程序化交易当中来，您认为程序化交易是否会越来越难赚钱？

鲁轶：我认为机器人不会占主体地位，我觉得**交易其实就是逻辑和程序，或者说逻辑到系统，再到程序，程序只是表现在执行层面。**围棋比较特殊，它跟交易不一样，是一个很封闭的规则，是有限规则集，据我了解，像国际象棋等，都是在做一个路径打分的事情，也就是在这一步你走了之后，别人有什么应对，就跟博弈论的决策树一样。这个过程可以一直穷尽，穷尽到最后，然后把每条路径再反推回来，选一条最优路径，再决定现在走什么。但人的记忆力有限、内存有限，所以做这个事情就做不过计算机。但交易是一个相对非常动态的环境，它的规则也很动态，比方说这段时间可能趋势交易的人多一点，那段时间可能套利的人多一点，不同的市场阶段会吸引不同的人进来，它经常会变。而且你也不能一味定性市场是由震荡和趋势构成的，趋势还有不同的节奏，震荡也有不同的波动性。所以我觉得从现有的认识来讲，交易很难被描述为一个有限规则集的东西，所以未来机器人在交易中占主体地位我认同，但是拥有人工智能的机器人占主体我不太认同，因为最终交易逻辑还是人赋予的，特别是对机器学习我是不太认可的。我以前做过一段时间的自然语言理解的研究，当时我们拼命地想把自然语言全部规则化，理解所有语言的规则，然后教会计算机，事实证明这个事情失败了。

有越来越多的人参与到程序化交易当中来，应该说，坏的程序化交易肯定会越来越难赚钱，因为**程序化交易只是一个表现形式，真正最重要的还是人的思想**，如果你的思想是不正确的，或者本来就是趋势跟踪策略要批判的那些人性偏向主导下设计出来的程序化交易，那肯定要出大问题。就像长期资本管理有限公司，有那么多诺贝尔奖得主，他们搞了一堆数学东西，但到后面也失败了。所以**我觉得市场本来就是难赚钱的，不是说程序化来了会**

让这个事情变简单，永远是不会简单的，但是市场是个零和游戏，有人输了钱就一定有人赚钱，**你只要保证在这个人群当中，你是处于金字塔塔尖的位置，那问题就不是特别大。**这本身就是个很高的要求，需要你不断去变化，市场本来就是变化的，从来没有静止过。你如果真的抓住了市场的精髓，把它变成一套规则，这要取决于你的规则考察的一些数据来源，它就是能够适应动态的。比如你不能说只做螺纹钢，螺纹钢在最近5年的表现里面确实是绝对的王者，但是未来呢？你不知道，也许螺纹钢被热卷替代了，或者被别的某个明星品种替代了。

问题6：现在有很多量化机构，很多个人投资者也在做量化交易，会不会出现一策略的同质化非常严重，导致收益收窄的情况？

鲁轶：从套利来讲，如果大家都同质化的话，市场就没有套利空间了。但趋势跟踪不一样，如果大家都做趋势跟踪，趋势的惯性会更大，但是它在反转的时候也会非常剧烈，如果大家都来玩趋势跟踪，我是欢迎的，它就让趋势更延续了，没有人去做反趋势，那趋势一旦起来之后，它就是一个一直迭代的过程，但是就会出现去年"双十一"这样的行情，所以你就必须在这块去优化。如果这些问题足够引起大家重视，优化的人足够多，它就相当于又把趋势交易的人淘汰了一部分，市场其实自己在平衡。套利也是一样的，价差收窄到一定程度之后让做套利的人活不了了，赶掉一些人之后它波动又开始放大了。所以有越来越多的人做趋势跟踪挺好的，大家一起趋势跟踪，这只会让主力机构很难去坐庄，**我们没有主导市场，我们还是跟随市场。**对我们来讲真正的难题是策略肯定会有一定容量，自己心里面还是要有一个终点，做到那个地步就差不多要见好就收了，还是要功成身退的，一直做下去就会出问题了。

问题7：您在交易期货之前从事软件方面的工作，是怎样的机缘使您转到期货程序化交易上来？在程序化交易方面，您认为编程能力和交易逻辑，哪个更重要？

鲁轶：我本科是学语言学的，语言学就是了解人类语言是怎么样的，在国外它是自然科学，在国内把它归类在文科，也因为这样，我学了一些历史、哲学的东西，觉得蛮有意思的。到研究生阶段，当时需要人，我们大家都去做自然语言理解，当时的思路就是从语法的规则入手，所以编程方面就做了很多东西。毕业之后一直从事软件相关的工作。当时自己也在做股票，做股票一直是价值投资，谁都从价值投资入手，就是要做坚定的价值投资者。当时觉得还挺好的，因为我2006年进股市，2007年、2008年没亏钱，因为我就是价值投资者，但是后来问题就来了，到了2008年大跌之后，我觉得很多股票都很有价值，香港的港股像东航才6毛6，6毛6的价格买不到，9毛6肯定是买得到的，但是买完之后问题就来了，到底什么时候把它抛掉？涨到1块6翻了一倍很开心，后面很快一天就跌掉20%，来到1块2的时候，你就绝望了，这个事情对我来说印象太深刻了。做价值投资有一点蛮好，你不会亏钱，但实际上你要赚钱也很难，然后你仓位还不敢大，大了之后你晚上睡不着觉，还很纠结，而且说实在，价值投资不应该关注市场波动，但是其实你会关注得越来越细，所以整个人的状态就不太好，那个时候我就把股票停了停，就想想看人家专业的玩法到底怎么玩的。我就去学了CFA，CFA学完之后，发现6大本书里面其实5本都没什么用，有1本倒蛮好的，它是讲量化风险管理的，就是讲配置的时候怎么样去做风险评估之类的。当时我在想，它怎么花那么多篇幅去讲概率这些东西？碰巧这些东西是我以前最熟的，然后我就看看这些东西怎么来做，就到2011年左右，脑子有点开窍了，觉得应该做交易系统，应该完全用技术的东西来做可能会更好一点，不是那种技术预测，而是用技术跟随来做。所以那个时候因为只接触过股票，没接触过期货，所以先做股指ETF，股指ETF的量大一点，因为那个时候已经知道**单纯追踪个股是不靠谱的，个股太随机了，要追踪指数**，所以就做指数的ETF。但指数ETF就有问题，就是不能止损，这个问题就很大，又想做小周期，想赚点快钱，然后就把眼光放到股指期货上，做了股指期货之后，就发现商品一样可以做，然后就这样一步步开始做期货。所以我们做期货程序化交易还蛮早的，2011年左右就做了。

在做的过程当中，**编程能力和交易逻辑其实都重要，如果要说哪个更重要一点，那肯定是逻辑更重要**，如果逻辑不是最重要的，那IT工程师肯定都是最赚钱的，但事实情况不是这样的。但是具备IT能力跟不具备IT能力，在同样有思想的人那里，就会有差别，如果不去学一点程序的话，思维的发展轨迹会迭代得慢，不像我们迭代得很快，我们有想法就马上试，这些想法数据通不过就否定掉了，就不会在上面再花太多时间去纠结了，但我们基本上就没有这个障碍，而且现在数据又那么开放，平台又那么多，随便找工具去测一下，就可以知道整个效果，所以这两者肯定都是很重要的。但是过分强调编程能力肯定也是有误区的，**编程能力的作用第一个是数据验证，第二个就是执行的时候可以帮助大家缓解压力**，但学点IT肯定是很有必要的。

问题8：请问您当前交易中总共有多少个策略？各个策略的特点是什么？策略之间是如何配合以及分配资金的？

鲁轶：从大的策略来讲我们只有两个，**一个是以期货为工具的趋势跟踪策略，期货简单；另一个就是以股票为主的指数增强策略。**

以期货为主的趋势跟踪就相对来说比较简单，全自动执行，因为全部可以自动下单，它的特点就是每年收益稳定，但是波动也会大一点，然后需要一些比较好的择时判断。股票就是指数增强单边持多的策略，它最大的好处就是本金回撤很小，但伴随着的是收益是比较大周期的，可能中国市场5～7年才有一次真正决定性的行情，然后它没有办法做到收益率比较高，这也跟它不能用杠杆有关系。

策略之间我们没有做太多的分配，因为每个策略本身已经具备很好的分散性了。像趋势跟踪策略它能够容纳的资产门类现在只有外汇没有，国债、期指跟商品都有了，外汇估计也不太会推出，但如果做美元资产是可以的。股票也挺好的，因为股票本来也是很分散的，我们也是大量分散地持仓，所以本身它们之间不需要太大的配合。但是我们也会在这两个策略之上去帮助客户搭FOF，就是说多少资金配股票、多少资金配期货，然后在不同时间点募集的FOF我们可以跟底下的子策略做一个择时的匹配，这样搭配出来的产品可能资金曲线比较丰富，本金回撤很小。我们做了这个事情之后发现，跟国外的一个榜样公司——元盛资产做得很接近，元盛也就3个方面，一个是期货，一个是做股票持多的，其实也就是一个指数增强的产品，另外一个就是把这两者结合起来的混合型的，其实我们也做这3类，跟他们很接近。

问题9：对于不同品种，仓位和资金是如何分配的？是平均分配的，还是有所选择有所侧重的？

鲁轶：**结合相关性下的平均分配**，就是太相关的品种打包在一起作为一个类别，跟另外一个类别就配成一样。比如螺纹钢跟热卷就作为一个类别，豆油、菜油、棕榈油作为另外一个类别，在考虑相关性之后做一个平均的分配，这样比较合适一点。我们的仓位其实考虑得蛮简单，我们就考虑最坏的情况，最坏的情况就是客户给我们一次授权的风险，能够止损100次没有问题，就是用这种方式。如果有些客户对风险看得比较紧、止损线非常严的这种资管产品，我们可能考虑能够止损200～300次，就是必须让概率发挥作用，通过这种方式去分配资金量。我们仓位最高的产品就是我自己的账户，可能接近8到9倍的杠杆，比较低的可能2倍不到的杠杆，这就取决于客户资金的需求。我觉得**我们通过量化提供的服务有一个很大的好处，以卖衣服来举例子，我们就是做量身定制的，完全是根据客户的风险去定制一些产品**，我们现在可以做的定制性非常高，而且也不增加我额外的负担，最后这些钱都可以混在一个账户里做，但是表现出来就是大家都是量体裁衣的。

问题10：一个交易策略从开发到实盘，需要经历哪些步骤和过程？

鲁轶：冠冕堂皇地讲，无非就是要上模拟盘，但实际的过程中就是要在上面反复亏过钱，或者说错过一些行情，亏过钱后带来的就是真金白银的一些教训，这些都是机会成本，亏钱是一个必经的过程，而且这也是一个真正的门槛。其实到最后还是钱的门槛，有没有人愿意出钱让你来亏，或者说你是不是在这个过程之前已经先赚到了这笔钱，我觉得亏过钱是最重要的。

问题11：您认为"交易的本质就是风险管理"，请问对于单个品种，您是如何设置止损的？对于整个账户，您是如何控制亏损风险的？

鲁轶：这也是跟资金分配相关的，我们的止损也是考虑相关性的，然后整体的风险一开始就要想好，这个账户必须做够多少次，这样每次下单的量就会比较小，基本上逃不出这个概率的范畴，市场一定在多少次之后就起来了，因为我们毕竟有大量数据的支撑。而且**我们还随时监控我们同行做得怎**

么样，这个也是蛮重要的，像蓝海密剑这样的活动，还有在七禾网当中，同行做得怎么样我们也比较清楚，他们现在的压力到哪个点我们也比较清楚，所以有这些数据判断我们做事情很就有信心了。

问题12：程序化交易的标的会随着主力合约的更替而更换，您的策略是直接运行在主力连续合约上，还是运行在指数合约上，然后映射到主力合约上交易？

鲁轶：我们不用指数合约也不用主力连续合约，我们只用直接的交易合约，如果这个合约已经不是主力合约，那我们就换到下一个合约上去做。回测也是尽可能用真实的合约数据来做会更好一点。

问题13：程序化交易中滑点是一大难题，请问滑点对您的交易影响大吗？您是否有通过一些方法来减小滑点的影响？

鲁轶：滑点肯定是一个很大的问题，像有些品种其实流动性还可以的，但是有时候这个价格大家都是追的，所以是会有影响。但也跟管理的资金量有关，我们现在的管理规模还不是很大，总共也就一个亿，所以滑点对我们的影响还不算很大，但是规模再上去肯定会有影响，但我们已经做好准备了。而且这一块我们的想法也比较成熟了，就是用一些算法交易来做订单执行的管理，到时候拆单、追单等做法都会规则化。但是因为我们是中低频交易，滑点的代价肯定是要接受的，如果说单子不能成交跟滑点大相比，两者之间做取舍，那肯定是成交优先，滑点大也要成交的。

问题14：有些人认为程序化交易策略应该定期调整或更换，有些人认为交易策略产生后就不必更改，您是如何看待这个问题的？您的交易系统是否会定期调整参数或者更换策略？

鲁轶：策略是不能变的，但是背后形成策略的逻辑本身应该已经把变化性考虑在里面了，它已经是为变化性而设计出来的策略，而不是还需要变化。它本身应该不是个静态的东西，静态的东西才需要经常变，如果策略本身就是动态的，那就不需要变了。而且我觉得**一个策略要真正实盘，有两点很重要，不能说它赚钱了，或者说它资金曲线好看，或者风险小，而必须是它具备简单性和普适性，**简单性和普适性是非常重要的一个考核标准。策略真的足够简单、足够普适之后，它才有可能真正具备应对变化的能力，所以我们不会去调整参数或者更换策略，我们所有的策略都用同样的参数，甚至于对震荡和趋势也不判断，哪能判断呢？判断也会判断错。

问题15：您表示做交易要顺势而为，赚对手盘逆势犯错的钱，请问您是如何定义趋势的？您怎样理解顺势和逆势？

鲁轶：首先趋势不用定义，它是比较简单的，只能说通过不同的方法去描述。你可以回顾一个月，也可以回顾两个月、三个月，只要现在的价格比以前高，那现在就是牛市。而且在我们的定义当中比较简单，别人先分趋势和震荡，我们连震荡也不分，都认为是趋势，那就更简单了。如果今天的价格比一个月前的价格高，那这一个月就是牛市，这一个月价格比前一个月低那就是熊市。但是你可以多维度来划分，可以分24个月，也可以分12个月，就看你的交易周期。

至于怎么理解顺势和逆势，你**在赚钱的方向上那就是顺势**，这个也比较简单。

问题16：您认为"投资的本质是长期稳健复利增长"，请问您如何看待长期复利和短期暴利？

鲁轶：**短期的暴利就是不该赚的钱，你赚到了，长期复利就是你在赚你该赚的钱，用时间去赚你该赚的钱，不要错过你不该错过的行情。**去年"双十一"虽然我们省了一些钱，但我们知道，这也是不该省的钱，所以还是要小心一点，不是每次都能省得下这个钱的。**你的过程对了，得到的结果才有意义；你过程不对，光看结果那是没有意义的。**用结果来评判，你的立场就很容易变动，也就是经常会换策略。**我们不能用结果来评判，因为好的东西也需要运气，再好的一个过程，没有运气的因素，它也发酵不了**，就像现在很多很好的趋势跟踪交易员都在亏钱，这个就是运气差一点，方法绝对没有错的，但是行情就是要折磨到他认为方法错了，那问题就来了。所以利这个东西只是一个结果，是很表面的一个东西。

问题17：就您看来，要实现长期复利，必须做好哪些方面，具备哪些要素？

鲁轶：首先市场经验肯定要有，因为**有了市场经验才有自己对市场一些正确的理解，才会有正确的方法和行为，然后就是知行合一**，就是知道的东西你最终也要做到，但是知行合一的过程当中，有一些不可缺少的要素，比方说你必须要有钱，或者你有足够的能力和资源能够说服身边的有钱人跟着你一起干，没钱你肯定做不了这个事，因为它本身就是要承担风险的。比如像坚持、耐心、客观这些东西，说白了就是**要看淡一点钱，也就是你既要有钱又要看淡钱，才有可能真正地做好这些事情。**

问题18：2016年商品期货比较火爆，以黑色系品种为代表的商品期货大幅波动，就您看来，2016年商品期货火爆的原因是什么？

鲁轶：原因就是它能赚钱，更本质地讲是因为大家要理财，资本市场几个配置大类里面，很明显现在掰着手指头算也只能是商品期货，而且大家越来越明白期货市场是一个更公平的市场，在里面你如果管好自己的话，还有稍微大一点的可能性能盈利，所以我觉得这个主要还是因为期货本身的一些特点吧，所以能够吸引资金进来，所以行情就会比较大。

问题19：您认为2017年商品期货是否能延续2016年那样的火爆行情？

鲁轶：这是肯定的，因为从大类资产配置去考虑的话，参与期货市场的实际保证金的趋势来讲，钱也是越来越多，说明行情肯定会越来越大。我觉得波动性应该也会增强，钱越多就说明进来的人越多，就越难琢磨这帮人到底在想什么。这两天的波动性大家都已经领教了，以前都没碰到过这样的波动性。你如果比较乐观地去看待风险，现在就有麻烦了，**你必须以最悲观的态度去看待风险，当它真的来的时候你才能活下来。**

问题20：目前商品期货市场相对比较火爆，有大量资金涌进来，可能很多不专业的投资者不会去找专业的机构来做，更偏向自己来做，对于这种情况，您有什么建议？

鲁轶：人生如果跟二级市场发生关联，光明在两端，中间都是黑暗期。如果说不想碰，那也挺好的，社保现在也还能支付，就是过着这种上班、退休的日子也挺好，完全不必以交易为生。**如果真要进来，那要么就是交给专业的人做，要么就是自己努力提升自己。**但我认为通过努力提升自己，最终能够挣扎出来，真的不容易。也就是刚才讲的，编程能力和交易逻辑哪块更重要，我觉得都重要，缺一不可。有些客户已经被我们引导得说的话都和我们一模一样了，他也看得出我们的单子哪些是按照正常逻辑，哪些是有小的处理，但是如果要他自己做，他还是欠缺的，技术能力、数据分析能力、驾驭能力还是不一样的。你要做数据分析，要入手，你要有这个能力，然后要能够真正做到知行合一，也就是执行到位，只有这样才能脱颖而出。个人投资者的门槛主要是资金少，第二就是他也不可能像我们这样花这么大力气去做这件事情。有时候我也跟客户讲，我已经讲得这么细致了，但是他过两天又来跟我讲一个观念，好像也不是之前他点头说讲的好的那个，但是后来想想，这对客户要求太高了，他也不可能像我们这样，他有很多事情要做，他怎么可能像我们这样正儿八经认真地来看交易这件事情？他有他专业的事情，所以这还是个分工合作的时代。就是要找到认真负责的投顾，跟他建立一种合作关系，这是非常好的，好的投顾是真正稀缺的资源。

问题21：您2006年开始交易股票至今，请问您交易股票的策略和交易期货的策略有哪些异同？

鲁轶：两者主体思想都是一样的，要顺势交易；股票跟期货不一样的地方，主要体现在杠杆，股票是没有免费杠杆的，所以我们必须在合适的时机去精选一些个股，这就是所谓的股票选股的一些子模块。期货是不需要选的，**期货就是广撒网的方式，这个是最好的一种做法。**然后从整个交易的盈亏比和胜算来看，股票我们在进出个股的时候，胜算更高一点，基本在50%以上，但盈亏比会低一点，但是期货就不一样了，期货胜率偏低一点，但是盈亏比比较大。

问题22：您在期货和股票上的资金是如何分配的？您对2017年的股市怎么看？

鲁轶：没有固定的比例，就是根据资金到位的时间点、这两个策略的盈亏比去配，盈亏比更高的子策略在那个时间点就获得更多的资金。

现在股市和商品应该都是在一个很好的可配置的区域。我是这样理解的，没有一只股票是长线一直能够赚钱的，但是**如果把我们的策略的资金曲线认**

为是一只股票K线图，那这就是长线大牛股，像现在这个点都是属于中途回调，是可以抄底的股票。 所以说股票就算3000点跌破往下，那我们也是小亏点钱就走人继续等。

问题23：近期股指期货有所松绑，如果股指完全恢复正常交易，您是否会考虑把股指重新纳入交易品种？您认为股指期货松绑对商品期货和股市会产生哪些影响？

鲁轶： 如果说股指能够恢复到我需要的流动性和手续费，保证金占用不影响我整体杠杆的使用的话，那我肯定会考虑的，因为资产配置需要。在现在这个条件下，我们还是没有做，而且我们股票也在做，所以我们也不怕股票市场一旦起来，会对我们现有的客户有影响有冲击，我们部分资产还是配在那，就可以了。

股指松绑的影响很多冠冕的东西经济学家都已经说了，**股指松绑对商品期货来说肯定会有资金分流，但问题也不会特别大，** 现在资金量很大，现在真的不差钱，钱太多了。对股市，我是看多的，我们还做多股票。

问题24：您喜好中国历史，在历史上是否有您比较佩服的人物，并且能从他们身上学到交易所需的品质？

鲁轶： 中国历史，二十四史，就是帝王的家谱史，都是讲英雄人物的，要说佩服的人肯定很多，但其实看到后面，就发现真正牛的人其实是司马迁，一方面我们能看到的历史都是拜他所赐，他把这范例给开创好了；另外一方面，司马迁个人的经历也很牛，他被毛主席引用的一句话——人固有一死，或轻于鸿毛或重于泰山，用之所趋异也。这句话我的理解跟毛主席的理解不太一样，毛主席是说一个人要有正气，要做一些真正重要的事，但太史公的话激励我**尽快找到自己喜欢的事情，做一些自己能成就的事情。** 你说交易所需的品质，可以列出很多，比如耐心、坚持，但最终的根源还是因为你喜欢这件事情。像司马迁这样的人，就是因为他太想把这件事情做成了，所以他在那样困顿的环境里面才能坚持下来，这个是不容易的。

问题25：您多次参加蓝海密剑实盘大赛，也取得了优秀的成绩。在比赛中有很多其他高手，这其中哪几位高手是您比较佩服的？您认为在他们身上有哪些品质是值得学习的?

鲁轶: 像严圣德我就蛮佩服的,他坐在台上,在聚光灯下讲的话还是真话,这就很不容易。

在市场中能做到长寿的交易者身上的品质,其实大家都一样的,就是把这件事情看得比较淡,在困难的时候能够挺过来,最终才取得成绩。

问题26: 贵公司自2013年实盘交易以来,每年都取得正收益,您认为能取得每年正收益的主要原因是什么?在这期间,是否经历过比较难熬的时期?

鲁轶: 主要原因就是我们是在做正确的事情,而且运气也比较好,2013年到现在,每年行情都在逐年增大,里面有很大的运气成分,我相信如果接下来真的碰到震荡时期,大家也要做好准备。

难熬的时期是经历过,我们最难熬的时候是从我做自己的账户到做别人的账户,这个过程中有比较难熬的时期,主要原因是,客户的人性很简单,一定是在你赚钱的时候愿意大量投给你钱,但如果说你定力不足或者经验不够的话,在那个时候接的钱其实是烫手山芋。我为人比较直率,也会跟客户较较真,其实不要较真就好了,有时候太想说服别人了,这个我自己也要反省一下。

问题27: 贵公司的微信公众号中有个"与取图书馆"的栏目为投资者推荐书籍,请问对您影响最大或者您最推荐的是哪几本书?

鲁轶: 里面的几本书都是我平心而论去推荐的,我觉得对我影响大的,**交易、理财方面《富爸爸穷爸爸》是值得一看的**,它其实已经告诉你最大的一个方向怎么走,就是说你需要先参与二级市场,因为这个市场是允许你用小风险去逐步积累财富的;然后再做房地产市场,这是一个批量投入风险的过程;最后才是去开办实体。所以我也是一直在实践这样一个理念,到现在十多年了,还走在这条路上。然后我觉得**《趋势跟踪》是本很好的书,而且我讲那么多话,都不如大家认认真真地把这本书看一遍,我讲的东西这本书里面都已经讲了。**还有《世界尽头的发现》也蛮有意思,那本书对我个人比较有意义,未必大家都喜欢。我自己真正开始走独立的这条路,其实就跟书中这些人一样,就是在探索这个世界的轮廓是怎么样的,前面都是未知的,我当时就特别想知道他们是怎么样一种心态，前面根本没人去过，你为什么还敢往前开？而且没有地图的，不像我们现在知道前面是可以登陆的，他不知道前面可以登陆，也许世界真的前面就像悬崖一样突然下去，你怎么办？所以我觉得这本书对我影响也比较大，就是碰到一些事的时候看一看，挺有意思。

问题28：请您介绍一下贵公司的情况，由多少成员组成？分工是怎样的？

鲁轶：我们现在核心团队就3个人，我是主管策略的研发和执行，还有一个同事专门负责做市场营销和机构合作，跟客户讲解策略的理念。当然还有一个同事负责风控，财务出身，主要是对整个净值的一些数据的监控。大家都很努力，也很快乐。

问题29：现在私募机构众多，各有各的特点，请问贵公司的核心优势在于哪些方面？

鲁轶：**核心优势就两点，一个是非常精细化的风险定制**，我们就是要做西服店里面最高级的那种，伦敦萨维尔街的那种西服定制店，就是帮客户精确到小数点后两位的这种风险定制，都可以做；**另外一点，我们简单透明**，我们经常有客户沟通会，对现有产品的一些运行情况沟通，包括我们的持仓都不是秘密，我们每天都可以把持仓方向告诉大家。**真正的核心是在正确的方向上你到底持有多大的仓位，但方向真的是不重要的，方向可以大家一起去探讨都没有问题。**

问题30：请您谈谈您个人未来的投资规划，以及公司的发展规划。

鲁轶：个人的投资规划，应该还是会在二级市场上继续投吧。公司的发展规划，那肯定是先赚到钱，有钱才能好办事，这也是《富爸爸穷爸爸》里面讲的，现金流先要做好。有钱的话也是希望鼓励更多好的人跟我们一起，我也会与他们一起来做量化策略，因为我们现有策略的资金容量以期货来讲有10亿到20亿，股票的容量那就更大了，50亿左右。所以光是我们现在两个策略，已经能满足很大部分的需求了，但是如果在这过程当中能够发现真的可以合作的人，那我也很愿意与他们一起来做这个事情。

赵九军：2017年，一个无所顾忌的"屠杀"年

（2017年5月2日，顾姗姗访谈整理）

赵九军

大庆鼎诺投资公司总经理，黑龙江大庆人，吉林大学硕士学历。2005年，20万进入股市赚到第一桶金。2008年进入期货市场，在大通期货实盘赛中获得第7名，在2008年的金融危机中，做空商品资金迅速扩大，2011年在金融界主办的领航中国期货大赛中获得标准组第8名，2016年CCTV期货大赛获得第7名，2016年资管网全国资管产品排名第二，2016年第八届蓝海密剑中国对冲基金公开赛获得大校军衔。目前以团队操作，多品种对冲，小仓位组合为主。

精彩观点：

量化就是精确，我们做交易是可以被量化出来的，是可以被精确控制的；现在要把期货做好，从原来单纯的追逐质的变化，到现在追求一个精确

的量的变化。

在我的印象里，做期货和看病基本上是一个道理，而且方法是比较类似的。

期货行业是一个没有限制资产增长的行业，你可以管理几十万的资产，管理几千万甚至是几亿、几十亿的资产，发展空间很大。

在期货市场，大部分人亏损的主要原因就是人的主观失控了，或者跟随市场在波动，不能遵守自己的投资理念和风险控制。

不要让你的亏损无限扩大，而要始终让你的盈利大于你的亏损。

在不属于自己的机会面前，我们不要强求这个时候一定要去赚钱，或者一定要把亏损捞回来，要等待属于自己的机会。

我们的重点不是去做策略，而是每种状态都采用一个相应的策略。

谨慎采取相应措施去应对市场的转变，这点很重要，而不是临时决定这个市场应该如何去交易。

我们交易的也是一个数列，看起来是一个涨跌，但是这里面介入三维因素后，其实我们就可以给它分成八种变化了，再加上不同周期的变化以后，可以变成无穷无尽的变化。

行情要想做好的关键，就是要做细化。

最重要的是如何判断目前处于什么情况，而不是判断我们出什么策略。

趋势就是往一个方向走，不回头，或者叫"偏离"，或者叫"脉冲"。

趋势其实就是偏离，往一个方向去，它不回归，我们赚趋势的钱，其实就是赚偏离的钱。

大趋势产生的时候，大部分会有一个反向运动。

我们要关注反向的假突破，这个往往是在顶部或者底部出现的。

2016年的多头行情走到了重要的压力位，现在是下跌调整。

想做空要选择点位相对高一点的，涨了之后就空，大势逆小势的这种介入方法。

开仓点离止损点往往不会太远，选择重要的压力支撑位进行止损。

关键是知进退，进退其实就是仓位的大小。

到了2017年，变成一个调整市了。

第一要选品种，第二要选用对冲的策略或者短线的策略多一些。

期货市场的逻辑永远是大部分人在亏钱，所以这个时候已经具备了发生黑天鹅的这种市场氛围，也就是情绪化指标已经出现严重的背离。

在这个市场上，必须要有一个多层的风控系统，这个系统既包括止盈止损，又要包括我们产品的回撤、产品盈利的保护，市场行为化指标的一个减仓，再包括仓位控制，甚至包括这种品种对冲，不同的策略。

他往往有对于产品的管理、风险的管理的忽视，这是80%的私募要解决的问题。

做产品是一个很精细、很文明的行为，而做单账户是很激进的、很刺激的，它俩确实有很大的不同。

要想盈亏比高，要想做得好，首先要优化品种，选择龙头板块，选择真正能适合你的品种做行情。

"梅花战法"其实就是对冲，它是通过不同的品种，来分散仓位的配置，分散风险；通过做多、做空，来进行择时，达到对冲。

我们做过很多的品种，主要盈利的就是三个品种，盈利最多的就是豆粕、橡胶和塑料。

豆粕期权极大地丰富了我们的策略，同时增大了我们的市场。

我对豆粕期权是非常感兴趣的。它可以作为我们期货之上的一个风险管理工具，又可以作为我们产品的一个重要赢利点，进行一个符合的对冲组合，就可以把它做得更加细致。

这个金融工具一旦用好了，它的威力会远远超过期货。

虽然没有产生大的单边市，但多品种对冲以后，也会创造出一个跟黑色大行情类似的曲线。

通过神经网络系统建立新一代程序化交易策略，而不是原有的那种机械的程序化，而是有人工智能的思想在里面。

量化需要具备什么核心技能？简单地一句话说，你能不能做对。

如果小仓位去做，不对，那么就及时止损，就休息。我觉得这是投资者现在要做的。

如果我们能把本金留到我们能赚钱的时候，我们就会成为大赢家，而没必要在这种震荡行情中把本金损失掉，要不然在真正属于自己的行情到来的时候，我们就没有子弹了。

我们既要重视长期复利，又要重视短期暴利，两者是相辅相成的，不要让它们矛盾起来。

交易的逻辑，首先是顺势而为。

第二就是优选这种具备潜力的黑马品种。

第三就是心态，就是一个长期坚持。

赚的这部分钱已经赚到了，还不走或者还不止盈，那就是人的问题了，那就不是系统的问题了。

现在就会有很多方法，一是降低仓位，二是可以做对冲，三是可以做锁仓，还要设置一个严格的止损线，本金回撤超过多少就无条件的休息。

2017年是一个私募大屠杀年，中国放开了私募政策，私募公司像雨后春笋一样，相当于给这个市场送来了丰厚的食物。

2016年，大家赚了这么多，这就是"养"，2017年的时候，股票市场要"套"，期货市场可能就没有套，可能直接就"杀"了。所以2017年的时候，就会有大量私募要关门，大量的产品会爆仓，这在2016年就可以预见到了。

2017年的行情就是一个屠宰年。私募会处于一个很艰难的阶段，可能60%～70%的私募面临着清盘。

2017年就是一个无所顾忌的大屠杀。

2017年是以震荡、反趋势、反技术的行情为主，当散户、私募都已经对这个市场绝望的时候，才会有好的机会。

震荡调整行情还得走起码三四个月，调整大半年也正常。

问题1：赵九军先生您好！感谢您和东航金融、七禾网进行深入对话。距离上一次七禾网给您的专访已有两年之久，您觉得在这两年内您对交易以及期货市场有没有新的理解和感悟？有没有什么重要的改变和调整？

赵九军：这两年，我感觉自己有了很大的变化，以前是做波段，现在是向量化对冲的模式转化。**量化就是精确，我们做交易是可以被量化出来的，是可以被精确控制的。**对冲是指我们在这个市场上，是有一个逻辑，市场仓位的变化、策略的变化，跟上市场逻辑的变化、策略的变化，这就是对冲的观念。包括现在多个品种的、多个周期的策略，包括期权的上市，为我们的量化对冲提供了很多手段。**现在要把期货做好，从原来单纯的追逐质的变化，到现在追求一个精确的量的变化。**量的可控，再加上一个择时的、多策略的精确的搭配组合，我觉得这个是最重要的变化。还有，原来是追求激进的模式，现在包括做产品，要有一个大改变，改变了过去那种大起大落，盈亏都很大的状态，往一种稳健的模式调整。

问题2：听说您之前是一位医师，医术高明，请问是如何接触到股票和期货的呢，又是什么原因促使您从医学行业跨度到期货行业呢？

赵九军：我做了将近20年的医生，从大学到研究生，一直做到主任医师，并先后在北京协和肿瘤医院、上海肿瘤医院等多家知名医院经过多年的学习。我职业的转变，我身边的人都不太理解，认为我已经成为一个专家级的医生，后来转做期货，转行跨度这么大。我是这么一个观点，我不感觉是转行了。**因为在我的印象里，做期货和看病基本上是一个道理，而且方法是比较类似的。**在医院里，中医要讲究望闻问切，西医经过物理学检查，抽血化验，体检，B超等这些现代设备，诊断、治疗、愈后，和交易其实是一样的。我们对行情的研判也要经过基本面、技术面分析，是一样的。通过各种指标对它进行判断，之后也要判断如何去处理这些行情，各种情况怎么去应对，出现各种意外情况，又如何去处理，这些道理和医生看病是一样的。

为什么从做医生改做期货呢？因为医生治病的范围是比较窄的，在医院，治疗管10张床，你只能治疗10个病人；当一个病区主任，你只能治疗这一个病区，最多30～50张床。**期货行业是一个没有限制资产增长的行业，你可以管理几十万的资产，管理几千万的甚至是几亿、几十亿的资产，发展空间很大。**第二，医生其实是付出得多，得到的少。在医院里，医生要值夜班，出门诊，管病房，会诊，其实是付出很多的，但是收入跟期货这个暴利行业是没法比的。在我印象里，虽然期货的风险比较大，但是它的投入回报比高，所以我选择了从事期货这个行业。这也跟性格有关，我小时候比较喜欢下围棋，参加过很多比赛，比较喜欢这种带有挑战性的、竞技性的活动。

问题3：您在2011年的投资收益率为105%，2012年为62%，2013年为92%，2014年为59.5%，2015年为20.3%，2016年为151.9%，请问您保持每年稳定盈利的秘诀是什么？

赵九军：首先要战胜自己。**在期货市场，大部分人亏损的主要原因就是人的主观失控了，或者跟随市场在波动，不能遵守自己的投资理念和风险控制。**即使在行情不顺利的时候，我也严格遵守自己的投资理念和风险控制，即使是亏损，也把它控制在自己可以控制的范围之内，耐心去等待属于自己的机会，这样就能做到小亏大赚。虽然有时候可能会有回撤，但只要这个回撤不跌破自己以前的一个交易平台，那么下一波行情再来的时候，它就可以突破原来的高点，也就是说我们的资金又增长了，这就是投资的关键。**不要让你的亏损无限扩大，而要始终让你的盈利大于你的亏损，**也就是我们的盈亏比处在一个非常有利的状态，那么只要我们不断循环出金，那么盈利肯定是大于亏损的，资金曲线就会不断地增长。我们不断把这个事重复去做，在亏损的时候，我们控制住风险；在盈利的时候，让我们的资金向上突破，那么就可以达到每年稳定盈利。我有一套自己的交易习惯，我也会坚持，有些亏损，就尽量控制住回撤，耐心等待属于自己的机会，**在不属于自己的机会面前，我们不要强求这个时候一定要去赚钱，或者一定要把亏损捞回来，要等待属于自己的机会。**

问题4：您的操作风格是将套利、趋势、短线三者结合，请问在实际交易中，您是如何切换或是结合运用这三种交易风格的呢？

赵九军：以前我谈过，交易要择时，就像一年四季似的，它有一个轮回，春夏秋冬的轮回，我们的期货交易也是，即使交易再复杂，也分这几个状态。这是一种二维三维之间的关系。当这个系统里的要素，如果它是一维的话，那么它就是一个原始状况，如果是两个因素在起作用的时候，它就进入一个二维世界，就是一个平面的状态，平面状态就会出现四种状况，就像中医讲的阴阳，阴阳再加上两个因素进入以后，这时候就会出现四种变化。实际上我们的交易过程中，相当于三个因素在起作用，其实是一个三维的状态，也就是它的驱动因素在这里面是三个层次，再加上涨跌的变化，其实是可以细分成八种状态。我们就是通过这些研究变化，做到市场在哪种状态下，我们就如何去挑选策略，**我们的重点不是去做策略，而是每种状态都采用一个相应的策略**，那么我们做这个事情就很简单了，我们只需要辨别什么时候用什么工具就可以了。**谨慎采取相应措施去应对市场的转变，这点很重要，而不是临时决定这个市场应该如何去交易。**

关于二维、三维具体是哪几种状态？这个比较笼统，上升到哲学层面。二维其实是一个平面，在我们交易的时候，它看起来是二维的，但其实是三维的，为什么呢？因为它在变，它随着时间、空间转化，它是动态的。培训的时候，大家都说什么时候最好分析，往往行情走完的时候最好分析，为什么？因为它已经变成二维的了，它是死的了，不是活的。而我们在实际交易过程中，这个行情是在不断变化的，它是活的。其实我们做的是活的，它不是二维的东西。很多人学这些经典理论，他是在二维层次上考虑问题，但我们实际交易的时候，就已经进入三维的状态了。经典的技术分析能解决一部分问题，但是最关键的问题是，它没有解决我们如何去处理行情这个问题。我们称它是三维的，就是如何去处理这个行情。你懂了技术，它是一个静态的，那么它现在变成动态的，我们如何去处理，去把握它，这个时候，它就变成一个三维的了。这种三维的东西，它又有很多变化，就像数列。周易有六爻，六爻是怎么来的呢，其实就是三维。乾卦是6根阳线，六爻是上中下，它其实包含了三维的概念在里面，每一维里又有阴阳两种，再加上三维，六爻就出来了，其实就是一个数列，八卦就是数列。八卦就是对三维世界的一个解释，三维世界有各种数列，进行排列组合，就形成乾、坤、震、巽、坎、离、艮、兑这些东西，八个卦象就出来了。这是客观存在的东西，也不是什么神秘的东西，但是中国人用一种很形象的东西给它比喻出来了。中国人讲究形象，外国人讲科学，讲抽象数列，是一个道理，所以中国老祖宗最早就把这个计算机语言变成了八卦。八卦再组合就是六十四卦，那就是进入一个更高的层面了。**我们交易的也是一个数列，看起来是一个涨跌，但是这里面介入三维因素后，其实我们就可以给它分成八种变化了，再加上不同周期的变化以后，可以变成无穷无尽的变化。**行情看起来只有一涨一跌，其实它也是变化无穷的。我们反本溯源，道生一，一生二，二生三，三生万物。最后又可以简单地规划成三个数列，我们再反推回去的话，在三维的层面就可以把这个东西把控住的话，那其实就是八卦的八种具体情况。

　　行情要想做好的关键，就是要做细化，每一种变化，每一种情况，我们都要有一种相应的处理策略。**最重要的是如何判断目前处于什么情况，而不是判断我们出什么策略，**因为策略是只要出这种情况，你就出这个策略就没错了，但是这个情况是什么情况，这是最复杂的，是动态的，是我们处理事情的能力。所以，这个期货市场上，很多人的业绩很好，为什么呢？就是说这种情况是他很熟悉的，这种策略和这种行情很吻合的，他一下子就翻了50倍、100倍，这个行情跟他的策略相吻合了，只是在这八种里面（比如说咱们这个数列组合里面八种）的一种或者是两种情况，假如一涨一跌是对称的话，它就是25%的概率，还有25%的概率是它这种情况正好是相反的，既然他能从1翻成100，那他也能从100亏成1，从1亏到0.01，也是一样的，是对称的。所以这个时候就一定要有其他的策略来保护，如何在适当的时机去运用不同的策略去做。

　　至于如何切换交易风格？套利是一种追求稳健收益的策略，就是把整个操作系统做成一个模块，通过这三个策略把外面不稳定的高压电，通过这个系统，把它转化成稳定的、可用的民用电。通过把这三种优秀的策略——套利、趋势和短线结合起来以后，就能起到变流器的作用，把一些杂物过滤掉或是转换掉了。趋势是获得一个超额收益，短线是对趋势的一个弥补，收获一个时间成本的收益，还有在趋势行情不好的时候，按照短线来做。套利在这两者的基础之上，是一个更稳健的收益，它可以做到回撤很小，相对的收益比较稳定，也起到平滑曲线的作用，用这三者来稳定我们的系统，适当在它们之间进行一个转化。

　　问题5：您主要做趋势交易，请问您是如何定义趋势的？该如何发现趋势机会并抓住趋势机会？

赵九军： 从传统上讲，什么是趋势，一个底比一个底高了，这就是趋势。如果从哲学上讲，其实就是量变到质变。当一种事物，它一直处于静止状态的时候，很长时间，它被控制在那里，就像中国古代的王朝更替一样。生病也一样，一个人生病，是有一个区间的，活到80～100岁，他也是在一个震荡区间。一个孩子的诞生，它其实就是一个突破，突破以后在这个范围里，它就形成一个趋势，一直往一个方向走。我们从生到死，这也是一个趋势，没有人能返老还童，但是某一段时间，我们可以让身体恢复的好一点，或者更年轻一点，但你永远无法做到长生不老，不死亡，这就是一个趋势。社会发展也是一个趋势。把这个社会看成一个"熵"，当"熵"增加的时候，这个社会繁荣，但是社会也在走向灭亡，它也是一个道理。**趋势就是往一个方向走，不回头，或者叫"偏离"，或者叫"脉冲"。** 能量也是一样的，比如说太阳系现在爆炸了，已经40亿年了，现在是氢原子，不断地核爆裂，到40亿年后，氢将被消耗没，我们把这40亿年叫作一个平台，突破以后就叫作"氦"；氦爆炸以后将是氢原子的几倍，那么整个太阳系就会覆灭，就进入氦爆炸时代，氦爆炸时代大概在10亿年之后；等到所有能量耗光了，整个太阳系就变成一个白矮星了，急剧地收缩到一个非常小的行星，形成一个黑洞。

从我们小到一个生命、一个市场，大到太阳系、宇宙，它也是遵循同样的规律，就是在趋势—震荡—趋势间不断地循环，震荡中有趋势，趋势中有震荡，就是"其大无外，其小无内"，不断地循环往复，这就是我们的宇宙，我们的交易也是一样的。美国的道琼斯指数，从100点涨到20000多点，它在走一个很大的趋势，在往一个方向上走，中间可能会有猛烈的回调，但是我们回过头来看，每一次回调，都是买入的机会，也就是说它在往一个方向偏离。所以什么是趋势，这就是趋势，就是偏离。再放到一个更大的范围来看，可能还会看到有回归，这当然是另一个层面，我们在身临其中的时候可能感觉不到。美国道琼斯指数是在60年代到80年代这30年的时间，有一个很长的震荡区间。任何事物都是按照这种规律。**趋势其实就是偏离，往一个方向去，它不回归，我们赚趋势的钱，其实就是赚偏离的钱。**

趋势有很多种，最主要就是大趋势，它的产生有几种，一种就是大涨大跌之后。暴涨之后会产生一个暴跌的机会；暴跌之后暴涨，这就是反方向的，否极泰来。2016年商品市场的多头行情，就来源于2010—2015年这5年的长期下跌，造就了2016年的暴涨；而2010—2015年的暴跌，又来源于2008—2010年中国的4万亿经济刺激导致的多头暴涨行情。这个趋势有两种情况，就是在暴涨之后暴跌，或者在暴跌之后的暴涨。还有一种来源于我刚才说的长期震荡，比如说一个长期横盘，非常沉闷的，甚至3年、5年、10年的大的空间震荡以后的突破，这个也会产生一个趋势行情。这些行情有什么特点呢？往往有时候，**大趋势产生的时候，大部分会有一个反向运动**，比如说在高位的时候，会拉出大阳线，又向下走，往往是见顶的信号，或者低位的时候向下突破的一个长阴线，这个长阴线再返上来的时候，就是一个反向运动。一个大趋势来临之前，往往会有个反向运动，如果我们捕捉到了这个反向运动，比如说要下跌之前，突然有一个向上的突破，最后又打下来向下走，那么这个下跌的信号往往是很好的，那么接下来可能会有一个大的趋势。所以**我们要关注反向的假突破，这个往往是在顶部或者底部出现的**。这么多年，感觉这个还是比较可靠的，这也算是我的一个秘密，透露给大家。

问题6：根据当下的期货行情，您在交易周期方面是如何把握的呢？

赵九军：现在是一个震荡调整的行情，**2016年的多头行情走到了重要的压力位，现在是下跌调整**。我感觉这个周期应该是以日线为核心的，如果愿意交易，可以做一些3分钟或者1小时的，以日线作参考，以1小时线、半小时线做短线。大部分品种都是大涨大跌，来回震荡的，所以持仓时间不宜太长。选择点位要比较好，**想做空要选择点位相对高一点的，涨了之后就空，大势逆小势的这种介入方法。**

问题7：当一波趋势行情反向时，您账户的策略一般是如何处理的？当行情出现震荡时，策略一般又是如何处理的？

赵九军：要有一个止损，**开仓点离止损点往往不会太远，选择重要的压力支撑位进行止损**。行情不对的时候，一个是及时止损，还有一个就是可以做对冲。我们用同一板块的，比如多强空弱，可以做一个锁仓。当它跌破重要的压力位的时候，我们可以开一些锁仓的单子；当它这一波趋势结束的时候，或者接近结束的时候，我们再把锁仓的单子解掉。

问题8：您曾经说过"盈利的关键就是知道进退"，请谈一谈您账户相关策略的进场依据和出场依据。主要是看形态，看指标，还是看其他的因素（或相关因素的组合）？

赵九军：关键是知进退，进退其实就是仓位的大小。 在适合自己的行情的时候，要用重仓，在不适合的时候，要降低仓位，这个其实是交易的关键。就是在行情跟你的策略相吻合的时候，仓位重，反之仓位轻。这个需要经验，通过多年的实战去摸索，形成一个自己的系统。进场依据，我们往往是结合大趋势和小控制点。当大趋势的时候，比如说是看多的，那么小趋势的时候，正好接近我们这个支撑位，或者止损很轻，或者离止损位很近，亏损额度比较小，这个时候我们就会选择进场。也就是说要择机择时，要选择一个好的点位，也就是选择安全系数比较高的地方进场。这个时候肯定是要综合判断，比如说形态指标、布林通道等等这些都要结合起来分析，寻找最佳的位置。最关键的，除了这个单一品种，要根据市场的整个状态，比如说2016年的时候，市场就是牛市，我们的策略就是逢低做多，但**到了2017年，变成了一个调整市了**，它是震荡、分化的，这个时候，**第一要选品种，第二要选用对冲的策略或者短线的策略多一些。**

问题9：您是如何去应对极端行情的呢，比如去年的"双11"不眠之夜，期货市场发生了一起惨烈的打折行情，暴涨暴跌让无数人损失惨重，您当时的"战况"如何？又是如何去应对的呢？

赵九军：2016年的"双11"是典型的黑天鹅事件，当时市场已经发生了一个很奇怪的变化，就是所有的人都在做多，做多就赚钱，不管什么品种，大家都在做多，当时瞬间，期货市场进入一个跟风状态，因为所有的人都在做多，那么这时候已经不符合期货市场的逻辑了。**期货市场的逻辑永远是大部分人在亏钱，所以这个时候已经具备了发生黑天鹅的这种市场氛围，也就是情绪化指标已经出现严重的背离**，也就是我们说的那个偏离值已经达到了90%以上，严重的超买，这个时候超买指标已经给提示了，那么就要盈利保护减仓，我们兑现掉了一部分利润，降低了仓位，保住了很多盈利。在当天那种暴跌的时候，我们也有一些回撤，产品上也能查到，但是回撤很小。**在这个市场上，必须要有一个多层的风控系统，这个系统既包括止盈止损，又要包括我们产品的回撤、产品盈利的保护，市场行为化指标的一个减仓，再包括仓位控制，甚至包括这种品种对冲，不同的策略。**这个也是我们重点研究的一个东西。我们也在研究期权，做风险套利，目的就是一个——把风险控制住，让账户做到稳健增长。

做交易有两种人，一种是做趋势的人，就是说等待机会，大赚一把。而做产品的人是和做单账户或者参加比赛的人是不同的，他是想要长期生存，关键在于如何能稳定，所以他跟单纯做交易的思路是有很大不同的。其实就相当于老板和员工的想法不一样，或者是一个将军与一个元帅的想法不一样，元帅是想着整个战局如何去控制，可能会牺牲掉一部分，或者是有一部分，他明明能打赢，但他故意去打输。将军是领兵打仗，只考虑的是我怎么把这一仗打赢，他不会考虑整个战略上的搭配。就像一个军队，有先锋，有指挥的中军，过去打仗还有押运粮草的后备军。这个兵种怎么去协调，这个其实是一个产品要做的事。而我们普通的交易员只考虑输赢，其实就是相当于单兵作战。我觉得这是它俩一个很大的区别。国内现在非常多私募，都已经上万家了，证券也将近上万家了，大部分人都是从交易员上出来的。从交易上出来的人，他只关心输赢。**往往有对于产品的管理、风险的管理的忽视，这是80%的私募要解决的问题。**从操盘手往基金管理人方向转变，两者有关联，但还是有很大的不同的。

问题10：您账户有出现过较大回撤吗？回撤大致有多少，主要是什么原因引起的呢(在2015年3月激进的单账户出现过较大的回撤)？

赵九军：有过较大的回撤，当时是已经盈利，单账户翻了5倍，已经出金了，80%的资金已经转出去了。出金以后，重仓去做，当时的市场行情跟我们的策略已经不相符了，所以就有了很大的回撤，但是资金回撤其实并不是太大。在资金曲线上能查到，后来我们的资金又创了新高，这个是单账户模式的，最大的回撤当时是达到80%，但是出金以后，把盈利都已经转出去了。这就是个人与团队的不同。个人有时候，你的主观想法很难超越自己，你以前的盈利模式在现在的市场已经不适合了，这个时候，你个人肯定不会认同的，人总不会承认自己是错的，这点是最难的。这个时候就会出现不服，有时候可能还要加仓，甚至还要越亏越做，越亏越激进，这就会导致口子越来越大，造成大幅度的回撤。这对做产品来说是最忌讳的。**做产品是一个很精细、很文明的行为，而做单账户是很激进的、很刺激的，它俩确实有很大的不同。**

问题11：您会根据账户的回撤来调整仓位的大小，请问您一般会如何调整？

赵九军：我们的策略是首先要知道自己策略的盈亏比。比如一个趋势策略，假设它的盈亏比是1：3，我们回撤是5%，我们的盈利目标是15%，我们就会把这个仓位用5%的回撤来换取15%的收益。比如说套利策略，我们用40%的仓位换取10%或者8%的收益，那么我们的回撤可能是4%。我们就是要把这些综合到一起，进行一个匹配，来符合我们产品分布总体的要求。

问题12：您账户的仓位比较轻，又是如何做到这么轻的仓位赚取高回报的呢？

赵九军：要想自己回报高，那你必须选择和你策略最符合的品种。比如我们要想用趋势这个小仓位做到大收益，要是标的错了的话，是很难达到的。比如说行情很好，有的品种快速启动了，如果你的标的是在领头的板块、品种上，那你的盈亏比肯定很高了，如果你选择了一个滞涨的或者是一个弱势的板块、品种，那盈亏比肯定是不会高的。所以**要想盈亏比高，要想做得好，首先要优化品种，选择龙头板块，选择真正能适合你的品种做行情**，这也是我们重点研究的，即如何去选择品种，做自己该做的事。就像大家常说的，"男怕入错行，女怕嫁错郎"，一旦品种选错了，你的策略再优秀也没有用，所以这个关键是筛选适合自己策略的品种。2016年，我们最重要的是选对了两个品种，第一波是豆粕的上涨，大牛，下半年的橡胶，又让我们抓到了，大牛。这两个品种的正确选择，自然会造就我们获得很高的收益，如果我们选择了其他滞涨的品种，想创造很高的收益是很难的。

问题13：您自创了"梅花战法"，请问这个方法有什么特点？您的操作方法以多品种对冲、小仓位组合为主，可以给我们讲讲这种操作方法吗？

赵九军："梅花战法"其实就是对冲，它是通过不同的品种，来分散仓位的配置，分散风险；通过做多、做空，来进行择时，达到对冲，其实是一个概念，我们只是给它起了一个好听的名字。

问题14：您提到过主要交易的品种有豆粕、橡胶、塑料，为什么要选择这几个品种？2016年的主要盈利是通过这几个品种赚到的吗？

赵九军：经过这么多年的交易，是要总结的。**我们做过很多的品种，但我发现就自己来说，主要盈利的就是三个品种，盈利最多的就是豆粕、橡胶和塑料**，也就是我的交易习惯和交易特点和这三个品种往往是比较吻合的。我的手法如果要适应其他的品种，可能还要做一些调整。有时候就是一些个人的交易习惯，可能不见得会适合其他品种的某些节奏，赚钱就不太容易。这就是广泛选，重点培养真正适合自己的。要客观地评价自己，我们都是人不是神，我们都有自己的优点和缺点，我们自己能干什么，我们就把自己能干的这一小块干好，就已经很好了，没必要成为一个全能的人，什么都去做，最后效果不一定太好。我也做过很多品种，但是在这三个品种上基本都是赚钱，只要做就赚钱，基本上是屡战屡胜。你可能会觉得其他品种我也能赚钱，但其实往往是不赚钱的。这三个品种就是跟自己比较投缘，实际情况就是这样。

问题15：豆粕期货，自上市以来，便是期货市场上最为活跃的品种之一。3月底豆粕期权上市，您对豆粕期权上市有什么看法吗？在交易方面给投资者有什么建议呢？

赵九军：作为一个金融衍生品工具来说，**豆粕期权极大地丰富了我们的策略，同时增大了我们的市场**。本来我们做豆粕，应该说是做的比较不错的，现在又加上一个期权，又多了一个工具，完善了我们的策略。有了豆粕期权，我们就可以把它做的非常专业了。所以**我对豆粕期权是非常感兴趣的。它可以作为我们期货之上的一个风险管理工具，又可以作为我们产品的一个重要赢利点，进行一个符合的对冲组合，就可以把它做的更加细致**。以前没有这个工具的时候，我们也能做，但有了这个工具以后，我们可以把它做的更细了。就像治病，我以前是肿瘤科大夫，以前叫"常规放疗"，后来叫"适形放疗"，到现在叫"调强放疗"，而且可以做到实时跟踪的调强放疗。"调强放疗"就是我们的量化对冲，它根据肿瘤的不同，照射的剂量和面积是可以改变的，根据情况的变化，它又会出现照射范围、剂量和角度的多重组合的改变，达到一个最佳的效果，让针对肿瘤的剂量分布很均匀，而且对周围正常组织有个很好的保护。以前，我们有了期货，期货里面有很多策略，现在加上期权策略以后，我们就可以把整个豆粕这个产品做的非常的细化，而且做的非常的精确。这个我感觉是又上升了一个层次。

对于期权，投资者可以先少量的尝试，因为一个新事物有它的优势，也有它的缺点，你在不熟悉的时候，它可能给你带来亏损。所以说在熟悉的时候，我建议你可以尝试大量的练习，开始要先建立小仓位，或者一手、两手的先去做一做，熟悉熟悉，如果再有2016年豆粕那波大涨行情，我想在这个豆粕期权上，一旦捕获了这个机会，那它的盈利就可能达到几百倍，那将是非常惊人的。所以说，**这个金融工具一旦用好了，它的威力会远远超过期货。**

问题16： 去年黑色系品种行情火爆，您为什么没有选择黑色系的品种作为您的主要品种呢？

赵九军： 黑色系我们也做过，但做的都是短线，没有做过趋势的单子，黑色这块，我们介入的比较少，就是一个交易习惯。去年我盈利非常高，很多人说你肯定是做了黑色，但是我们没做黑色。我们的账户一单黑色没做，但是也达到了做黑色的效果，这就是我们多品种对冲的一个作用。**虽然没有产生大的单边市，但多品种对冲以后，也会创造出一个跟黑色大行情类似的曲线。**"固利"是纯做黑色的，它们的图形形态跟我们这个图形基本是一模一样，这也是殊途同归吧。我要是做螺纹钢、铁矿石，这种策略应该也是一样好的，只是个人的主观习惯，总是会选相对熟悉的品种做。

问题17： 您目前以程序化操作为主，使用全自动程序化交易，有50套成熟的程序化交易策略。您是如何运用这些程序化交易策略的呢？

赵九军： 我们现在也在开发程序化策略，针对不同的情况，把它分成8大板块，加上涨跌，应该是4大模块，每个模块里有比较适合的，常用的可能是

2～3种，要再丰富一点，每一个容量大概有十几种，加一起就是50套交易策略。我们现在正在重点开发相当于程序化的神经网络，就是什么时候用什么策略，由我们的电脑设计出一套神经网络系统，进行一个择时的应用，就相当于人工智能，这是我们量化的一个重点。**通过神经网络系统建立新一代程序化交易策略，而不是原有的那种机械的程序化，而是有人工智能的思想在里面。**50套交易策略，这里面有套利的，有趋势的，还有短线的，分成不同的模块。在趋势行情当中，就以趋势行情为主，短线的为辅。如果是在震荡行情中，就会选择对冲、短线这种策略为主，而趋势的行情就很低，甚至可以不做，加上套利，或者少量的趋势单子，组成一个量化策略。刚才我们说的是8种情况，电脑去筛选，目前市场是处在哪种状态，做到可以精准的打击，就相当于一把钥匙开一把锁。现在医院讲究个体化医疗，每一个病人都是一个个体，它既有共性的方面，也有个性的方面，我们还是在不断地完善，把它的共性找到，要再针对它不同的个性设计出很精确的交易策略。

问题18：随着量化的兴起，主观交易与量化孰优孰劣的争论愈演愈烈，您如何看待这两方面？您觉得量化机构需要具备怎样的核心竞争力，才会在市场上占据一席之地？

赵九军：主观交易与量化交易，就像我们说的唯心和唯物似的。我们谈光到底是波粒二重性，是波动的，还是粒子的，其实这都是对的，两者不矛盾。如果没有主观想法，你设计不出来量化，如果主观交易不引入量化的思想，不遵守一定的规则，你也做不好主观，这两者其实是一回事。量化只是一个工具，它是把我们人的思想给计算机化了。比如说，你要去买票，你不一定非要去窗口排队，在电脑点一下就OK了，就可以网络购票了，这就是量化。以后人工智能、无人驾驶汽车，你不需要自己开，只要在网络上点一下，奔驰、宝马就直接来接你了，给你送到目的地，这就是量化。交易也是一样，你把思想设好以后，在电脑上点一下，就把你的想法实现了，而且比你做得还快，这就是量化，它们两个没有什么矛盾，没有什么可争论的，这其实是它的一个目的。

关于**量化需要具备什么核心技能？简单地一句话说，你能不能做对。你**

的量化，你的策略要是跟行情不符，什么量化也没用，只是送钱而已，烧钱比主观还快。量化不管输赢，到了设置点位，它自己开仓平仓，它不停地给你做。所以这关键的、核心因素是你具不具备人工智能，这种量化策略能不能真正符合市场，能不能赚到钱，这个是最关键的。这也是果，我们要找到它的因，我们要设计出一个神经网络系统，在什么时候，用什么策略，这是由神经网络系统去做的。我们的程序其实是已经做好的，只要一按按钮，就启动了。只是在什么时候，我们把这个东西拿出来用，就是如何去选择时机。以后医院也有智能医生了，你要看病，你就把这些输进去，这个系统比大夫知道得更全面。但它始终是体现人的思想的，很多东西，机器解决不了，还需要靠人来解决。虽然它能减轻人的负担，但它在很多地方还是代替不了人。

问题19：您拥有12年股票期货投资经验，曾经说过"如果在牛市的时候，适合做价值投资；如果熊市来了，就休息"，那么对于现在的震荡行情，您觉得比较适合投资者做什么呢？

赵九军：震荡行情，一种是休息。震荡的时候去做行情，是很难做的，搞不好还要亏损。第二种，可以小仓位地尝试，但是不要频繁操作。**如果小仓位去做，不对，那么就及时止损，就休息，我觉得这是投资者现在要做的。**真正赚钱的行情只占20%～30%，70%～80%的行情都是震荡行情或者是不赚钱的行情，这个时候往往会损伤我们的本金。**如果我们能把本金留到我们能赚钱的时候，我们就会成为大赢家，而没必要在这种震荡行情中把本金损失掉，要不然在真正属于自己的行情到来的时候，我们就没有子弹了。**

问题20：2016年的期货行情，不少人实现了短期暴利。您如何看待长期复利和短期暴利？

赵九军：这是不矛盾的，要把两者结合起来，就像我们的产品管理一样，既要赚取超额收益，又要赚取稳健收益。长期复利是我们的大资金，要保证它的增长在长期复利的基础上；短期暴利是我们拿出一小部分资金做一个超额收益，一旦市场机会适合的时候，小资金就会成长为大资金，它也能推动我们的长期复利增长，它对于我们的长期复利是个有效的补充，而且是重要的资金来源。所以**我们既要重视长期复利，又要重视短期暴利，两者是相辅**

相成的，不要让它们矛盾起来，也就是什么时候，你该出手，什么时候，你该休息，这是一个长期经验的积累。去年是一个单边市，只要做对了就会有暴利的，拿住单子，就能赚到，行情都是这样的。

问题21：您在第八届蓝海密剑中国对冲基金经理公开赛中获得大校军衔，盈利785万多，同时您在2016年诸多其他平台主办的大赛中也获得了不菲成绩，请问您交易方式的盈利逻辑是什么，最大特征是什么？

赵九军：交易的逻辑，首先是顺势而为，去年就是只要回调就做多。第二就是优选这种具备潜力的黑马品种，具备暴涨潜质的品种，就是要优选品种。在好的位置，在盈亏比非常好的地方，我们要重仓介入，坚持持有。这只是顺应了这个趋势而已，我们其实是很渺小的，只是这个策略正好跟市场比较吻合了，那么就取得了一个短期暴利的结果。**第三就是心态，就是一个长期坚持。**2014年、2015年，那时候行情比较低迷，那时候大家都不看好的时候，但是我就一直在期货市场上坚持，没有放弃，而且当时心态很好，不急不躁，耐心去等待这个机会到来。当行情发生的时候，我们的品种或者产品账号也好，都出现了一种超乎自己想象的收益，这个也是行情造就的，但是也是跟我们的这种心态有关。我们本身就是抱着这种无所求的心态去做事，自然而然地，到了时机成熟的时候，它就爆发出来了。相当于我们种了这一颗种子，我们并没有希望这颗种子长多大，到了适当的时机，它自己就会长得很大，这也不是我们自己能想象出来的东西。下一步我们要做的是，如何把这种风险控制住，能够做到不是短期复利而是长期暴利这么个目的。

问题22：期货市场有赚有亏，您在盈利或是亏损的时候，如何平衡心态？您的止盈止损策略又是如何？

赵九军：有赢有亏分情况，第一，它是不是你系统里的东西，赚的是不是你该赚的钱，亏的是不是你该亏的钱。如果我们的系统是个完善的系统，那么它的亏损是正常的，我们应该是一个平常心态，因为这是我们能接受的；如果我们不能接受，说明当初我们就错了，就是说我们的亏损都超乎我们的想象，或者是我们根本就没想到造成的，那说明我们的计划是不完善的。所以，如果是你理所当然亏的钱，你的心态应该是平衡的，如果心态不平衡，那说明系统出问题了，或者你的交易没有按照系统去做，那么心态就会坏掉。反过来如果心态不平衡，我们就反思，是自己出了问题？是系统出了问题？没有按系统去做？再重新调整自己。

关于止盈止损，止损就是说，我们开仓要选择离止损位比较近的位置，要选择顺大势，逆小势，在接近相当于箱体的下沿的时候做多，在相当于箱体的上沿的时候去做空，不要跟着市场的情绪去波动。市场大涨的时候，我们就做多；市场大跌的时候，我们就做空，那么就成了一个反向指标了。所以说，要顺大势，逆小势，这个时候止损就会很轻。止盈要看目标价位，比如说我做的是30分钟、1小时，那我止盈，肯定要设在1小时这个K线图体系上的，而不可能设到日线上去，或者是10分钟线上去。你的止盈跟你的系统本身就是相符的，你到底是要赚哪一部分钱，自己要先想好了。**赚的这部分钱已经赚到了，还不走或者还不止盈，那就是人的问题了，就不是系统的问题了。**

问题23：在您的期货生涯中，遇到的最大困难是什么，依靠什么走出了困境？

赵九军：最大的困难肯定就是亏损了，尤其是最开始交易的时候，那时候会重仓，在行情不对的时候，有的时候还会坚持自己原来的系统，其实自己的那个系统已经出问题了，那个时候就是靠休息。**现在就会有很多方法，一是降低仓位，二是可以做对冲，三是可以做锁仓，还要设置一个严格的止损线，本金回撤超过多少就无条件的休息，**重新调整，看自己的策略是不是出了问题，重新调整策略和仓位，来应对市场。

问题24：您如何看待2017年接下来的期货行情，在商品投资方面比较看好什么样的机会？

赵九军：2017年是一个私募大屠杀年，中国放开了私募政策，私募公司像雨后春笋一样，相当于给这个市场送来了丰厚的食物。散户像羊群一样，包括这些机构的钱，他们可能具备一定的盈利能力，但没有很严格的风控制度，没有一个多年的非常完备的策略系统，就造成了我们现在市场的"养、套、杀"，股票市场、期货市场都一样。**2016年，大家赚了这么多，这就是**

"养"，2017年的时候，股票市场要"套"，期货市场可能就没有套，可能直接就"杀"了。所以2017年的时候，就会有大量私募要关门，大量的产品会爆仓，这在2016年就可以预见到了。现在备案了六万多，私募大发展创了历史纪录，已经超过了公募，这么多的肉、这么丰厚的食品已经提供上去了，你以为庄家会客气吗，所以2017年的行情就是一个屠宰年。私募会处于一个很艰难的阶段，可能60%～70%的私募面临着清盘。多家都在做多，这个时候就是一个最大的利空，现在极多的钱，4360多亿吧，60%是机构的钱，包括我们私募产品，都是散户的钱，散户给机构，机构给私募，给这个私募，那个私募，现在好几千家。这些私募真的是行的么，这些就是羊啊，送到市场上啊，2017年就是一个无所顾忌的大屠杀。

2017年是以震荡、反趋势、反技术的行情为主，当散户、私募都已经对这个市场绝望的时候，才会有好的机会。这是从客户群体与交易心理来分析的。如果从盘面上看，我认为是宽幅震荡的。现在文华指数在高位横盘、下行调整这么一个期间。调整可以成为一个宽幅的调整，也可能在调整之后，继续像2008—2010年那波行情一样，创造一个新高，现在利好的因素也是有的，像现在横空出世的"雄安新区"，国家大量地印钱，宽松货币政策刺激，所有这些可能会造成一个通胀，而且国家进行的国企改革、去库存，所有的这些政策，也让市场具备了一定的上涨空间。但是现在经济萎靡，中国财富虽然增长，但只是靠政府投资，民间投资急剧下降，老百姓手里没有多少钱，消费能力也越来越弱，大量的有钱人的资产外流，这些又不利于市场的上涨，就像现在的行情一样，是品种分化，整个属于一个宽幅震荡区间。如果是一种极端情况出现的话，那就会在震荡之后再走出一个二次探底，那就是一个很极端的情况。如果是一个常规的情况，调整之后，这个市场就会抬高。我觉得后面的可能性比较大，现在商品应该是处于二浪调整阶段，最终能不能变成一个失败的二浪或者反弹，得走着看。按照以前的情况看，是具备创新高的能力的，但是如果从2008—2010年的情况看，它有可能会以一种复杂的情况出现，超乎2008—2010年那种单边牛市。现在的情况，我感觉确实非常复杂。现在就是以谨慎的心态摸着石头过河。震荡调整行情还得走起码三四

个月，调整大半年也正常。

问题25：在今后的投资生涯中，您对未来交易以及团队合作这块有怎样的规划呢？

赵九军：我们不追求那么大的规模，不追求多少资金，主要是把现有的事情做好，真正能给投资者盈利。大家在这个残酷的市场上，期货市场，你可以说是投资，也可以说是赌博，在这么残酷的市场里，50%的人都是亏损的。我们是普通人，我们想赚钱，就得苦练内功，哪怕就是100万，我们也要把它做好，要对它负责，真正能做到冷静客观去处理它。好大喜功或者想要做大，做到10个亿或者10亿以上，没有这方面的太高要求。我们就是把现有的做好就可以了，而且最主要是完善策略。团队方面，我觉得还是要增加人员，因为我们这个交易，包括这些盘手，现在有套利的，大部分还是以趋势的为主，团队还要进一步完善，建立一个很专业化的团队。现在团队总共有14个人，真正交易的大概6个人（包括我），负责6个不同的板块。

郭小波：从行为金融的角度理解市场，5年翻10倍

（2017年5月3日，傅旭鹏访谈整理）

郭 小 波

网名"行为资本"，美国特许金融分析师(CFA)持证人，中国人民大学经济学硕士，现兼任东北财经大学校外硕士生导师、西南财经大学本科生行业导师。现任某大型金融机构总部高级专员。5年期货交易经验，每年都盈利，获得10倍左右收益。以量化交易为主，也结合主观交易。曾获第七届、第八届全国交易大赛程序化组第6名、第8名，东航金融蓝海密剑四星级选手。

精彩观点：

传统上，我们理解市场，是基于经济学中关于理性人的假设，将市场分为强有效市场、半强有效市场和弱有效市场三种类型，按照这个分类，我们

什么都不用做，进行一些长期资产配置，买入指数就可以了，因为我们很难跑赢市场。

强有效市场理论认为所有策略(包括内幕交易)都无效，半强有效市场理论认为基本面、技术策略无效，弱有效市场理论认为技术策略无效。

行为金融兴起于20世纪70年代，它认为人是非完全理性的，金融市场的非理性行为，在价格变动中扮演了极其重要的角色，并且非理性行为会重复出现。

从量化交易角度来说，从行为金融角度去理解市场，不仅仅是根据理论去开发几个指标这么简单，而是从行为金融角度去理解市场价格波动的原因、波动的幅度、波动的特征等，去掌握一整套开发策略的思路。

人的非理性导致繁荣和萧条交替，价格总是超过价值的区间。

遵循交易的风险与收益原则，以风险为投资的出发点。

短期价格整体服从"随机漫步"的假说。

若价格与认知互反馈，延续较长时间，就会形成中期的趋势；若价格与认知互反馈较短，就会形成所谓的假突破。

长期交易必须从宏观、产业等基本面因素进行供求分析，没有基本面的支撑，偶然的因素、情绪的因素等，不足以支撑价格持续非常长久的时间。

非理性行为导致的繁荣和萧条交替，在不同市场、不同时间均可观察到趋势，可以在不同的市场广泛应用。

渴望"均值回归"是一个典型的行为偏差，多数人总是错误地认为市场很快向均值回归，在非理性人参与的市场中，正反馈机制导致均值不会轻易回归。

"均值回归"交易，主要应用于以下交易：一是对冲套利；二是固定收益类；三是基于资产配置的投资，配置和交易的思路有本质的不同，配置是长期的、不看盈亏、不止损的方式，意味着仓位要低到可以忽略重大损失。

将市场分散开来，可以提供比单一市场更佳的风险收益比。

分散投资有两个层次，一个是市场分散，一个是策略分散，我更倾向于市场分散。

随着经济、金融的融合，尤其金融广泛渗入各种生产、贸易领域，上述6个市场(现金类、股票及权益类、固定收益类、房地产、商品和外汇)的互相影响正在大幅度加强，只研究单一市场，可能很难窥视投资市场的全貌。

一次10倍收益的交易、一个高收益的高频交易策略或者内幕交易，一定是经不起扰动的，所以它是一个脆弱交易。

我不再追求多元的、完美的模型，我打造一些"反脆弱"的模型，尽量减少模型的启用和关闭，希望可以一直用下去。

我们要敬畏市场，承认不确定性，这就意味着要客观看待研究结果和市场走势的分歧。为减少研究结果和市场走势的矛盾，我一般不将研究结果绝对化，而是化解为非对称性的参数，这样，即使研究错误，也只是导致入场时间较晚，或者出场时间较晚，不至于赶不上行情或者一次性亏损太多。

我选择品种和分配仓位最重要的参考因素是相关性，相关性比较低的品种，我有会分配较大的头寸。

中国的股票市场正在逐步走向成熟，市场规模越来越大、机构投资者越来越多、交易行为越来越规范，可能未来很长一段时间都会像现在这样稳定、低波动。

思维是最重要的，理论基础或者世界观，决定了思维，依据正确思维开发的模型，甚至可以是不用测试的，我个人反对不停试用各种参数、各种指标来发展策略，这个策略一出来，可能就被拟合了。

刚入行者可能更依赖测试结果的曲线，而忽略了内在的逻辑，这样可能步入追求完美的歧途。

我希望按照自己的路径，以行为金融去理解市场，而量化只是我交易的一个工具而已，而非交易的核心。

我比较推荐新人使用量化交易，因为量化交易一定是系统化交易，它可以帮助初学者寻找投资规律，建立自己的投资框架和体系，逐步改进投资哲学。

我认为今年(2017年)的股票市场，包括债券市场，都不太乐观，我预计明年(2018年)股票市场会有所好转。

期权虽然最大损失只是本金，但期权全部损失的概率，远远大于期货。

问题1：郭小波先生您好，感谢您和七禾网进行深入对话。您是从行为金融的角度去理解期货市场的，请您具体谈谈如何从行为金融的角度去理解期货市场。

郭小波：这个问题可能比较学术一点，但对从事金融投资行业的人来说，又尤为关键，这是对市场的理解，决定我们采取什么方式去进行投资。**传统上，我们理解市场，是基于经济学中关于理性人的假设，将市场分为强有效市场、半强有效市场和弱有效市场三种类型，按照这个分类，我们什么都不用做，进行一些长期资产配置，买入指数就可以了，因为我们很难跑赢市场。比如强有效市场理论认为所有策略（包括内幕交易）都无效，半强有效市场理论认为基本面、技术策略无效，弱有效市场理论认为技术策略无效。**

从实践来看，确实有很多人在市场中长期跑赢了市场，学术界也对传统的理论提出了挑战。**行为金融兴起于20世纪70年代，它认为人是非完全理性的，金融市场的非理性行为，在价格变动中扮演了极其重要的角色，并且非理性行为会重复出现。**比如隔一段时间，某个市场就会出现非理性繁荣和萧条，导致价格范围超出了物质应有的变动范围，从而出现了趋势，市场参与者非理性导致的繁荣和萧条超出了应有的范围。

从量化交易角度来说，从行为金融角度去理解市场，不仅仅是根据理论去开发几个指标这么简单，而是从行为金融角度去理解市场价格波动的原因、波动的幅度、波动的特征等，去掌握一整套开发策略的思路。长期交易必须从宏观、产业等基本面因素进行供求分析，没有基本面的支撑，偶然的因素、情绪的因素等，不足以支撑价格持续非常长久的时间。

问题2：您表示要赚符合市场重复规律的钱，在您看来，这些规律有哪些？

郭小波：这个规律概括起来，就是**人的非理性导致繁荣和萧条交替，价格总是超过价值的区间。**

问题3：您总结了九个投资的基本原则，请您谈谈是哪九个基本原则。

郭小波：一是确定交易周期，理解价格短期、中期、长期波动的原因，是有区别的；

二是明确实现策略的两种方式，即趋势延续和均值回归，它们的应用范围是不同的；

三是**遵循交易的风险与收益原则，以风险为投资的出发点；**

四是足够的分散，我划分了现金类、股票及权益类、固定收益类、房地产、商品和外汇六大类市场；

五是建立"反脆弱"的体系，即投资必须有足够的冗余；

六是承认市场的不确定性，敬畏自己和市场；

七是交易审视，用行为金融观点，审视自己和他人的投资行为，查找不足；

八是客观认识自己的身份，将投资分拆成资本和人力因素，仅20%盈利可归于人力因素，不可高估自己的能力；

九是知道什么时候进行仓位和模型缩减与退出，甚至考虑完全退出市场。

问题4：在这九个投资的基本原则中，有一点是要理解价格短期、中期、长期波动的原因，您认为价格短期、中期、长期波动的原因分别是什么？

郭小波：价格短期、中期、长期波动的原因非常神秘，是多种情况结合的结果，也不是能简单概括的。但是价格短期、中期、长期波动的主要性因素，可以提取出来，用于量化策略开发。

短期可归结为"扰动"。我认为**短期价格整体服从"随机漫步"的假说，**比如某种信息发布、计算机交易的乌龙、群体心态的偶然反应等，但随机波动后，媒体的宣传、投资者的跟随，往往导致数分钟、数小时、甚至1～2天的趋势。

中期可归结为"行为"。我认为情况比较复杂，中期波动可能是长周期的一个小段，也可能是信息与情绪的互相传导导致的结果。**若价格与认知互反馈，延续较长时间，就会形成中期的趋势；若价格与认知互反馈较短，就会形成所谓的假突破。**我研究国内股指、国债、工业品、农产品、贵金属等，认为中期来看，"价格与认知互馈，趋势的实现"，是可实证的。

长期可归结为"供需"。**长期交易必须从宏观、产业等基本面因素进行供求分析，没有基本面的支撑，偶然的因素、情绪的因素等，不足以支撑价格持续非常长久的时间。**所以，我的长周期交易，主要侧重于基于基本面研究的资产配置，而中短期交易，可侧重于情绪、价格及相关性的分析。

问题5：在这九个投资的基本原则中您提到要明确实现策略的两种方式——趋势延续和均值回归，它们的应用范围是不同的，请您谈谈这两种方式的应用范围分别是什么。

郭小波：趋势延续的应用比较好理解，就是趋势交易，如前面所讲，**非理性行为导致的繁荣和萧条交替，在不同市场、不同时间均可观察到趋势，可以在不同的市场广泛应用。**

均值回归的应用需要比较谨慎，我认为**渴望"均值回归"是一个典型的行为偏差，多数人总是错误地认为市场很快向均值回归，在非理性人参与的市场中，正反馈机制导致均值不会轻易回归。**从资金管理和策略方面来看，"均值回归"交易也非常困难，如果你认为市场会逆转，但一旦市场继续延续趋势，比如2015年上半年你做空股票，你该怎么办？按照均值回归逻辑，亏损意味着市场逆转的可能性更大，是不能止损的，必须持有到市场恢复理性，这意味着可能长期的亏损期，甚至导致流动性危机。所以，**"均值回归"交易，主要应用于以下交易：一是对冲套利，**对冲后的风险可控，可以长期承担亏损，耐心等待市场回归；**二是固定收益类，**相较于股票和商品，固定收益类的风险波动率小、极端损失小，长期亏损也是可以承担的；**三是基于资产配置的投资，配置和交易的思路有本质的不同，配置是长期的、不看盈亏、不止损的方式，意味着仓位要低到可以忽略重大损失。**

问题6：您认为投资要足够地分散，并且划分了现金类、股票及权益类、固定收益类、房地产、商品和外汇六大类市场，请问您在这六类市场中，资金是如何分配的？

郭小波：不同市场的相关性一定小于1，从理论上讲，**将市场分散开来，可以提供比单一市场更佳的风险收益比。**很多人只选择在一种市场内进行分散，比如在股票市场买入多只股票分散，我认为这样是不稳妥的，比如各种股票之间的相关性，远大于股票和债券、股票和商品的相关性。**分散投资有两个层次，一个是市场分散，一个是策略分散，我更倾向于市场分散。**现金类、股票及权益类、固定收益类、房地产、商品和外汇六大类市场中，在不同阶段的资金配置是不同的。目前，我处于投资的起步阶段，需要承担一定的风险，获取较高的收益，目前主要还是集中在商品和股票市场，现金类资产主要是满足流动性需求，房地产也是少量配置，外汇主要是进行人民币资产的对冲保值，未来，计划增加固定收益类的配置。

另外，我想强调一点的是，**随着经济、金融的融合，尤其金融广泛渗入各种生产、贸易领域，上述六个市场的互相影响正在大幅度加强，只研究单一市场，可能很难窥视投资市场的全貌。**

问题7：您提到应该建立"反脆弱"的体系，即投资必须有足够的冗余。请您具体谈谈这句话的含义。

郭小波：这个概念来自《反脆弱》一书，书中提出"坚韧"不等于"反脆弱"，我觉得"反脆弱"一词比较适用于金融市场投资思维。何谓脆弱呢？比如**一次10倍收益的交易、一个高收益的高频交易策略或者内幕交易，一定是经不起扰动的，所以它是一个脆弱交易**，结局往往是，10倍收益的高杠杆交易爆仓了，高频交易因为市场规则变动而被清算了，内幕交易违法了。何谓坚韧呢？坚韧或许是基于过去表现，对未来充满信心，当我们已经90%甚至100%拥有某次交易的把握时，我们已经忽略了不确定性，这个时候就是非常危险的。比如美国著名的长期资本管理公司倒闭，是不是它历史表现过于完美，导致它的行为坚如磐石，最终反而谢幕呢？

我理解的"反脆弱"投资体系，由基本哲学观、价值观、金融观和现代计量工具构成。哲学观，比如以行为金融理解市场，承认所有人，包括自己是非理性的，敬畏市场，承认看似不合理的事物等等。价值观，比如做一个正直的人，客观看待投资，愿意承担亏损等，做到这些，才能保持正常心态。金融观，就是掌握金融理论和知识，懂得资产配置，能进行风险管理。现代计量工具，就是量化策略、交易软件等，就像农业生产的锄头换成机械，可以减少劳动力，但它不是获利的根本，只是工具，可以非常粗糙。

问题8：您认为应客观认识自己身份，将投资分拆成资本和人力因素，仅20%盈利可归于人力因素，不可高估自己的能力。请您举例谈谈，投资中哪些是资本因素，哪些是人力因素？

郭小波：这个例子非常简单，按照私募一般规则，20%提成部分就是人力因素，剩下的都是资本创造的收益。在实际中，非常多的人，赚了一点钱就沾沾自喜，认为自己非常了不起，其实他赚的钱，主要是因为他投入的资金承担了过高的风险。如果某一天，某人靠人力因素，也就是盈利的20%可以养活自己，那他才是一名合格的职业投资者。

问题9：您提到，要知道什么时候进行仓位和模型缩减与退出，甚至考虑完全退出市场。请问您的交易模型和策略是否会定期调整或更换退出，在什么情况下会进行模型缩减与退出？

郭小波：这个问题说起来容易，其实操作起来非常困难，仓位和模型缩减与退出，要承认自己失败，是非常困难的。仓位缩减比较好理解，比如亏20%就减掉20%仓位，但是模型退出就很困难了，很难判断是市场结构临时发生了变化，还是模型失效了。决定退出模型，是极度痛苦地认同自己的失败。当然，我早期也经历过一些模型的退出，比如一些震荡模型、半自动交易模型等，这些模型没有理论基础，都是测试出来的，在你胜利的时候，它会增加你的盈利，但在你亏损的时候，它会给你插上一刀。正是因为有过这些痛苦的经历，**我不再追求多元的、完美的模型，我打造一些"反脆弱"的模型，尽量减少模型的启用和关闭，希望可以一直用下去。**

问题10：您的策略包括了量化交易、主观交易，以及两者结合的方式。量化交易和主观交易结合，有时会不会出现信号相反等矛盾？如果出现矛盾，您会如何处理？

郭小波：经常会出现研究和交易的矛盾，我认为一个好的交易员，要非常擅长处理这种矛盾。首先**我们要敬畏市场，承认不确定性，这就意味着要客观看待研究结果和市场走势的分歧。为减少研究结果和市场走势的矛盾，我一般不将研究结果绝对化，而是化解为非对称性的参数，这样，即使研究错误，也只是导致入场时间较晚，或者出场时间较晚，不至于赶不上行情或**

者一次性亏损太多。

当然，量化交易时，不同模型、甚至一个模型的两个相似品种，非常容易出现相反信号，这个时候，我不着急解决谁对谁错的问题，反而应该感到庆幸，因为对冲以后，我的风险度反而降低了。

问题11：请问您当前期货量化交易中总共有多少个策略？各个策略的特点是什么？策略之间是如何配合以及分配资金的？

郭小波：目前使用的量化策略，大概有5～6个，主要包括短、中、长趋势交易，商品对冲交易和股指期现套利交易。策略配合的话，短期趋势交易主要用于股指期货，目前波动率较低，只能按阶段进行；中、长趋势交易一直进行，这个策略也进行了广泛的市场分散；商品对冲交易一般在商品趋势末期，波动较大从而导致商品价差较大时启动，配合熨平趋势交易的回撤期；股指期现套利交易包括股指期货和ETF以及上证50期权和ETF等，目前波动性不足，启用较少。

资金方面，全部资金作为资金池，不机械地按账户进行分配，主要根据策略特征做一个初始配置。举一个简单的例子，比如周期越长的策略，忍受的波动越大，资金配置越少；相关性越低的策略，资金配置得越多。

问题12：您的交易周期包括了日内短线、中线和长线，且正逐步在向长线过渡。为什么您会选择向长线过渡？您认为向长线过渡会存在哪些挑战？

郭小波：向长线过渡，有三个好处：第一，长周期策略，更容易经受市场的各种扰动，不易失效，我认为更加稳健；第二，更容易将基本面和量化相结合，在中短期上，因为很多偶然的因素，非常容易导致基本面研究和量化策略相冲突；第三，交易成本的问题，市场量化交易的人越来越多，策略相似性较高，导致冲击成本越来越大，需要尽快降低交易成本。

当然，向长线过渡的挑战也非常多。第一个挑战就是心理的挑战，长周期交易，对市场价格的敏感性很低，入场和出场时间都会比较晚，意味着很多时候都在挑战交易员的忍耐力，这对新手是不可控的。第二个挑战就是收益的挑战，不管是从交易结果，还是从测试结果来看，收益和周期是成反比的，量化交易的周期越长，收益率越低。所以，新手确实不太适合进行长线交易，我也经历了很长时间才从短线交易过渡到短、中结合，然后慢慢过渡到以中线为主，短、长相结合。

问题13：您的期货量化交易中，品种是如何选择和分配仓位的？是平均分配还是有所侧重的？

郭小波：品种的选择和分配非常重要，**我选择品种和分配仓位最重要的参考因素是相关性，相关性比较低的品种，我有会分配较大的头寸。**比如股指期货、国债期货、贵金属等相关性较高的品种，我会分配较少头寸，或者不参与。相关性非常重要，如果有8~10个以上相关性非常低的市场，可以非常容易构建一个稳健的投资组合，但非常可惜，泛金融化、国际化等因素，导致各个市场的相关性大大加强。

问题14：在您的交易构成中，股指期货占了大约1/3，股指期货受限制后，您的股指交易比例仍然较大，这其中的原因是什么？就您看来，股指期货受限之后，股指的行情走势特点同受限之前相比有哪些变化？

郭小波：因为股指期货与其他品种的相关性非常低，所以我的头寸分配比较高，交易比例大。股灾以后，股指走势确实发生了很大的变化，之前我很长一段时间重点进行股指期货日内交易，现在波动性和流动性均不足，我暂时放弃了。根据我监控的股指波动率，现在处于股指期货上市7年以来的最低位。我认为**中国的股票市场正在逐步走向成熟，市场规模越来越大、机构投资者越来越多、交易行为越来越规范，可能未来很长一段时间都会像现在这样稳定、低波动**，股票市场的低波动性，决定了股指期货的低波动性。

问题15：您的一个期货量化交易策略从开发到实盘，需要经历哪些步骤和过程？

郭小波：基本所有量化交易开发都一样，大概有四个步骤：第一步是**思维，我认为这个是最重要的，理论基础或者世界观，决定了思维，依据正确思维开发的模型，甚至可以是不用测试的，我个人反对不停试用各种参数、各种指标来发展策略，这个策略一出来，可能就被拟合了。**第二步是开发，这个没什么好说的，编码的关键在于策略的逻辑性完善，我见过很多人，每天有天花乱坠的想法，但一点逻辑都没有，根本不可能开发出策略来。第三步是测试，用历史数据去检验结果，可能需要有丰富的交易经验，才能去判断测试结果如何，**刚入行者可能更依赖测试结果的曲线，而忽略了内在的逻辑，这样可能步入追求完美的歧途。**第四步就是实盘，有些人可能会测试一段时间再上实盘，我一般决定采用的策略，开发出来，马上全部实盘，在实盘中尽快发现问题。

问题16：有人表示，做量化交易盘后作业很重要，您是否认同这个观点？您是否会每天做盘后作业？

郭小波：这个取决于量化的策略，我知道一些高频交易就需要时刻变动参数，一些基本面量化交易也需要及时进行复盘。早期我开始做量化时，也是以中短线为主，主观的因素多一些，所以基本会每天复盘，后来随着交易周期的延长，客观的因素占比更高了，盘后作业或者说参数调整的周期越来越长，现在主要是按季度或者半年的周期进行基本面研究，然后进行一些参数和策略的调整，不用每天或者每周盘后作业。

问题17：今年做趋势程序化交易的人，很多都出现了比较大的回撤，就您的经验来看，您认为出现这样普遍回撤的情况是市场行情的原因还是交易策略的原因？

郭小波：今年确实很多程序化交易出现了很大的回撤，在我看来，有以下两个原因：第一，是阶段的周期性因素，去年"双十一"之后，商品市场受到了一定损伤，形态发生了很大的变化，目前一直处于恢复状态，商品的波动率从去年"双十一"的高值恢复到目前的正常值，花费了近半年时间。第二个原因，确实，现在量化的投资者非常多，包括很多公募、私募和个人，策略均具有相似性，提高了短期的波动性，增加了冲击成本。

问题18：国内量化交易发展迅速，有越来越多的人参与到量化交易中来，您是如何看待量化交易在国内的发展前景的？

郭小波：以我的经历来说，6年前量化交易远没有今天这么盛行，现在，越来越多的人进来了，更多的是以冷冰冰的程序来考虑量化。**我希望按照自己的路径，以行为金融去理解市场，而量化只是我交易的一个工具而已，而非交易的核心。**

我看好量化交易的前景，不是因为量化交易的收益稳定，而主要是因为量化交易就像工业自动化、信息化一样，提高劳动效率，降低生产差错。**我比较推荐新人使用量化交易，因为量化交易一定是系统化交易，它可以帮助初学者寻找投资规律，建立自己的投资框架和体系，逐步改进投资哲学。**但也要非常注意，随着量化交易的普及，大家往往使用相似的策略，会导致灾难性的后果，好的策略会不断传播、普及盛行，比如股指刚上市前三年，一直升水，后来做股票和股指期货对冲的特别盛行，然后同策略的人变多了，股指改为贴水，现在做对冲的就越来越困难了。

问题19： 您也在尝试境外衍生品交易，您的境外衍生品的交易情况如何？您认为境内和境外的衍生品相比，主要有哪些区别？

郭小波： 目前来看，境内衍生品足够我现在的交易，暂时不打算在境外衍生品上投入过多精力。目前，境外衍生品主要是人民币汇率相关的直接交易，或者境内外黄金套利等交易，基本是主观交易。境外市场更加成熟，做一些中短线交易获利的可能性比较小，可以采用一些长线策略，或者做一些资产配置。

问题20： 您定期做基本面分析，并发表于"行为资本"公众号。请问您主要分析哪些方面的基本面？如何将基本面的分析结果和量化交易相结合？

郭小波： 具体研究范围包括房地产市场、股票市场、债券市场、大宗商品市场和外汇市场5个市场，一般会半年左右定期进行宏观研究，对5大市场进行一个方向性的判断，比如2017年1月发布《2017年投资展望——房地产、股票、固定收益、商品和外汇的资产配置》。也会不定期进行热点市场分析，比如2016年4月发表《2016年热门投资分析——当前大宗商品市场面临重大机遇》，2016年11月发表《商品的演进、实现与崩溃——商品市场暴涨与暴跌的原因分析》。

在基本面分析和量化结合方面，大概有两个层面。第一个应用是资产配置，按照定期的宏观研究，决定资产配置的主体方向，大概会对股票、债券、外汇决定一个最高配置额，比如年初发表研究结果后，认为股票中性偏弱，所以今年股票的仓位一直在0～15%之间；认为利率会上升，债券基本没有参与。第二个应用是量化交易参数的非对称设置，会根据研究结果，将做多或者做空的参数调整得非对称一些，极端情况下，可能只进行单方向交易。比如今年，我调整了有色金属商品的做多参数，使得做多比做空快速一些。

问题21：您也进行股票主观交易，最近一个月股市行情并不乐观，上证指数也一度跌破3100点，您对今年下半年的股市行情怎么看？是否会出现比较好的行情？

郭小波：**我认为今年的股票市场，包括债券市场，都不太乐观**，这是宏观因素决定的。金融紧缩，金融市场正在经历去杠杆的过程，利率也在持续上升，这是大的背景。回到股票市场，还有一些不利的因素，我认为2015年股灾影响仍未消除，物理上没有恢复，融资的数据一直未有反转的迹象。当然，比起物理上的创伤，心理创伤恢复周期更长，一个正常周期往往在3～5年。另外，股票的供求也处于不平衡状态，新IPO和再融资都处于历史较高位，而股票需求受2015年股灾创伤影响，并未有大量资金进入，近期又受到金融去杠杆的负面影响。经过近期的调整，尤其中小板的调整，风险得到一定的缓释，但并未逆转，**我预计明年股票市场会有所好转。**

问题22：目前国内白糖期权和豆粕期权已经上市交易，未来您是否会考虑参与期权交易？有些人认为期权适合机构参与，并不适合散户，对此您怎么看？

郭小波：股市比较好的时候，从事过上证50期权和股票ETF的对冲交易，当时波动比较大，有一定收益空间，股票市场恢复平静后，就没有再交易了。期权定价确实比较复杂，尤其期权、期货、现货进行各种组合比较多，我暂时没有交易商品期权的打算。多数人确实对期权存在某种误解，以为可以以小博大，以有限的损失，博取无限的收益。但现实情况是，**期权虽然最大损失只是本金，但期权全部损失的概率，远远大于期货。**散户一般买入期权，卖出期权往往是机构，在定价方面充满不对称性。

问题23：您兼任东北财经大学校外硕士生导师、西南财经大学本科生行业导师，您是否会指导一些年轻人进入期货市场？您认为现在的年轻人想要进入期货市场，需要做好哪些方面？

郭小波：确实，我在两所学校都碰到想交易的学生，有大一本科生的集体咨询，有已有交易经验的研究生的咨询。我的建议是，学生还是以学习基本知识为主，即使未来从事金融行业，绝大多数岗位也不会直接进行交易。如果确实对市场感兴趣，可以在高年级进行尝试，在学校层面的工作，我不会直接介绍交易经验，我认为这有失教育的本质。

至于年轻人进入期货需要哪些准备，我认为首先是认清市场的冷酷现实，期货是零和博弈市场，考虑到交易成本等因素，绝大多数人注定是亏损的。其他问题，只能在市场中逐步解决。金融知识可能并不是最重要的，学金融的人未必能做好交易，就像很多植物学家，也不能养好家中的花一样。想做好投资，一定要多下功夫，不管是基本面投资、技术投资、量化投资，任何一个领域都有很多成功的人，但多数人总是浅尝辄止，思考的问题比较多，真正去执行的较少。

问题24：当前的交易越来越团队化和机构化，有人认为单打独斗的交易者在当前的市场中越来越难生存，未来您是否会往团队化和机构化的方向去发展？

郭小波：确实投资领域有团队化和机构化的倾向，但每个人情况不同，我目前可以掌握好交易和其他工作的分工，这也许是我的强项。我见过一些名义上的团队，实际上是松散的组合；也有很多机构只需要一个螺丝钉，比如专门研究基本面、专门研究策略、专门执行交易、或者专门进行风控，不太适合我。个人投资者虽然越来越难生存，但是个人进行投资，可以完整覆盖宏观研究、策略开发、交易执行和风险管理，对我的锻炼是巨大的，即使某一天不再从事交易了，这些经验也可以用在别的领域。我认为理想的团队组合是互补，但非常难找到志同道合又互相弥补的人。

王兵：我的交易就是把期货当作远期的现货来操作

（2017年6月8日，沈良访谈整理）

王兵

上海量磁资产管理有限公司董事长。毕业于华东理工大学，起始于经营实业，主营矿石产品进口，是国外多家跨国矿产企业产品中国市场独家代理商。自2008年进入投资市场，结识众多金融圈资源。擅长基本面、产业链、宏观经济分析。目前主要负责宏观产业研究、程序化交易策略制定、公司运营管理及整体交易风控管理。于2014年同好友黄平、林庆丰共同创立固利资产，于2016年创立量磁资产。

精彩观点：

我认为将来在市场上80%的资源会集中在那些百亿级及千亿级的资产管

理公司中。

我们处于一个最好的时代，我坚信2014—2023年会是中国私募发展的黄金十年。

去年整个商品CTA的趋势策略组合表现优异，而今年整个市场节奏的变化就造成这类策略的集体回撤。

整个黑色系的产业链很长，任何一个环节上出现问题就会造成整个产业链的共振，也造就了黑色系的品种剧烈波动。

对冲策略根据不同时期的钢厂利润，可以通过买卖原材料去对冲做多钢厂利润或者做空钢厂利润。单边策略也是围绕着钢厂利润多与空。

我认为黑色品种的大波动必然会延续下去。

我们今年(2017年)的大部分利润就来自于对冲交易。

懂得休息也是一个非常好的策略，当市场恢复正轨的时候再次入场。目前我们的策略就是在等待中寻求进攻机会，宽幅震荡的市场更多地运用对冲的手段来降低风险。

长线对于螺纹我们还是看多，今年(2017年)的核心逻辑不在于成本而在于钢厂有没有利润，如果盘面螺纹利润被打完了就是做多的最好时机。

供给制改革、中频炉去除带来的红利让大伙(钢厂)都过上了好日子。

现在所有的期货品种中产业集中参与度最高的品种就是黑色系。

我来自于产业，做期货交易和我原先的贸易流程也很相像。

我的交易其实就是把期货当作远期的现货来操作，大多数的交易会选择趋势策略，对冲策略是我的辅助策略。短线和波段并不是我擅长的领域，基本不会涉及。

黑色品种铁矿和螺纹钢是最适合做短线交易的品种。

跨品种的机会可能会更多一些。

今年(2017年)这样的宽幅震荡也给了很多套利机会，同样也打爆了很多策略。

在基本面逻辑没改变的前提下最大化地保存有生力量，在此基础上，我的止盈会根据现货情况来做。

当黑色品种当日上涨或者下跌3%的情况下我认为出现单边延续行情的概

率是比较高的，我也是遵循这样的涨跌幅度做我的加减仓。

我主要是看日线和均线。我个人习惯用26日的均线，作为多空的分水岭。

这几年黑色的远月贴水成为常态，贴水也是对后市看淡的一种预期的表现。

我们需要关注港口库存、社会库存、钢厂库存，对于钢厂的生产计划、检修周期、不同品种中的铁水转换率要有所了解。在流通环节我们会更多参考贸易商的社会库存情况、补库周期及补库热情指数。在终端消费层我们更要关注房地产开工率、基建投放、PPP等项目的进展。

目前的市场中我认为还是可以关注螺纹钢做多的机会，今年(2017年)下半年大概率还有一次做多的中大级别行情。

问题1： 王总您好，感谢您和七禾网进行深入对话。您目前管理两个公司，固利资产和量磁资产，请问这两家公司在定位上、业务上有何不同？

王兵： 市场中可能对于量磁的名字比较陌生，对于固利大家会更熟悉一些。固利资产的业务主要集中在二级市场的投资，目前的策略有CTA主观趋势及CTA量化及证券策略的组合。固利是我们在二级市场直接投资的交易平台。量磁资产的主营业务是在FOF和MOM为主，我们也会对一些在发展初期的优秀投资管理公司进行股权投资。量磁的业务涵盖家族财富管理、FOF母基金、MOM模式、智能投顾等。通过母基金的形式有机会和全市场上所有的优秀投顾进行合作形成我们的闭环，提高在市场中的抗风险能力，让投资者分享来自不同市场的收益是我们成立量磁资产的初衷。

问题2： 量磁资产推出投顾孵化计划的目的是什么？主要寻找哪些类型，符合哪些条件的投顾合作？

王兵： 对于量磁的投顾孵化计划也是在我们成立固利之后思想的延续，大家都知道固利是由我们三位不同风格的优秀交易员创立。我记得公司成立后的第一篇专访就来自于七禾网的沈总，当时的主题是缺乏最拔尖的人才就难以成为最拔尖的公司。

任何行业人才永远是第一生产力和第一要素，像我们这样三位互相认可互相信任的合作伙伴确是可遇不可求的。我们希望通过孵化的计划选出更多的优秀的基金经理通过合作，进入我们固利的产品体系，成为我们的产品合伙人及公司合伙人。

我们的孵化一共分为三步，首先进入筛选体系，提供我们所需要的业绩证明及相关材料进入初选。初选过后我们会对于入选的选手及机构进入尽职调查阶段，符合要求我们会提供相应的资金进行管理合作。第二步半年到一年的考察期结束后在我们体系中表现优异的策略，升级进入我们的产品合伙人系列。第三步通过产品合伙人的考验之后如果想要创立自己的投资管理公司，量磁会通过股权的合作在公司创立初期提供运营资金、中后台管理，以及管理型资金的投入等各项支持。

问题3：符合条件的投顾，能够获得多少资金？除了资金以外，还能获得哪些服务或后续发展机会？

王兵：进入我们第一步筛选体系通过的资产管理公司我们会提供500万～1000万元的管理型资金，优秀个人我们会提供100万～500万元的资金。进入第二步产品合伙人的投顾及优秀个人我们会提供2000万～3000万元的管理型产品。进入第三步的公司股权合作公司我们会提供不低于5000万元的管理型资金，初期的公司运营资金、公司注册、中后台、财务合规、协会备案、申请牌照、法律服务等各项支持。

问题4：您如何展望中国资产管理行业在三五年内的发展？

王兵：从2014年开始的私募阳光化，整个私募的管理规模已经超过了公募基金。也经历从野蛮生长到规范化管理的过程。将来的资金及各项资源会倾斜向长期业绩稳定的公司，规模化及专业化的要求更高。**我认为将来在市场上80%的资源会集中在那些百亿级及千亿级的资产管理公司中。**将来十亿级的规模可能就会成为私募公司的生存线，没有一定体量的公司将无法支撑他的研究体系而被市场逐步地淘汰，或者被一些机构兼并。**我们处于一个最好的时代，我坚信2014—2023年会是中国私募发展的黄金十年**，通过改革开放大量的创一代和创二代已经累积了丰厚的个人财富，将来如何为财富增值已经提上了议题，我们也接触了大量的此类客户。资金面上其实整个市场并不缺，缺少的永远是能够低风险稳定盈利的策略。此类客户的目的更在于资产的保值增值，FOF就是一个非常不错的配置标的。

FOF的注解为基金中的基金，我们会投资于全市场的优秀基金策略。通过业绩归因分析系统，通过收益指标、风险指标、性价比指标等综合评级手段进行基金的投资组合搭建。在正确的时点来调整我们在市场中的策略配置比例。最终达到获取市场平均值之上的业绩回报。我认为FOF本身不是一个冲击收益的产品，FOF的特性是更分散的风险及超越市场平均值的回报率。当然这对于团队的筛选水准提出了很高的要求，这几年FOF是市场的风口，但是真正做出业绩的团队少之又少。我们发现在市场中大多做FOF策略搭配的团队并没有实际的交易经验。他们对市场的敏感度及策略的适应性的理解不够多，往往只是去年市场中表现优异排名靠前的基金做个组合，投资市场每年的节奏都在变化。类同的组合会造成策略的同质化，而较少去分析绩效的归因。比如**去年整个商品CTA的趋势策略组合表现优异，而今年整个市场节奏的变化就造成这类策略的集体回撤。**如果在这类头寸配比过重的话今年的FOF基金业绩就可想而知了。我们量磁FOF团队人均具备10年金融从业经验，对FOF有3年运作经历，对FOF体系有着深刻的理解，团队成员出身基金经理，对市场有着独到的理解，基于专业背景，我们对市场各策略风格和基金绩效制定了量化的评价体系，通过科学合理的配置有效发掘市场机会，为FOF带来超额收益。

问题5：您对黑色系品种比较熟悉，请问和其他品种相比，黑色系品种的波动特性有何不同？

王兵：我是从黑色产业出身，目前的交易也集中在黑色系。和其他品种相比目前螺纹和铁矿是市场中交投最活跃的品种。**整个黑色系的产业链很长，任何一个环节上出现问题就会造成整个产业链的共振，也造就了黑色系的品种剧烈波动。**

问题6：在黑色品种内部（螺纹、热卷、铁矿、焦煤、焦炭、动力煤），不同的品种是否波动特性也有较大的不同？

王兵：整个黑色产业的关系我们从螺纹和热卷去看铁矿和焦炭都是炼钢的原材料，焦煤又是焦炭的原料。动力煤由于更关乎民生，在整个体系中是最不市场化的标的。我们在交易的整个逻辑体系中会诞生很多种操作模式。

对冲策略根据不同时期的钢厂利润，可以通过买卖原材料去对冲做多钢厂利润或者做空钢厂利润。单边策略也是围绕着钢厂利润多与空。比如焦煤的定价除了国内山西矿以外还有蒙古煤及澳煤，所以整个黑色系复杂的定价权体系，再结合国内的环保、限产等各方因素造就整个黑色市场的波动加剧。

问题7：就您看来，为什么黑色系品种的波动会这么大？黑色系品种的大波动还会延续下去吗？

王兵：黑色系这几年的波动确实变大了，大量的资金沉淀使的黑色系成为股指之后交易量最大的品种。这几年政府主推的供给制改革，也给了黑色品种更大的想象空间。**我认为黑色品种的大波动必然会延续下去。**

问题8：是不是波动越大，盈利的可能性越大？

王兵：我的交易以趋势为主，当然理论上是波动越大盈利的可能性越大。当然我们要看是怎么样的波动，如果是无序的波动没有一个明确的方向的宽幅震荡，对于趋势策略也是会有很大的杀伤力。就比如今年的行情，一直处于宽幅震荡中。**我们今年的大部分利润就来自于对冲交易。**

问题9：黑色系品种短期波动大，行情反向快，如何才能较好地控制风险？

王兵：2017年的市场确实是这样的状况，螺纹的波幅日内好几次都超过150点的正反波动，对于趋势的策略有很大的杀伤力。我们只有运用好风险控制的手段，做好风控。在逻辑不清晰的状态下学会休息。今年市场中能够盈利的交易员占比非常低，我们参与的一个业内大赛千万组级别的选手，净值为1的就能排到第六位。可见现在市场的交易实况的惨烈。**懂得休息也是一个非常好的策略，当市场恢复正轨的时候再次入场。目前我们的策略就是在等待中寻求进攻机会，宽幅震荡的市场更多地运用对冲的手段来降低风险。**我们前期的组合螺卷价差的修复，在价差拉大到150左右做进去最后修复到50平出仓位，多螺纹空铁矿扩钢厂利润，做多基本面向好的标的做空基本面最差的标的，今年都是不错的策略。**长线对于螺纹我们还是看多，今年的核心逻辑不在于成本而在于钢厂有没有利润，如果盘面螺纹利润被打完了就是做多的最好时机。**

问题10：对钢厂来说，价格的大幅波动会影响利润和经营。也有人说，因为价格波动大，所以钢企自身无法掌控自己的命运。对此您怎么看？

王兵：对于钢厂的日子是非常不错的，**供给制改革、中频炉去除带来的红利让大伙都过上了好日子。**今年基本都维持在有利润的情况下，钢厂的日子很滋润。钢厂基本都不压库存所以只要有利润的前提下钢厂的生产积极性还是很高的，对比前几年一吨钢材只赚一瓶矿泉水的钱要好过多啦。对于供给制改革的核心就是去除过剩产能给到生产企业一个合理利润，围绕着钢厂利润，钢厂在利润过高的前提下也会在盘面提前锁定利润。

问题11：钢厂、贸易商、用钢企业应如何利用期货、场外期权等工具进行风险管理？

王兵：可以说**现在所有的期货品种中产业集中参与度最高的品种就是黑色系**，钢厂和贸易商是天然的卖方他们可以运用期货工具在盘面通过卖空提前锁定利润。而用钢企业是采购方也可以通过运用期货的工具根据将来企业的订单情况及原材料库存周期来锁定原料成本和加工利润。场外期权的工具运用起来可以用更低的杠杆达到同样的效果，如果将来流动性问题解决就会成为一个更好的工具。

问题12：黑色系品种的交易模式中，趋势、波段、短线、套利等，哪一类或哪几类会表现比较好？您本人主要做哪一类或哪几类？

王兵：在各个交易的策略类型中，我认为不同的策略会有不同的优势和劣势。我们在市场中交易，就是要放大自己的优势。如果放大了劣势必然就是放大了你的亏损的风险敞口，那么就不是一个盈亏比划算的交易。**我来自于产业，做期货交易和我原先的贸易流程也很相像。**我们原先订外贸船货周期就在45～60天，需要对2～3个月后的市场情况做判断和分析，信用证的操作模式和期货的保证金交易模式很像，我们也是交10%～15%保证金订外贸的船货，**我的交易其实就是把期货当作远期的现货来操作，大多数的交易会选择趋势策略，对冲策略是我的辅助策略。短线和波段并不是我擅长的领域，基本不会涉及。**

问题13：波动大，意味着日内的交易机会也多。请问，黑色系品种里面哪一个最适合做日内短线交易？

王兵：波动大流动性好，交易成本低的品种是非常受短线资金的青睐的。**黑色品种铁矿和螺纹钢是最适合做短线交易的品种。**

问题14：黑色系不同品种的价差和波动会有差别，同一个品种不同月份的合约价格会有差别，您觉得黑色系品种的跨品种套利、跨合约套利的交易模式有没有前景？

王兵：这一类的策略在市场中是会有很大的生存空间，黑色流动性和体量都能够支撑这些策略。**跨品种的机会可能会更多一些**，主要还是看策略的执行，在什么样的价差情况下做，套利中的止损的设置。**今年这样的宽幅震荡也给了很多套利机会，同样也打爆了很多策略。**

问题15：就您观察来看，在黑色系品种的K线形态中，哪一类或哪几类形态出现时，意味着后续出现一波单边行情的概率较高？

王兵：我的交易体系中技术的占比并不高，而且近几年我在技术上又做了精简。我现在主要通过技术做防守，**在基本面逻辑没改变的前提下最大化地保存有生力量，在此基础上，我的止盈会根据现货情况来做。**当然在技术加仓我还是会运用的，**当黑色品种当日上涨或者下跌3%的情况下我认为出现单边延续行情的概率是比较高的，我也是遵循这样的涨跌幅度做我的加减仓。**

问题16：就您观察来看，哪一个或哪几个指标在黑色系品种上应用效果较好？

王兵：我很少看其他指标，**我主要是看日线和均线。我个人习惯用26日的均线，作为多空的分水岭。**MACD、布林我基本不参考这些指标。

问题17：目前黑色系远月都是贴水于现货的，某些品种贴水幅度还不小，这是什么原因造成的？

王兵：**这几年黑色的远月贴水成为常态**，铁矿常年保持在15%～20%的贴水，螺纹目前和现货贴水了700左右，如果加上仓单成本估计要到850左右了。近期的螺纹贴水率已经创了历史新高，我认为更多是由于宏观层面的资金收紧造成市场对于下一步的消费预期发生了变化。铁矿由于前期05的合约交割标的罗伊山、金巴粉及托克粉的交割造成了05的合约贴水现货，也带动了09

的下滑。把今年做正套的机构全都洗了一遍。包括焦化，钢铁整个消费季节也进入了6—8月的消费淡季，**贴水也是对于后市看淡的一种预期的表现。**

问题18： 从基本面角度分析，影响黑色系品种涨跌的主要的基本面因素有哪些？在不同的阶段如何区分重点因素？

王兵： 影响市场涨跌的因素很多，我们主要还是从供需情况以及政策导向配合宏观的实际情况来做一个综合判断。**我们需要关注港口库存、社会库存、钢厂库存，对于钢厂的生产计划、检修周期、不同品种中的铁水转换率要有所了解。在流通环节我们会更多参考贸易商的社会库存情况、补库周期及补库热情指数。** 如果社会库存在逐渐增加就说明了消费或者流通环节出现了问题，如库存持续下降甚至规格短缺也反映了实际的消费的增长和向好。**在终端消费层我们更要关注房地产开工率、基建投放、PPP等项目的进展。** 做期货交易不能只看自己的行业情况，更要结合宏观、环保、供给制改革，这些都是影响价格的因素。很难去区分在什么阶段去区分重点因素，在这个资金博弈的市场中什么时候哪些逻辑性更显现的时候，就说明市场在炒作哪个因素。我不会单一地去看这些问题，交易中我们会根据这些信息的解读来判定交易的方向。

问题19： 就您看来，目前黑色系品种中，哪一个的投资机会最好？

王兵：目前的市场中我认为还是可以关注螺纹钢做多的机会，今年下半年大概率还有一次做多的中大级别行情。 我在多种场合说过，今年是钢铁供给制去产能的元年。去年虽然就开始去产能，大多数是无效产能。所以不能把产能和产量画等号。今年我们整个行业上半年的中频炉在6月底前需要完全退出市场，根据之前的预估1.2亿吨产能大概对应6000万吨的产量，目前实际产能预期在1.7亿～1.8亿吨这样对应产能就有8000万～9000万吨。而且中频炉一直是个表外资产，真正去除掉的话，我们的螺纹、粗钢是不是真正地能够弥补这个缺口还是有待商榷的。另一点就目前5000万吨的在产产能去除也要在年底前完成的。在原材料都大幅贴水的前提下，做多螺纹的确定性是最强的同样也是最有安全边际的交易。

问题20： 除了做黑色系品种，其他品种您有没有在关注和参与？

王兵：我的交易主要集中在黑色，因为我对黑色产业最熟悉，也能最大化地发挥我的优势。我们也在研究和煤化能源相关的品种，产业链离我们最近的就是甲醇了。只是做了一些尝试性的交易，在这方面我也是在循序学习的过程中。

付爱民：当你觉得行情不好做，你已经是韭菜了

（2017年8月11日，沈良访谈整理）

付爱民

全国实盘冠军、上海睿福投资董事长。

进入期货市场20年，曾以短线交易驰骋市场，后改为短线+波段+趋势，曾创造一年数十倍的收益，也曾经历过大亏，但每次大亏后都能重新崛起。现除了技术手法，还结合现货产业做期货，也参与量化交易。

认为"在期货市场，做寿星比明星更重要"。

精彩观点：

期货行业是个零和游戏，交易者结构对行情有很大的影响。

在不知不觉中，不愿意改变的人都变成韭菜了。如果你的进步速度是慢于行业的，你就一定是韭菜。

2010年前我们是赢家，因为对手是看K线图、做投机的散户。当我把产业摸通以后，整个交易的节奏就能把握到了，不懂产业光看K线图是不行的。产业周期再加上技术周期，我尝到了甜头，从那以后在商品上的胜算提高了。

超出行业发展速度你才会赚钱，慢于行业发展速度你就是韭菜。

以前我们说是狼吃羊，后来发展到狼吃狼，现在已经是老虎吃狼了。

如果市场越成熟，像美国、欧洲等相对成熟的市场，秒杀的情况是越多的。

做产业、基本面再加量化结合的人可能是下一个赢家。

结合产业以后，还要加上迅速定价，谁抢得更快、谁的交易风险控制得更好，才是赢家。

这个行业每个人都在进步，谁进步慢了，谁就是韭菜，而且期货行业发展是非常快的。

市场行情波动很大，机会一直存在，既然是零和市场，就一定有人赚、有人亏，当你在亏钱的时候一定有人赚钱，从来不存在行情难做与好做，只能说你适应还是没适应。

与时俱进就是一直要研究对手，研究这个产业的发展，谁能走在产业发展逻辑的前面、谁领头谁赚钱。

这三五年最大的两个变量就是加上了产业、加上了程序化，而且产业在成熟，程序化也在成熟。

现在赚钱比以前更容易了，因为现在行情更大，散户更容易赚到钱，赌到一把就赚很多倍，其实行情更容易了。

因为波动更大，要求你专业性更强，这已经是一个越来越成熟的市场了，想靠无畏无知赚钱比较难。很多散户夹缝中的机会都越来越少了。

把该有的动作做规范了，钱就一定赚到，赚钱是附属的，所以我研究的是把自己的动作规范。

我现在是宏观加产业再加技术三者的结合。宏观是大的格局，产业就是供求关系、产业逻辑，技术还是以前的功底和盘感。

做交易一定要讲究确定性，做基本面是讲究确定性的，也就是我做交易尽量不能错，所以在做交易之前，要把很多东西分析到位。

基本面的优势在于讲究确定性，如果你把基本面的优势达到了，就有底气了。技术面不讲究确定性，它讲究风险控制，技术面的优势在择时和风险管理。在有确定性的情况下，再把技术面结合，这种真的是叫坐着赚钱。

现在整个投资者结构和以前比变化较大，所以要有非常强的宏观、产业基础，再加上非常好的技术面基础，最终加在一起才能持续赚钱。

过去是我自己盯盘，现在电脑帮我盯盘。

基本面是非常有帮助的，对我们交易有质的提升，这是一个质变，而不是量变。

不能光看着图形买，小鸭子、小鸡、小天鹅刚出生时长得差不多的，那到底谁能成为天鹅呢？

产业一点微微的差别，在我们交易里面可以说是天壤之别，产业非常重要。

容易被操纵的品种，我肯定不去做。

（黑色系和铝）这两个我还是看好的，但是我更看好铝一点，因为铝的供给侧改革我觉得还在中段，而黑色的供给侧改革已经到末段了。

选择本身就是一种智慧，程序化在品种的选择上，肯定要有所侧重，程序化是把我们人脑做了延伸。

我觉得某个品种有机会了，我又不想盯盘，我就专门为这段行情设计一套策略去做，这段行情结束了，我就把它停掉。

过去我觉得某个品种要走单边行情了，我就会进去加仓，那我就把这套手法写成程序，到时候就不停加仓。

这不在于程序化好坏，而在于主观能力高低，你的主观不成熟的话，放程序化去做亏得更快。

程序化是追求合理的收益，把风险控制排第一，程序化的风险控制比我要强得多，每笔单子都控制得很好。

（程序化交易）容量够的时候，我很多时候是用市价单，当容量不够的时候，我可能用限价单。

我骨子里是一直在探索期货真正的发展方向，我把自己当成一个探索者来看待，所以我一直在做真正的交易员。

我们要做飞机的发动机，核心就是把交易做好。

期货行业是个白发行业，还真的需要一些经验。当你进步慢了，都会变成韭菜。

现在交易和过去相比，交易前工作量大，调研分析、各种分析多了，确定性大，有安全边际，交易反而轻松。

对产业和宏观熟悉后，加强了对行情分析的确定性，交易的规模资金瓶颈可以实现质的突破。

与时俱进是做寿星的关键，不仅要活下来，而且要发展。每次交易前要想想，如果只有一次机会、只有一发子弹，你会怎么交易。懂得这样思考后，才能让自己立于不败之地。

问题1：付总您好，感谢您和七禾网进行深入对话。您做期货，以前主要以技术手法为主，现在结合现货产业比较多，也开始做量化了，为什么做出这些改变？

付爱民：我在这个行业做了20多年，一直在考虑这个行业的特点，**期货行业是零和游戏**，这是一个大的特点。在做的过程中，发现**交易者结构对行情有很大的影响**，我们过去总说，散户是韭菜，大家割韭菜，现在随着整个期货行业的发展，常规的韭菜越来越少了。后来产业资金进来了，产业和期货结合，有可能**在不知不觉中，不愿意改变的人都变成韭菜了**，很多人以为自己在进步，但**如果你的进步速度是慢于行业的，你就一定是韭菜**。很多人觉得行情比较难做，其实当他觉得难做的时候，他已经是韭菜了。像我自己当时四起四落，我自己的观点其实是四次转型，每次我发现不对头就转型一次，在转型的过程中往往会有很大的挫折，所以就是四起四落，我自己是知道的，这是一种核心理念的转变。我2010年、2011年拿过实盘大赛冠军，但2012我觉得行情很难做，觉得不适应了，包括好几个当时也拿过大赛冠军的人都觉得不适应了。后来我就思考为什么我们会觉得不适应，我那个时候也做了一二十年了，后来我们才知道像远大这些做期现结合的公司进入这个市场，这些人的套利水平、专业能力比我们强得多。在过去，我们在做交易的时候，要不多头把空头吃掉，要不空头把多头吃掉，产业资金进来以后，他们有现货，低买高卖，我们没法赢他，所以那段时间做得不好。当年我们在油脂上也亏钱，后来我们知道很多贸易商赚翻了，他们一手拿着钱、一手拿着货。

2010年前我们是赢家，因为对手是看K线图、做投机的散户。后来整个产业资金越来越成熟，当然，产业资金刚进来的时候是不成熟的，2008年以后产业资金大批进来，2011年以后逐渐成熟，我们就觉得很难做，就发觉不对头了。所以那时候我就开始做产业结合，我记得第一次是到马来西亚去考察棕榈油，从那以后到现在我几乎把整个产业链全都走完了，光一个糖，我巴西、印度都跑了，国内几乎全都跑遍了，所以当时说我是"劳模"。这时候发现，**当我把产业摸通以后，整个交易的节奏就能把握到了，**每个品种如果光看K线图的话，玉米的图形和棉花的图形可以走得一模一样，但市场上的潜力是完全不一样的，**不懂产业光看K线图是不行的，**玉米有时图形很好看，但买进去赚不了什么钱，一年碰一次涨停板就不得了了。产业的品种特性、本身的产业周期，这些是非常重要的，**产业周期再加上技术周期，我尝到了甜头，从那以后在商品上的胜算提高了。**我们当时也在说技术面和基本面结合，从骨子里我当时是技术面出身的，交易盘感都很好，也看K线图，我在期货公司担任过研发所所长，基本面也懂。在2008年的时候，我跟认识的产业的人打交道，发现很多产业的人做期货都亏得一塌糊涂，他们都不懂交易，用投机的心态来做。但后来，产业越来越成熟，他们交足了学费，就反过来吃我们这些投机者，再后来就是整个交易者结构发生变化了，所以我们当时觉得做交易越来越不顺手。如果是我一个人觉得不顺手的话，我不可能改变，我发现我们这一批人都觉得交易不顺手，我就觉得我们可能落后于行业了，行业发生变化了，而我们没有变。我们的技术不可能说今天好、明天不好，它肯定是慢慢提升的，没有人是慢慢退步的，只是行业的发展比我们速度快了，那我们就落伍了，这个行业永远在转变，所以说一定要变，**超出行业发展速度你才会赚钱，慢于行业发展速度你就是韭菜。**当年的韭菜，现在早就没影了，**以前我们说是狼吃羊，后来发展到狼吃狼，现在已经是老虎吃狼了。**

后来我开始做量化。我觉得**如果市场越成熟，像美国、欧洲等相对成熟**

的市场，秒杀的情况是很多的。现在出现秒杀的情况很多，过去消息出来以后，行情可以震荡、筑底、拉升，一步一个环节，你做手工交易是跟得过来的。现在市场成熟以后，当这个消息出来之后，直接就秒杀，1分钟甚至1秒钟行情就走完了，要不没有行情，要不就很快走完。这个表示行业已经成熟了，投资者整体素质提高以后，一个消息出来，可以迅速定价，出错价的人越来越少，所以这就要求你对产业有提前的把握。而量化的速度是很快的，在这个市场，以前做技术的，现在做技术和产业结合，看谁速度更快，**做产业、基本面再加量化结合的人可能是下一个赢家。**我前段时间跟很多人聊天，产投研结合现在大家都在做了，产业和技术面结合已经慢慢成熟了，所以如果不进步的话，就可能会成韭菜。**结合产业以后，还要加上迅速定价，谁抢得更快、谁的交易风险控制得更好，才是赢家，**所以要把量化再加进去。

问题2：您认为做期货"与时俱进"非常重要，为什么这么说？

付爱民：在这个市场是逆水行舟、不进则退，其实**这个行业每个人都在进步，谁进步慢了，谁就是韭菜，而且期货行业发展是非常快的。**所以前几天产业开会的时候，大家都觉得今年的行情又难做了，但**市场行情波动很大，机会一直存在，既然是零和市场，就一定有人赚、有人亏，当你在亏钱的时候一定有人赚钱，从来不存在行情难做与好做，只能说你适应还是没适应。**所以当你觉得不适应了，就说明这个市场有人比你更牛，你就得改变，你就要去研究别人，因为是零和游戏、对手盘游戏，如果对手比你强，那你就输给了他，所以**与时俱进就是一直要研究对手，研究这个产业的发展，谁能走在产业发展逻辑的前面、谁领头谁赚钱。**

问题3：这三五年来，您觉得期货行业变化最大的方面有哪些？

付爱民：以2010年、2011年为起点的话，2010年、2011年是我们的一个高峰期，也就是我们当年做得最顺手的时候，所以当年我们是市场的赢家。做技术面，我们当时讲的快、准、狠，风险控制得好，能赚大钱，这是我们当年的思路和手法，所以当年我们的曲线图是非常漂亮的。但到2012年以后，同样的手法赚不到钱了，我们自己觉得水平更高了，但赚不到钱，因为整个市场发生变化了。第一个，产业资金进来了，第二个，量化团队进来了。当年量化进来的时候是有优势的，因为大家都在做人工，现在觉得量化没优势，大家都在做了，一般的量化就没优势了，但尖端的量化还是有优势的，因为它跟别人不一样。所以我觉得**这三五年最大的两个变量就是加上了产业、加上了程序化，而且产业在成熟，程序化也在成熟**，市场结构发生了重大变化。

问题4：散户在如今的期货市场是不是更难生存了？

付爱民：按我的逻辑，一般的散户在市场上最难生存，因为这是个末位淘汰的行业，国外成熟市场散户是越来越少的，但散户里面有个别天分很好的除外。我们定义的散户，是这个市场上刚入行不懂的人，他肯定是来交学费的，但现在交的学费比以前更高了，因为现在行情波动越来越大。前两天有人跟我说，现在暴富、赚钱没以前容易了，我说**现在赚钱比以前更容易了，因为现在行情更大，散户更容易赚到钱，赌到一把就赚很多倍，其实行情更容易了。**如果用我们当年的手法，现在赚的钱比以前还多得多，现在一年走了过去三年行情，经常碰到大行情，行情是比以前大了。但为什么散户更难生存？因为你稍微不专业一点的话，基本上血本无归，**因为波动更大，要求你专业性更强，这已经是一个越来越成熟的市场了，想靠无畏无知赚钱比较难。**当年我们也在夹缝中求生存，不会长线的会短线，不会短线的会高频，还能生存，现在都成熟了，特别是程序化在全方位地介入这个市场，**很多散户夹缝中的机会都越来越少了，**所以他必须先学习，直接进来做交易可能亏损率是非常大的，是很难生存的。

问题5：在如今的期货市场，一个普通投资者想要持续赚钱，必须做到哪几点？

付爱民：期货交易和射击是一样的，打靶瞄准的时候是三点一线，你把三点一线对准了，子弹就一定上靶。我们做交易是一样的，**把该有的动作做规范了，钱就一定赚到，赚钱是附属的，所以我研究的是把自己的动作规范。**要做到动作规范，第一个，基本面研究一定要懂，现在想赚钱一定要让自己素质更加全面。基本面和技术面当时大家一直在争论哪个更好，其实我很早就把基本面和技术面结合了，产业做了四五年以后，我是尝到甜头了，所以**我现在是宏观加产业再加技术三者的结合。宏观是大的格局，产业就是供求**

关系、产业逻辑，技术还是以前功底和的盘感。不懂基本面的人，那些半桶水的基本面，其实就是赌徒，谢东海老师讲的一句话对我感触非常大，他就说，真正**做交易一定要讲究确定性，做基本面是讲究确定性的，也就是我做交易尽量不能错，所以在做交易之前，要把很多东西分析到位**，宏观、产业等所有东西分析到位以后，才去做交易。但很多半桶水的基本面的人就变成赌徒了，要不就赚很多钱，要不就亏完了。**基本面的优势在于讲究确定性，如果你把基本面的优势达到了，就有底气了。**

第二个是技术面，技术面的优势恰恰是基本面没有的，因为**技术面不讲究确定性，它讲究风险控制**，万一错了我会止损，要是对了，我就让盈利持续。**技术面的优势在择时和风险管理**，所以我说要两者结合，基本面的确定性加上技术面的择时和风险控制，加在一起的话，你交易肯定就有底气了。我过去纯粹做技术面的时候，下单只敢下5%或者10%的仓位，现在我懂基本面和产业了，我一下子直接敢下20%的仓位，但我没把握的时候下1%的仓位都可以。你赚钱的时候是有底气的，因为确定性再加上择时，一把行情比以前赚得多得多，当你觉得行情确定性不大的时候，你仓位放得轻。交易是看对的时候赚了多少钱，看错的时候赔了多少钱。所以我现在能理解斯坦利·克罗说的，钱是坐着赚来的，很多人以为他说的是长期投资不管，我现在的个人理解，所谓的钱是坐着赚来的，就是当你觉得有确定性以后，你交易做进去，行情顺着你的方向走，而且人很轻松，轻松地赚钱，如果只会长期投资，只是怕、不敢看行情、闭着眼睛等行情，就不叫坐着赚钱。坐着赚钱是，喝着茶、喝着酒把钱赚到了，**在有确定性的情况下，再把技术面结合，这种真的是叫坐着赚钱**，其实赚钱是不累的，越赚钱是越不累的，当你越亏钱越累的时候，是不对头的。所以我当时跟别人说，你觉得赚钱累的时候，你一定要考虑自己是不是适合，或者这段行情你是不是节奏有问题。像我们做交易，赚钱的时候都是轻松的，当你开始觉得很累的时候，一定是亏钱的，越亏钱的时候越累。因为**现在整个投资者结构和以前比变化较大，所以要有非常强的宏观、产业基础，再加上非常好的技术面基础，最终加在一起才能持续赚钱**，而且不是考虑赚钱，考虑把自己动作做规范，把这东西研究好、做好，你全做好了，钱自然赚到了，如果你全分析到了、节奏做好了、风险控制好了，还赚不到钱是不可能的，过一段时间，账面一定是赚钱的，如果账面是亏钱的说明你的方法有问题。

问题6：有人说，现在期货市场的特征是"散户变少，机构增多，产业介入，监管趋严"。您是否认同？在这样的环境中，哪些类型的交易方法会占优势？

付爱民：这个观点我觉得是对的，因为这是市场的自然淘汰，小散户真做得好的话，他们变大了，也会变成机构，大机构输了变成小散户，不是说机构进来就是机构，其实现在很多机构都是当年的散户做起来的，做得好的散户变成机构了，做得不好的机构变成散户了。产业介入是很明显的，因为期货就是为产业服务的，国家鼓励产业进来，过去产业对期货不了解，在过去产业认为期货是高大上的行业，现在随着整个人才结构的提高、全民素质的提高，企业有人才了，它才能更好地介入期货市场，所以产业介入是顺理成章的，也是国家鼓励的，没产业介入的期货市场，就像20世纪90年代就是纯赌博，所以我们当时都是赌出来的。当年做投资判断好的、高频的能赚钱，但现在是期现结合，再加上程序化，用电脑来执行，就是产业、技术再加程序化，三者合一。目前流行的是产业和技术，现在产业和技术大家好像都已经在做了，做的人越多的时候，就看谁的速度快。像美国的高频交易，谁的距离长一米短一米都有差别，因为距离短一米你就速度快，当机会来的时候，谁都看得到，就看谁速度快。

问题7：相对研究技术面而言，研究现货产业会复杂很多，您一般通过哪些方式获得现货产业方面的信息？

付爱民：第一个，像我自己到处参加实地调研，到第一线去。第二个，跟产业的人交朋友，所以我们跟产业的人都很熟悉了，我现在大部分都跟产业的人打交道了。像技术我自己在研究，这方面打交道不是太多了，因为其实大家都是雷同的，你懂的我也懂，大部分东西大家都知道。但是我们跟产业结合，他们产业的优势和我们完全互补。产业跟一般期货公司搞的研发还是有点不一样的，产业是接地气的，比如节奏，现在的鸡蛋，它里面的节奏、投机率、养殖户的心理，包括行业微观的变化，有些微观的变化可以导致很大的变化，产业是比较敏感的，而我们不懂的人，光凭逻辑分析产业的话，是不敏感的。所以我跟产业的人交朋友，大家互通有无。现在有一种方式，产业直接和投资高手互相参股合作。现货商若想专门找几个人做投资，好的投资人是挖不走的。

问题8：平时会不会去看一些新闻，或者公开的信息？

付爱民：现在电脑上每天看到的信息太多了，像我现在打电话跟不同产业的人交流，有时候昨天跟湖北打电话、今天跟河北打电话、明天跟新疆打电话，都是跟产业打电话。宏观方面，我们会"偷懒"，那么好的经济学家在旁边，比如谢东海老师，你不懂，他一讲你就知道了，宏观的他讲一下管一年。再一个就是看新闻联播。宏观方面，几个大的经济学家每个人有什么特点我也知道，每个经济学家都有自己的背景，他们的观点我都会经常看，知道哪些是说得对的，哪些是偏理性的，哪些是懂政治的。包括如何看待总理讲话，像前段时间总理一发言，螺纹钢就起来了。

问题9：您现在一般是先考虑宏观因素、产业因素，再精选品种；还是先从技术图形上选好品种，再去研究具体的产业供求？

付爱民：现在我已经反过来了，先考虑宏观，就是看产业，哪个品种有机会，然后再看微观。期货跟股票不一样，期货品种少，基本上一天时间，过滤一下就知道哪些品种有机会，那些品种我们要重点去研究、调研考察，把逻辑搞清楚，也就是我说的基本面是讲究确定性的，我觉得确定是涨还是跌，然后再去择时，择时就是用技术面了。我去考察调研，是非常有好处的，因为我知道有些品种的安全边际等信息了解以后，择时自己来，就是自己慢慢每天耐心地等待，这是我的强项，做了20年以后，找进场点更准。先从宏观来，产业上找出确定性，哪些品种可能有机会，这个机会是半年还是一年，脑子里都有未来一两年这个品种的走势图，到那个时候，我会从技术面上去选择合适的点位，所以这样很多钱赚得就相对有把握性了，赚钱的可能性就大幅增加了。

问题10：要把一个品种研究透，需要关注哪些类型的现货信息？

付爱民：最简单就是这个行业的供需关系、供需平衡表，然后就是未来的供应、影响供需变化的变量，把这些东西分析出来。如果有大变量，就有大行情，没有变量，就没行情，那就可以忽略不计。像农产品的话关键是天气，工业品的话主要看经济政策、国家政策。

问题11：假设现货层面定了方向，您具体的进出场会不会结合技术手法？如何结合？

付爱民：我现在是产业上定了方向以后，如果我想激进的话，凭我的交易经验是可以做到的。我现在用程序化，当我觉得这个品种要涨了，我会设定一些买入条件，只要发出买入信号，程序化就会坚决执行，比请人方便多了。以前我请了几个下单员帮我下单，有时候万一我出差去考察，下单员忽略了，或者不敢下多少单，但我现在有程序化执行了。我现在会编一些程序，就不需要盯盘了，比较轻松。**过去是我自己盯盘，现在电脑帮我盯盘，**而且现在有夜盘，我要全都盯盘的话，就要晕了。电脑盯盘，一出现机会马上买进，特别是秒杀行情，行情有时候一起来，速度非常快，手工下单是来不及的，但是程序化可以，比如程序化有逐级买入、算法交易等方式。

问题12：近年来，针对一个品种或一个板块的实地调研，即以调研了解到的一线信息作为投资参考进行交易的方式越来越受欢迎。您觉得实地调研对做交易有没有用？农产品的实地调研应关注哪些方面？工业品的实地调研应关注哪些方面？

付爱民：我在2011年还没有用到基本面，而到现在，我觉得**基本面是非常有帮助的，对我们交易有质的提升，这是一个质变，而不是量变。**我们过去从短线转中线，再到长线，那些改变是量变，把产业跟技术结合叫质变，我觉得用处非常大，而且我觉得实地调研是必须的。真正规模做大的话，基本面不懂是不行的，做大了之后，信心、安全边际都要算出来。

农产品和工业品我都调研过，农产品你要关注的方面，第一个是产业的气候，农产品的核心是气候，现在有很多公司专门请了天气博士，谁能把天气研究透，那肯定是最厉害的。以大豆为例，像我们国内大豆，交易的是国产大豆，但是国内的豆粕是跟着美国大豆的，你如果不懂产业结构，看美国大豆涨去做国内大豆，那可能完了，你要知道农产品之间的关联和关系。还有豆粕和玉米，一个是蛋白饲料，一个是能源饲料，我当时还不知道，后来为什么豆粕涨了很多而玉米不涨，因为当年蛋白消费增加，你去买能源饲料就不对。现在我们都懂了，慢慢弄懂以后，发觉其实有很多对我们交易是非常有帮助的，品种不会选错了，不会糊里糊涂地去瞎买了。**不能光看着图形买，小鸭子、小鸡、小天鹅刚出生时长得差不多的，那到底谁能成为天鹅呢？**那就属于基本面分析了。玉米图形和豆粕图形起步都是差不多的，技术分析是一样的，但是产业分析就完全不一样。棉花可以涨到天上去，玉米事实上涨不到，小麦不可能，大米更不可能，因为国家会调控，这都是产业结构，所以你不能光看图说话。

工业品相对来说更简单一点，像我们说的M1、M2，还有美林时钟，大的工业品的周期你肯定要知道。第二个，每个工业品本身的各种关系、产业的发展景气程度，这个是关键，就像之前为什么铜涨，那时候中国大量的电力设备投资，需求大幅增加。比如橡胶，我们过去都不懂，后来懂了都已经晚了，错失了巨大的机会，如果当时懂了，那行情是非常好做的，2011—2016年之间这么大的跌幅，那时候整个泰国胶大幅增加，而且一增加就是五六年的，每年高增长量。我们那时候不懂，光看着图，我记得当时很多做技术分析的人，前几年都是空铜和空胶。在2011年之前，铜和橡胶是同涨同跌的，到2011年以后，橡胶是从4万多一直跌到1万，但是铜跌不动，后来我们知道了，两者技术面差不多，但产业逻辑不一样，橡胶是供需过剩的，供应增加，需求不增，而铜是紧平衡的，这是产业微观的一点不同。所以**产业一点微微的差别，在我们交易里面可以说是天壤之别，产业非常重要。**

问题13：有人认为，个别品种可能会被现货产业大佬和期货行业大佬联合操控，阶段性猛拉或猛砸价格。您觉得盘面上有这样的迹象吗？如果遇到了这类行情，我们应如何应对？

付爱民：个别小品种是可能出现的，但是大品种是不可能出现的，因为砸盘或猛拉，实际上价格是偏离正常幅度的，一定会遭到理性交易者的狙击，大品种狙击的人很多，没人会傻到花钱乱砸。但小品种有可能被操控，像过去的甲醇。

问题14：如果遇到某个小品种被操纵的话，您是跟一把还是不做？

付爱民：**容易被操纵的品种，我肯定不去做。**我们现在交易是追求确定性，我觉得行情有确定性了我去做，然后再加技术面，我们的交易体系已经形成了，像这种行情即使能赚钱，我不去冒这个险，就是觉得这个钱是没意义的。它既然被操纵，就有可能回归理性，也有可能不回归理性，对你来说进去是五五对开的，你没必要去做这个尝试。我的目的不是去赚这个钱，而是把我的动作做规范，如果我的动作不规范了，赚的钱也是赌来的。

问题15：您目前对哪一个或哪几个板块品种的现货产业了解比较深入？您认为哪个板块后续机会比较大？

付爱民：这段时间我们看鸡蛋、铝、黑色，这些品种也是挺热门的。现在鸡蛋已经涨了很多了，已经成火箭蛋了。黑色涨了比较多，还有铝也涨了，这两个是供给侧改革的品种，**这两个我还是看好的，但是我更看好铝一点，因为铝的供给侧改革我觉得还在中段，而黑色的供给侧改革已经到了末段了，**黑色系毕竟涨幅已经太大了，而铝现在涨幅还是不够的，而且现在铝的供给侧改革实际上还没有像黑色这么成熟、范围这么广。

问题16：您现在也涉足量化交易了，您做量化交易的选品种、选方向是人工完成的，还是系统自动完成的？您的量化策略的交易执行过程，是全自动的，还是半自动的？

付爱民：我程序化的执行是全自动了，程序化是比较稳地交易，人工会下重仓，程序化是比较理性的、全自动的，它就做些稳健收益。但是我会在参数上、选品种上做调整，哪个品种我是看涨的、哪个品种看跌的，我的程序化跟别人不一样，一些海归回来以后，做了十大经典策略，写了一些程序，他们的程序都是高度雷同的，赚钱一起赚、赔钱一起赔，所以今年很多量化产品都赚不到钱。而我今年是赚钱的，我的程序化是根据我自己的一些交易经验，品种和方向也不是人工定的，全部电脑定，但我会在参数上做优化，我觉得这个品种看好，比如我本来下单1手的，我给它改成下2手。平常都是它自己选品种，趋势来了它自动跟，但我如果觉得某个品种确实是机会很好，我就会人工调节，把参数改一下，我加码，比如买1手我改成2手。我一直反对很多人做量化比如每个品种都放1%的仓位，我说这样不行，懂的人要懂得选择，择优才叫本事，你不能择优，每个都放1%，我能择优了，我觉得哪几个品种有机会，我把仓位放大一点做，所以我的利润会大于别人。比如说，你觉得选投顾比较难，选了1000个投顾，那等于没选，你一定赚不到钱的，你选一个投顾可能赚也可能亏，你选1000个就一定赚不到钱，你要是选1万个就更不用提了，赚钱的可能都没有了。所以**选择本身就是一种智慧，程序化在品种的选择上，肯定要有所侧重**，这才能够导致你的程序化是优化的，而不是那些完全"傻瓜"的全自动程序化，那全自动就是没意义的全自动。

问题17：您觉得量化交易的最大好处是什么？最大问题是什么？

付爱民：第一个好处就是我不用盯盘了，而且速度快，不需要太多人手，简单地说，就是准确、高效。第二个，开车是把我们的手脚做了延伸，**程序化是把我们人脑做了延伸**，我想好的东西，可以写成程序，过去培养徒弟需要很久，但按照我的思路设计做程序化以后，它能坚决执行，它不知道疲劳，只要有机会，它都一定能抓住，不会错失。有时候我自己想好的策略，可能因为喝酒忘掉了，或者因为情绪没有执行，程序化是不会出现这种情况的，它一定会执行。

至于问题，我觉得就是刚刚说的，它很难形成暴利，因为程序化是讲究稳健的，当出现大机会的时候，我还是人工在做，激进账户是我手工在做，因为很多东西写不成程序，比如基本面的东西，我觉得确定性比较高的时候，我会下重仓。

问题18：量化交易可以作为实现交易思想的工具，解放双手，减少盯盘时间，但也有一些做不到的层面。请问，交易中哪些层面是人可以做到，而机器和程序是做不到的？

付爱民：就是相对来说确定性的、基本面的东西，是很难写成程序的，这个需要人工分析判断，就像我们现在是宏观、产业和技术面的结合，而程序化一般是偏技术面的，宏观和产业基本面这方面的确定性没融进来。听说现在有基本面程序化，但我个人觉得基本面的东西没法量化，因为基本面变化太快了，现在懂平衡表的人都不见得赚钱，事物变化太快了。

问题19： 是不是有丰富交易经验的技术高手更能在量化交易领域有所作为？

付爱民： 有些做量化的人对交易的理解是不深的，量化需要有交易策略，所以一家公司要有交易策略，再找量化工程师去写出交易策略，然后再模拟测试。但很多会做交易的人不懂程序，懂程序的人不懂交易，这是一个现状。有些交易高手，他有策略，但他不知道怎么写成程序，在美国有这种情况，也有人找程序员帮忙写，但是程序一旦写出来以后，它实际上就公开了，有可能赚不到钱了，因为任何一个程序都有容量，所以在国外很多有交易经验的人，他自己不会写，就找那些工程师帮他写，写的时候是分几个模块来写的。为什么我花了3年时间做量化呢？我前两年找了新加坡、美国各个地方的工程师帮我写，但出入非常大，逼着我自己学，因为你找别人写，告诉他思路，他再反馈给你，来来回回的效率非常低，后来我自己会写，效率就非常高，就是零消耗。一般人我把东西讲给他听的话，至少衰减50%，需要不断地沟通，成本是非常高的。我自己写的东西，就不需要沟通成本，第二个，别人要模拟测试，而我不太需要测试，因为我经验比较丰富，大概知道效果，所以我的效率特别高，效果也确实比较好。

问题20： 您的量化策略总共开发几个了？各个策略的特征是怎样的？

付爱民： 我开发了5套。两个激进型的趋势策略，两个保守型的趋势策，还有一个是震荡的策略。

问题21： 现在有人用主观选品种、定方向、选策略，然后用程序化自动执行的方式交易。您认同这种方式吗？为什么？

付爱民： 我也用了这个方式，刚才我说的是几个主要的程序，但有时候，像这段时间，**我觉得某个品种有机会了，我又不想盯盘，我就专门为这段行情设计一套策略去做，这段行情结束了，我就把它停掉。**像我这段时间，我拿了一个二十几万元的个人账户，两个星期时间，20多万元赚到100万元，赚了4倍，就是用一套程序。**过去我觉得某个品种要走单边行情了，我就会进去加仓，那我就把这套手法写成程序，到时候就不停加仓，**就是单品种、单程序。所以我刚刚说，结合了产业以后，这种机会肯定更多。大概的模式我会预测，如果行情这么走的话我就赚钱了，如果不这么走的话，我愿意亏这个钱。

问题22：就您看来，上述这种主观和程序化结合的方式，有没有发展空间？适合哪些类型的投资者采用？这种方式需要注意哪些风险？

付爱民：我觉得是有发展空间的，但这个确实是很少见的。主观和程序化结合，你要认可自己的主观水平，要经过长时间的考验，像我们这种已经做了这么多年了，至少我知道我的主观是很不错的，我主观交易上十年都没亏钱了，除了2015年股指，真的太特殊了，做商品赚的钱，做股指一天亏掉了。我的主观交易相对比较成熟了，而且是短线、中线、长线做了一个融合，所以我把两者结合起来。但是很多人一把行情赚到钱，就把它写成程序，它有可能今年赚钱，第二年就亏钱了，这种情况太多了。这种方式关键就是本源，就是你的主观想法是不是对的。有可能你这段时间赚了钱，但它不见得适合所有的行情，你要知道自己的方式的适用性。这是一个驾驶水平的问题，比如你要开法拉利，你没驾驶水平不行，**这不在于程序化好坏，而在于主观能力高低，你的主观不成熟的话，放程序化去做亏得更快。**

问题23：您今后会不会加大量化交易的资金比例，减少手工交易的资金比例？为什么？

付爱民：会的，现在已经在往这方面转了，现在我很多资金都是用程序化了，因为不想暴利了。我是一直靠自己交易为生的，但至少有一点是可以肯定的，任何一个客户都喜欢稳，而并不一定喜欢暴利，既然客户都喜欢稳的话，那程序化是能做到的，程序化是比较稳健的，但收益肯定不像我们主观那么高，但却是合理的。**程序化是追求合理的收益，把风险控制排第一，程序化的风险控制比我要强得多，每笔单子都控制得很好。**

问题24：您本人还学会了写代码，请问写代码难学吗？对一些长期做手工交易的老期货来说，学写代码要克服哪些困难？

付爱民：写代码我觉得是有窍门的，其实也不难，学了以后就发觉，核心点就是开仓条件、平仓条件，然后是风险管理，就这几大块，几大块核心代码会了以后，主要是把自己的逻辑写出来，我觉得是好学的，不是太难。毕竟我以前在研究所当过所长，是学习过的，很多逻辑是看得懂的，但我也花了一两年时间。我用好几个平台，像开拓者、文华都可以用，其他更难的我就没用了，这些软件，技术已经比以前高得多了，稳定性也比较好，我们是通过组合变成自己的程序，我知道逻辑的话，就可以编出很多新的东西出来。

问题25：您觉得做了很多年交易，对写程序完全不懂的人，能学会吗？

付爱民：我觉得肯定是有点难度的，身边做了多年手工交易的人，好像我是唯一一个做了程序化。我跟他们讲了好处，策略代码自己写，一个能保密，第二个效率高，叫别人写非常累。我星期一把电脑打开，到星期六关电脑，每天自动开机、自动关机，我不用管，它速度太快了，有时候我们看到上影线、下影线，瞬间秒杀的单子，它也能成交。

问题26：有没有出现程序混乱，或者该成交的单子没成交的情况？

付爱民：没有，因为我现在容量够，**容量够的时候，我很多时候是用市价单，当容量不够的时候，我可能用限价单。**不活跃品种我就会用限价单，活跃品种我就用市价单，电脑的好处就是执行力比较强，你说了它就做，你没说的它绝对不做。

问题27：您的量化策略在2017年表现如何？

付爱民：表现比较好，甚至有人说我这不像程序化，我说我这个程序化结合了基本面。确实我的程序化跟常规的程序化是不一样的，我在品种上做了人工的选择，这肯定是我的一个优势。这段时间铝、黑色都是有行情的，我在上面量就放大了一点。小小的一个参数改变，利润就完全不一样了。所以有些人每个品种放1%仓位，和我品种好的放10%，不好的放1%，效果可能会有天壤之别。

问题28：今天有些品种跌得比较多，今天的表现怎么样？

付爱民：我刚刚说的几个品种都没怎么跌，铝没跌，鸡蛋是涨的，黑色我是空铁矿石、买螺纹钢，所以今天对我影响不大。其实我现在做交易真的比以前轻松多了，因为有确定性了，心里有底。就像谢东海老师一直讲的确定性，因为资金大了以后，是不能错的，止损不了，所以做一笔单子他们经过很多研究，后来我跟他们一起交流，我觉得确实要做确定性。如果品种没有机会就不做，我觉得把握性有了，设好底线的情况下，再加入我选择时进场。我以前手工做觉得投入和产出不合比例，现在电脑做，不费力。**我骨子**

里是一直在探索期货真正的发展方向，**我把自己当成一个探索者来看待，所以我一直在做真正的交易员**。所以我当时说，**我们要做飞机的发动机，核心就是把交易做好**，什么都不用管，一个交易员做不好交易是不行的。

问题29：2017年上半年，市场上的CTA量化策略总体上表现不佳。您觉得主要原因是什么？

付爱民：我记得某一家公司在选投顾的时候，请我去做顾问，十几家投顾里面有七个投顾是做量化的，这些投顾都是海外的名牌大学回来的，但做量化高度趋同。根据书本上找的一些策略，然后写出来，他们理论知识很强，但是会造成高度雷同的情况。跟跑道一样的，当你一个人跑的时候是赚钱的，但是十个人跑，顺利的时候，大家十个人抢一块肉，但不顺利的时候，十个人抢跑，就挤惨了。像去年"双十一"，谁都想跑，高度雷同会导致价格打空，因为大家的策略是相似的。杀程序化的是自己本身，互相之间抢跑，因为你这边止损，他们也止损了，策略相似，高度趋同，这个策略买进，那个策略也买进，滑点就增加，所以今年程序化都表现不太好，因为他们不是自己的策略，而只是些经典策略。有人说**期货行业是个白发行业，还真的需要一些经验。当你进步慢了，都会变成韭菜**，就像利费莫尔说的，太阳每天都升起这是不变的，理念是不变的，但是手法每天都在改变。

问题30：2017年下半年，CTA量化策略的收益会不会有所好转？为什么？

付爱民：不可能，可能会越来越差，核心原因不在策略好和坏，而是策略趋同，盈利的时候趋同化，导致滑点增加、利润减少，不顺利的时候导致亏损幅度增加，谁也跑不出来。程序化这四年下来，收益是逐步下降的，因为程序化现在是热门，大家都来做，就不会好，当做程序化的人多到一定程度，自己就是韭菜，我知道有人在做专门吃程序化的交易。策略的差异性很重要，但是年轻人自己没有交易经验，所以有交易经验的人做程序会比较好，但较多做程序化的是从学校出来的，学的全是理论。所以大部分的CTA策略都不太好，只有少部分有主观交易能力的会比较好。真的好策略是独特的主观交易策略和量化手段结合在一起，我能赚钱，是因为我的策略跟市场主流策略不一样的。

最后，我再补充三点。

(1)**现在交易和过去相比，交易前工作量大，调研分析、各种分析多了，确定性大，有安全边际，交易反而轻松。**过去，交易前工作量少，看看图形，主要交易时间段忙，又要资金管理，又要加减仓。

(2)**对产业和宏观熟悉后，加强了对行情分析的确定性，交易的规模资金瓶颈可以实现质的突破。**

(3)**与时俱进是做寿星的关键，不仅要活下来，而且要发展。每次交易前要想想，如果只有一次机会、只有一发子弹，你会怎么交易。懂得这样思考后，才能让自己立于不败之地。**

胡珍珠：均线是岸，K线是水，水沿岸走，岸定方向

（2017年9月4日　李烨对话整理）

胡珍珠

上海由势投资管理有限公司创始人，拥有十年期货交易经验，先后从事过研究员、操盘手等工作，注重在实战中探索研究成果。趋势交易为主，程序化操作，多年来始终坚持将技术分析作为研究和操盘的立足点，有着自己独特的操盘风格。交易理念：不明朗的市不入，明朗的市果断投入。

精彩观点：

在我看来并没有女性交易员和男性交易员之分，每个交易员的差别仅仅只体现在各自的性格和处理问题的方式上。

长时间亏钱甚至大亏能让你去深刻反思这个市场怎样做才能赚钱，什么样的人才能赚钱，你想得到的是什么。

我在这个市场的这十年投入的时间可能是别的行业工作者正常工作时间的两倍，这个行业通往自由的路也是要用时间和汗水换来的。

（趋势交易中）资金管理最重要的一点就体现在参与震荡期的仓位要少，在趋势来的时候参与的仓位要多。

面对（上半年）这样的行情我基本不做处理，这就是市场正常的状态。

每个品种的行情有它自身发展的路径，一些小的限制政策会阻挡一下它的步伐，但不会改变它的方向。

均线是岸，K线是水，水会沿着河岸走。河岸的方向相对是容易看出来的，水可以很顽皮，东张西望一下，但不会偏离河床太远。

我认为的形态走出来，不参与我就会万分难受，参与了即使亏损出来也会觉得做了对的事。

我觉得技术图表基本反映了一切。

随意的出场也可能会让你错失一场盛宴，而在期货市场里就是要赚意想不到的钱。

浮盈一般我会置之不理，要么变没，要么变大。

我的程序化交易是不去加仓的，从头拿到尾就够了，不要太贪心。

我不去神话程序化，程序的东西都是人设计出来的，最重要的还是使用的人。

下半年整体的交易机会都会不错，金属的投资价值会更高一些。

如果每笔进场你都做了最坏的打算，你也就无所畏惧了，这样往往还能收获好的结果。

市场永远都没有什么改变，只要你掌握了一定的交易规律，任何时候应该都是一样的。

这么多年我一直在不断提高自身交易上的认知，去赚这个市场上有确定性和必然性的钱，减少在随机性和偶然性上的损耗，赚自己该赚的钱。

问题1：胡总您好，感谢您和东航金融、七禾网进行深入对话。我们都知道，在金融市场中，女性交易员的比例相对男性要少很多，您当初是出于什么原因进入这个市场的？在您看来女性交易员和男性相比，存在哪些优缺点？

胡珍珠：毕业开始找工作就比较痴迷交易类的工作，选择也是一种缘分。**在我看来并没有女性交易员和男性交易员之分，每个交易员的差别仅仅只体现在各自的性格和处理问题的方式上。**如果从优缺点来分析，我觉得女性可能会更容易止损或者说在遇到逆境的时候更容易先让自己冷静下来。

问题2：您最开始做的是美股交易员，为什么会先选择国外市场？您觉得国外的市场体制与参与者和国内有什么不同？

胡珍珠：回忆最开始的美股交易职业生涯，那段时期还是比较辛苦的，每天晚上9点上班，到半夜两点半下班，下班的时间又没有地铁公交了，只能等到早上5点多的首班公交车再回家。当时选择做美股交易员最主要的原因也不是自己觉得在国外的市场中能赚到钱，而是当时这个公司进去的时候直接可以提供70万美金给我们做交易，还会有技术培训，这两点都是当时的我所缺少的，所以刚刚开始的时候就做了美股交易员。

问题3：您曾经历过连续两年的亏损，这对专职做交易的人来说是非常难熬的，请问您是如何坚持下来的？这段经历对您往后的交易产生了什么样的影响？

胡珍珠：从最早交易到现在也差不多有十年的时间了，我觉得亏损时期的思考和成长是很重要的。当时那段时间是比较难熬，但也不是两年时间每天都在亏，整体按年度收益来计算，那两年是亏损的，但是中间也有很多时候是赚钱的。现在回过头去想会觉得很难熬，但是在当时，不会去想这么多，就是不停地去总结要怎么做的过程，时间也就过来了。

亏钱的时期虽然沮丧甚至绝望，但是对于成长也是最有帮助。**长时间亏钱甚至大亏能让你去深刻反思这个市场怎样做才能赚钱，什么样的人才能赚钱，你想得到的是什么。**我抱着自由的想法来到这个市场，最后发现任何自由都是相对的。**我在这个市场的这十年投入的时间可能是别的行业工作者正常工作时间的两倍，这个行业通往自由的路也是要用时间和汗水换来的。**这段经历也使我思考和解决了以下几个问题：**①交易资金的本金该如何去做控制。②趋势行情发生了如何去参与。③行情处于震荡中该如何去控制。**

问题4：您表示要在市场中赚趋势的钱，那您是如何识别趋势的呢？如果遇到震荡期，您会怎么做？

胡珍珠：趋势都是积聚能量后才会爆发的。所以识别趋势都是看一些特定的形态，这个形态的形成一定有一个积聚的过程，**在一个时间点上所有的均线会在那个位置纠缠，然后再脱离**。遇到震荡期最好的是休息，或者控制仓位去参与。本身我们交易是多品种，那震荡时期基本上参与的品种自然就会比有趋势的时候少，**一般震荡时期参与的仓位不高于三成**。

问题5：趋势交易的逻辑具有较强的相似性，大方向上均为追随趋势的顺势交易，您觉得不同趋势交易策略的差异性主要体现在哪里？

胡珍珠：我认为趋势交易的逻辑都是比较相似的，如果说有差异可能体现在资金管理上。策略上无非是趋势来了以后进场的早晚问题，但配合上不同的资金管理方法，可能结果就会有天壤之别了。**资金管理最重要的一点就体现在参与震荡期的仓位要少，在趋势来的时候参与的仓位要多。**

问题6：今年上半年的行情十分纠结，很多做趋势的盘手都非常难受，您是如何处理这种行情的？您上半年表现如何？

胡珍珠：我也非常难受啊，但是面对这样的行情我基本不做处理，这就**是市场正常的状态**，按照你的设计去参与吧。上半年到现在难熬的时期基本已经过去了，账户也都有了比较好的表现。现在还有很多品种的持仓都在，**可能这波行情的持仓时间会很久，下半年希望都在持仓中度过**。如果一个个品种止盈出场了，那么也会进入下一轮再次建仓-止损或者持仓-止盈的过程。市场就是这样的重复进行，我们尊重市场的客观规律就好了。

问题7：前段时间螺纹钢的行情十分火爆，可谓是赚足了市场眼球。8月11日上期所发布公告上调了螺纹钢RB1710合约、RB1801合约的日内平仓手续费并限制了这两个合约的日内开仓数量，对此您怎么看？这一举措是否会使螺纹钢的行情有所"降温"？

胡珍珠：我觉得**每个品种的行情有它自身发展的路径，一些小的限制政策会阻挡一下它的步伐，但不会改变它的方向**。

问题8：您是属于多品种交易的，我们都知道棉纱期货已经正式挂牌交易了，国内原油期货也很快就要推出，那么您未来是否会参与这两个品种的交易？

胡珍珠：新品种上来一般我会先观察半个月的时间，看看市场的参与情况。成交量再萎缩的话一般我也不倾向短期内参与。

问题9：您做的是中长线交易，一般周期是多少？会参与短线交易吗？

胡珍珠：很少参与短线交易，主要是水平不行啦。一般不止损的单子平均持仓在一个半月左右吧。

问题10：您在交易中以技术分析为主，主要是看哪些形态和指标？您觉得自己技术分析方法的最大特征是什么？

胡珍珠：技术分析一般是综合几个东西一起看，我主要用的工具是均线。**均线是岸，K线是水，水会沿着河岸走。河岸的方向相对是容易看出来的，水可以很顽皮，东张西望一下，但不会偏离河床太远。**我自己技术分析上最大的特征就是去找趋势相对确定的品种参与。

问题11：您的交易理念是"不明朗的市不入，明朗的市果断投入。"您是按照何种标准判断是否明朗的呢？比如形成什么形态或者某个参数达到预设范围？

胡珍珠：判断都会有对错。但是**我认为的形态走出来，不参与我就会万分难受，参与了即使亏损出来也会觉得做了对的事。**标准就是综合几个东西一起看，这个位置它在做什么事情，要做什么事情，然后等待关键K线的出现。一般前面一段时间可能都是比较小幅度的涨跌幅，然后突然出现一根有幅度的K线同时突破前期的整理区间，那么这种K线我就会重点关注。

问题12：很多做趋势的交易者或多或少都会关注基本面上的信息，但是据我所知，您是不看基本面的，为什么？

胡珍珠：**我觉得技术图表基本反映了一切。换句话说，我问过自己，如果关注基本面，基本面告诉我，这个位置不能去参与，但是技术图表告诉我，你必须做，那我怎么选择？我的答案是我必须做。基本面告诉我，这个位置你要做去了，但是技术图表告诉我，你不能做，那我怎么选择？我的答案是我不会做。基本面告诉我，这个位置你的仓位要走了，但是技术图表告诉我，**

你还要拿，那我怎么选择？我的答案是我还要拿。基本面告诉我，这个位置**你还要拿，但是技术图表告诉我，你必须走，那我怎么选择？我的答案是我必须走。**基于这几点自问，我就觉得我没必要去关注基本面信息了。

问题13：有人表示在交易中能否选对入场点是成败的关键，您却认为"出场比进场更重要"，能否解释一下原因？

胡珍珠：因为一段趋势形成了会有无数个入场点，毕竟头部只有一个。但是大家可以反思一下，当你入场之后，有多少人是随意出场的，比如赚来的钱变少了，心理上就会特别想出场；比如觉得行情短期内就涨了这么多了，就会开始担心是不是要出场了；比如这个位置到了压力位了，又会考虑是不是要出场，一系列原因都会让大部分的交易员去随意出场。但是出场之后呢？你又要面临下一笔进场，即又要面临新的风险。还有一点，**随意的出场也可能会让你错失一场盛宴，而在期货市场里就是要赚意想不到的钱。**

问题14：一笔交易入场后如果出现亏损，您是如何止损的？如果出现浮盈，您又会如何处理？

胡珍珠：亏损到一定金额我就会止损，一般止损会根据行情的波动大小来设置，**如果行情整体波动不大，可能在1%的幅度就会止损了，如果行情波动比较大，会给更大的空间，**也就是会根据市场波动给一个合理的呼吸空间，一般进场前止损已经设置好了。**浮盈一般我会置之不理，要么变没，要么变大。**

问题15：据我了解，您在交易中途一般是不加仓的，这是什么原因？遇到什么情况才会选择加仓？

胡珍珠：只能说**我的程序化交易是不去加仓的，从头拿到尾就够了，不要太贪心。**

问题16：程序化交易实现盈利的前提一定是需要有一套好的交易系统，您觉得一套好的交易系统应该包含哪些方面？

胡珍珠：其实很多交易系统都能赚钱，我觉得前提还是在使用的人上面。对于系统，我想要包含的几个方面：**第一，要符合使用人的性格，这样才能**坚持下去，这点也是最重要的；**第二，要注重进场，止损，出场，止盈这些**

细节的设计。

问题17： 贵公司一个交易策略从研究开发到最后进入实盘，需要经历哪几个阶段？

胡珍珠： 我们研究出来的交易策略都是经验的总结和汇总，基本上经过模型设计、配置、组合、分析回测结果这几个步骤就可以直接上实盘了。

问题18： 程序化交易领军人物陈剑灵认为"程序化交易发展了十几年，很难再找到更深层的交易策略，策略进一步优化的空间非常小，所以，程序化交易更重要的是人驾驭策略的能力。"您是否认同这一观点？

胡珍珠： 前辈的观点我很认同。**我不去神话程序化，程序的东西都是人设计出来的，最重要还是使用的人。**

问题19： 近几年随着量化交易的兴起，主观与量化孰优孰劣的争论也越来越多，您怎么看待这两个方面？

胡珍珠： 这两个方面很难说孰优孰劣，看你参加的比赛是长跑还是短跑。还有一点，如果主观是规则化交易，那这也是变相程序化的一种，我觉得这种可能更胜一筹。

问题20： 您是否有在尝试规则化的主观交易？若有，您是怎么做的？

胡珍珠： 规则化的主观交易也有在做，我的定义和程序化差不多，就是不符合这种规则我不交易，符合了我选择性交易。

问题21： 您是否有出现过主客观冲突的情况？若有，您是如何解决的？

胡珍珠： 冲突的情况也有发生，比如程序要做的这笔交易主观觉得要亏的，我就会不想去做。解决方法也很简单，就是看设计的理念。最小单位设计的都是按照程序自己走的，那就不去干预。如果设计的时候是按照几个单位设计的，可以做分批处理。

问题22： 我注意到您放在七禾网上展示的【由势明珠进取】账户从6月份开始不断创出新高，是行情逐渐与策略匹配还是您对策略进行了调整？

胡珍珠： 是行情与策略逐渐匹配了，策略还是那个策略。

问题23： 您觉得今年下半年哪些品种会有较好的机会以及需要注意哪些投资风险？

胡珍珠：我觉得下半年整体的交易机会都会不错，金属的投资价值会更高一些。不管交易机会多好，投资风险都是在你每笔交易进场的时候就要考虑好的。**如果每笔进场你都做了最坏的打算，你也就无所畏惧了，这样往往还能收获好的结果。**

问题24：由势投资至今已经发行过三只私募产品，在您看来，做产品和做单账户的区别有哪些？

胡珍珠：产品有产品的风控，一切都要按照合同的规定来，对交易人员来说也是一个提高。产品相对来说资金比较大，更容易做配置，比单账户操作起来灵活度更高一些。

问题25：现在各种各样的私募机构很多，您认为由势投资的核心竞争力在哪里？将来会如何发展？

胡珍珠：我觉得由势投资的核心竞争力应该在交易能力和诚信负责的态度上。**我们在本金的风险掌控上下了很大的功夫，**在这块的能力上我们有更大的优势。趋势来的时候我们有一套自己设计的资金管理体系，能增加我们在趋势行情中的赚钱能力，我觉得这个也是我们竞争力的体现。**由势投资的服务宗旨是让客户的投资保值增值，对客户尽心尽责，**将来的发展方向除了做好商品CTA策略，打算在股票的投资上进行下一步的布局。股票市场基本上几年一个轮回，在大牛市的时候投资股票市场应该也会获得不错的回报。

问题26：您曾多次参加蓝海密剑的实盘大赛，也取得了非常优秀的成绩，请问您参加实盘比赛的初衷是什么？在比赛中有何收获？

胡珍珠：其实**交易就是江湖，江湖中人总喜欢看看自己处在几段，和别人的差距在哪里，要从哪些方面去提高。**比赛中的收获还是很多的，让我结识了很多良师益友，也让我更客观地去分析这个市场上的生存法则。

问题27：在如今的期货市场中，投资者的水平进步很快，投资者结构也在发生变化，越来越多的专业投资者和机构投资者进入了这个市场。在这样的环境下，您觉得期货交易会不会越来越难做？

胡珍珠：我觉得**市场永远都没有什么改变，**历史都会重演。就像以前上学的时候老师经常说的一句话，会者不难，难者不会。**只要你掌握了一定的**

交易规律，任何时候应该都是一样的。我想作为个体，要克服贪婪和恐惧的人性弱点，认清自己赚的是市场哪一块的钱，学会舍得和放弃。

问题28：您从2007年就进入了期货市场，至今已经整整十年，最后请谈谈您对期货市场的理解以及您这十年期货之路的感悟。

胡珍珠：期货市场有着自身的规律，从无序到有序，再从有序到无序，周而复始，整体的价格运行中包含着随机性与确定性、偶然性与必然性。**这么多年我一直在不断提高自身交易上的认知，去赚这个市场上有确定性和必然性的钱，减少在随机性和偶然性上的损耗。**这么多年来，我始终认为要想在这个市场上生存下去，就要不断提高自己的认知，承认市场的客观规律，**赚自己该赚的钱，**交易之余更要注重自身的修炼。

张克伦：我希望几十年后我还在市场活着

（2017年8月22日　唐正璐访谈整理）

张克伦

贵州安顺人，拥有7年期货交易经验，做过股票和权证。2010年开始研究程序化交易，目前拥有40多套可实盘交易策略，涉及各种风格。在蓝海密剑第八届中国对冲基金经理公开赛上，荣获年度先锋勋章机枪手第二名。

精彩观点：

只要做好止损和资金管理，在我看来期货行业比其他行业风险小，同样能稳定盈利。

策略本身并没有好坏之分，只是行情刚好走出适合自己策略，赚钱靠行情。

程序化交易最大的优点是执行力强，比较稳定。最大的不足之处就是难以爆利，而且做到按月盈利比较困难。

手工交易的优点是容易爆利，不足之处我认为有两点：一是资金规模相对比较难做大，二是个人状态、身体状态、情绪状态等等都会受影响。

主观交易是一个试错，改错，直到养成正确的交易习惯的过程，当然这个过程代价比较大，也可能根本做不到。

争取每天，每周能少犯点错，就是进步。

程序化交易赚的是容易的钱，不是赚高手的钱，是赚犯错者的钱，如果一个品种只有高手玩，没有新手参与，那我会选择不做这个品种，而不是改变策略来和高手玩。

豆粕虽然成交量持仓量大，但是里面做套利的相对比较多，都是大户在里面，难走出阶段趋势。

程序化前期可能拼策略，后期拼资金管理和心态，能坚持下来的总会赚，放弃的照样失败。

我海汰品种不淘汰策略，策略调整也只是微调，不会做大调整。

风来了，猪都会飞，我就赚这种钱，风走了，我就给自己一个降落伞，让自己不摔死，这样的钱是相对安全的钱。

遇到挫折，手工交易最好的办法就是不做，因为对于一个热爱交易的人来说，最好的惩罚是不让他做交易。

个人交易者可以做成赢家，但是做成大家比较困难，团队可以把很多问题变成不是问题。

我不指望自己年年得奖做明星，就希望自己几十年后还能在市场活着，并且还活得不错就好，勿贪，勿急，勿忿。

多数人做期货是赌，对我来说这是事业，是终身去做的事业。

问题1：张克伦先生您好，感谢您在百忙之中与七禾网进行深入对话。您2006年开始做股票，但却在2008年离开股市，请问是什么原因让您仅仅两年就放弃了股市。后来您是怎么接触到期货的？为什么选择走这条路？

张克伦：2006年我做股票时刚好是牛市，那时候什么也不懂，毕业后就误打误撞进了股市，但是中国股市只能做多不能做空，2008年是熊市，无法操作，所以我就离开了。当时想如果有个市场可以做空就好了，后来经过一番打听，知道了期货，就开始研究期货。交易期货的头两年，我基本上是乱做，因为也不会做，后来偶然的机会认识了六年和老白干，知道他们做程序化交易，就开始研究程序化，慢慢学习，从而走上期货道路。

期货相对而言是我个人比较喜欢的行业，之前我有做实体生意，但是做生意应酬比较多，进货、库存、赊欠等等都要考虑。我个性喜欢研究，不太喜欢应酬，期货就是这样一个行业，只要能有很好的自控，能有科学的资金管理，有适合自己的系统，就能稳定盈利。实体同样有风险，而且**只要做好止损和资金管理，在我看来期货行业比其他行业风险小，同样能稳定盈利。**

问题2：您以程序化交易为主，目前拥有40多套可实盘的交易策略，涉及各种风格。请您介绍其中常用的几套，它们分别有什么特点？目前，哪一套策略的表现最好？在您看来，一个策略要达到哪些要求，才可以作为实盘策略进行交易？

张克伦：策略主要有日内策略、隔夜波段策略、趋势策略、套利策略，在蓝海密剑大赛上，我就是两套日内趋势跟踪策略在多品种组合，我个人是采用多品种、多周期、多策略组合，主要还是通过多周期、多品种、多策略来起到对冲效果。

策略本身并没有好坏之分，只是行情刚好走出适合自己策略，赚钱靠行情。一般我个人写的策略胜率在35%～65%之间，盈亏比在1.6～5之间，胜率低的策略盈亏比必然高，胜率高的盈亏比就低一些，策略基本上在这个范围就可以考虑实盘。

问题3：您正在研究套利交易策略，目前进展如何？我们知道套利模式种类较多，如有跨品种套利、跨合约套利、国内外套利、期现套利等，您目前主要研究哪一项或哪几项套利模式？

张克伦：我目前是研究跨月套利，目前自己管理的资金比较小，多数还是以趋势跟踪为主，只是通过盘口价差做跨月套利。

问题4：程序化交易和手工交易您皆有涉及，对于两者应该较为了解，请您分析一下程序化交易和手工交易的优缺点。

张克伦：程序化交易最大的优点是执行力强，一般做程序化交易都**比较稳定，**而我追求的正是稳定盈利。但是**程序化交易**也有不足之处，我认为**最大的不足之处就是难以爆利，而且做到按月盈利比较困难，**不过按年基本上都能做到盈利。

手工交易我主要做日内波段，**手工交易的优点是容易爆利，不足之处我认为有两点：一是资金规模相对比较难做大，**当然也有人主观交易能将资金做得非常大。**二是个人状态、身体状态、情绪状态等等都会受影响，**而且执行力不见得能做好，有很多错误都是明白的，但还是会重复犯相同的错。所以**主观交易是一个试错，**改错，直到养成正确的交易习惯的过程，当然这个**过程代价比较大，也可能根本做不到。**

问题5：那目前您的执行力表现如何？您会如何修炼执行力？

张克伦：程序化执行力是几乎百分百，手工交易会犯错，还在练习中，主要通过自我修正错误，复盘统计总结，**争取每天，每周能少犯点错，就是进步。**

问题6：无论是手工还是程序化，您都是以系统规则化交易，不乱下任何单，任何单子都有相应规则。请问，这个规则您是依据什么制定的？请介绍一下您手工交易系统和程序化交易系统的规则。

张克伦：程序化规则有很多，比如平台突破，哪突破就可以作为开仓点，程序化会有两个出口，一个止损，一个止盈。止损有两种方式，一种是固定点位，一种是百分比止损，这些都是比较好量化的。

手工交易在我看来同样是"程序化交易"，只是规则不好量化，比如收敛，我们用眼容易看出收敛，但用程序不太好表达，手工交易我是用0，1止损，这个又是盘口上的内容。因为程序表达算法复杂，所以我就直接没写了，以前也试过把思路程序化，发现太复杂，就放弃了，还有形态也不太好用程序表达出来。

问题7：有程序化盘手表示，他们策略的研发思路主要来源于论文和一些高手文章。对此，想问下您在研发策略时，思路和灵感主要来自哪些方面？

张克伦：两种方式，一种是通过一些国外的策略研究改进，还有一种是看一些书本、文章，和高手交流。

问题8：您主要看哪些书？请向大家推荐一些您认为对交易有帮助的书籍。

张克伦：技术分析：《期货市场技术分析》（约翰·墨菲）；交易理念：《股票大作手回忆录》；心态控制：《冷静自信的交易策略》；开仓方法及心理自控：《短线交易大师：工具和策略》；资金管理：《超越技术分析》；综合提升：《异类》《活法——稻盛和夫》《道德经》《孙子兵法》等哲学方面书籍。

问题9：您研究了这么多套策略，在您看来，一套策略的有效期有多长？当策略出现什么情况时，您会选择优化或彻底放弃？

张克伦：策略本身是具有普适性，市场还是得看投资者结构，策略本身我不放弃，但是会选择交易量大、趋势性相对比较好的品种来测试策略，当然如果策略在某个品种上测试结果不好也同样放弃。

程序化交易赚的是容易的钱，不是赚高手的钱，是赚犯错者的钱，如果一个品种只有高手玩，没有新手参与，那我会选择不做这个品种，而不是改变策略来和高手玩。如果一个品种有很多新手在玩，那我就会参与，因为新手犯错率相对更高，虽赚得不多，但是赚取自己能赚的就好。

问题10：怎么判断某个品种里的投资者是高手还是新手？

张克伦：每个品种里面都会有某些或某个资本大鳄在里面，他们是高手，不能百分百判断出来，但是可以通过品种热度大概判断，比如最近的螺纹钢行情，参与者比较多，可以通过沉淀资金、成交量、持仓量来简单判断。例**如豆粕虽然成交量持仓量大，但是里面做套利的相对比较多，都是大户在里面，难走出阶段趋势，**期货是对手盘交易，有人多就有人空，但是总会有一方失败，一方胜出，这个只能大概判断，不能百分百判断。

问题11：对于一个刚进入期货市场的新手，如果想学习做程序化交易，应该从哪些方面入手？应该树立哪些理念？

张克伦：首先是正确的交易理念，然后通过理念转化为策略，入手的话可以参考网上或国外的策略。

赚大亏小，胜兵先胜而后求战，败兵先战而后求胜，先规则化，然后少亏，小赚，再爆利。

问题12： 从今年年初到6月，商品市场一直处于宽幅震荡的行情，不少程序化交易者都面临着不断的亏损，就您的经验来看，这些亏损主要是行情导致的，还是程序化交易策略本身的原因？

张克伦： 今年1月到6月只有橡胶和油脂类有一波下跌行情，其他的都是震荡行情，对做程序化交易的人来说，在资金管理分配上，橡胶和油脂类不会有太多资金，从而出现多数人亏损的现象。策略本身在我看来没有问题，**程序化前期可能拼策略，后期拼资金管理和心态，能坚持下来的总会赚，放弃的照样失败。**

问题13： 这期间，您的账户Charles净值曲线整体仍呈震荡上升走势，这其中的主要原因是什么？您是否对交易策略做出了一些调整？面对震荡行情时是否有针对性的策略？

张克伦： 策略没做任何调整，一直是全自动交易，去年还会手工干涉一下策略，今年账户加资了，我的精力反而是放在风险控制上。在资金管理上，由于Charles这个账户是做全日内的，交易周期越长受行情影响越大，交易周期越短影响越小，但是滑点是小周期交易的最大问题，不做任何调整，只会对品种做淘汰，**我淘汰品种不淘汰策略，策略调整也只是微调，不会做大调整**，这是交易理念决定的。

问题14： 在交易品种选择上，请问您是全品种覆盖还是专注少数品种？挑选品种的标准是什么？

张克伦： 我是多品种交易，算是全品种覆盖，只要流动性好、交易量大、波动性好的品种就可以作为我的交易标的。如果某个品种的交易量变小，我就会放弃，交易量变大了又会自动重启，策略上是自动挑选品种的。

问题15： 近期螺纹钢的火爆行情赚足了广大投资者的关注，就您看来，螺纹钢的大波动会不会继续延续下去？目前，您比较看好哪些品种？

张克伦： 螺纹我也有交易，不过我不加任何主观判断，至于后面的行情，有行情就多做点，没行情就少做点或不做，程序化不加主观，也不看好某一个品种，哪个品种好我就做，没特别偏好。

问题16：在仓位设置上，您是如何做的？有人认为，在确定性高的机会下重仓，风险其实并不高。风险的程度与对行情的把握度相关，您怎么看待这个观点？

张克伦：对主观交易来说可以这样理解，但是对程序化交易来说，每一笔交易都意味着风险和机会，不重仓，全部按交易计划做就行，用时间换空间。

问题17：您以技术分析为主，那么您主要分析哪些指标、图形或量变？您觉得自己技术分析的最大特征是什么？随着资金规模的增大，您以后会考虑研究基本面吗？

张克伦：技术分析是果而不是因，只是一个辅助，指标主要看均线、平台突破、成交量、持仓量。最简单的就是波浪理论，高点更高，低点更高是多头趋势，高点更低，低点更低是空头趋势，高点不破前高，低点不破前低是震荡，但是震荡不会一直下去，行情总是拉开然后合拢，合拢再拉开的过程，在任何周期都是如此，价格拉开的时候就是趋势行情，也就是所谓的收敛突破。

资金规模继续增大后会考虑加入基本面，基本面和技术面共震交易，而且资金规模越大对程序化来说组合更多，更稳定，基本面可以看成是程序化交易的其中一个参数。

问题18：期货交易，最重要的一环便是风险控制，您也认为要把风险控制放在第一位，风险控制住了，赚钱就是水到渠成的事。那么，在风险控制上，您是如何做的？

张克伦：日内我是用固定点位止损，也就是说亏多少我是知道的，那么这样的止损就用小于2‰的单笔止损，再把总的暴露风险控制在一定上限，交易次数足够多了，在系统性回撤后不受影响，坚持下来，后面就会赚了。

隔夜我是用杠杆比例，净值计算总体仓位，首先保证本金安全，在赚到一定的安全垫后，就适当放大仓位，但是还是要做总杠杆比例上限控制，一般用小于4倍杠杆交易，再通过计算杠杆比例分到单品种上能分多少资金，单策略分多少资金，分细了，风险也就细化了。

我的本金回撤一般控制在5%，极少超出10%的本金回撤，峰值回撤在有安全垫的情况下视盈利多少定，但一般值在12%左右，不超20%，年化收益目标30%～80%，不追求高收益，追求稳定。

问题19：您在市场中最想赚"相对安全的钱"，并表示不求爆利，但求稳定。那么，市场中哪些属于"相对安全的钱"？请谈谈您的资金管理，如何做才能摈弃爆利的诱惑，达到您认为的稳定？

张克伦：**风来了，猪都会飞，我就赚这种钱，风走了，我就给自己一个降落伞，让自己不摔死，这样的钱是相对安全的钱**，而且就算是来了行情，我同样也不会重仓博，因为这样做和赌博无异。目前按年算，我大概一年亏两到三个月，能稳定每年赚30%～60%，我认为是相对安全的。

问题20：当交易遇到挫折时，您会如何调节心态？做交易的这些年，您遇到过哪些挫折？又是如何解决的？

张克伦：我早期做程序化交易时比较惨，做一手玉米，止损两次就没钱再开了，有方法，但没钱，没钱就存，存足了又继续交易，后来资金慢慢地够做一个小组合了，反而就更稳定了。资金多了，组合多了，反而是更稳定。

遇到挫折，手工交易最好的办法就是不做，因为对于一个热爱交易的人来说，最好的惩罚是不让他做交易。我手工交易如果第一小节犯了错，就停下来，做第二节，再犯再停一节，这样一天最多只能犯四个错，风险就控制住了。

问题21：您认为术易学，道靠悟，道指导术，法第一位，请问如何从交易的角度理解这句话？

张克伦：道是交易理念，这个是通过对市场理解，高手学习，文章书本及生活中悟出来的。通过道即理念引出方法，也就是术的层次，术相当于交易方法，交易方法网上一找一堆，但能将方法用得好的寥寥无几，法是执行力，做交易没有执行力一切白谈，道、法、术，三者缺一不可。

问题22：您拥有7年的期货交易经验，对期货市场一定有着自己的一番理解，请您谈谈。

张克伦：这个不敢说理解，在我看来有人赚，必有人亏，资产再分配的过程而已。

行情是众多交易者对价格的预判结果，站在力量强的一方，交易是反人性的，总是如同墙头草，顺势止损，何谓势理解不一样势也不一样，势是建立在对市场理解的基础之上。

问题23：一路走来，想必您遇到过很多志同道合的朋友。那么，您有哪些比较崇拜的盘手？有哪些想要感谢的人？

张克伦：我很幸运，开第一个期货账户的第二天就认识了老白干，第三天认识了六年，这件事我记得很清楚，老白干是我的第一位启蒙老师，让我明白了截断亏损，让利润飞奔。六年指导我做资金管理，让我从来没大亏过。

三水胖树在多周期和多策略上给了我指导，让我认识到了如何稳定地赚钱。乐丁则在切入时机、风险控制及盈利加码上给了我很大的帮助。

以交易为生的老郭让我学会选品种，选对品种是很重要的。

上海熊剑介绍了很多高手的手法，对我改进策略，认识市场结构起了很大作用。

还有就是我的师傅李宏利，他教我做日内小波段，对我理解市场有极大帮助，对后期我的程序化改良起了很大作用。非常感谢各位的指导。

我比较崇拜六年和老白干的坚持心态（他们俩规模都做得很大），三水胖树和乐丁的稳定，我师傅李宏利按天算几乎天天盈利，资金曲线拉直超级稳定，几位各有特点，我都非常欣赏。以交易为为生的老郭是我见过做程序化交易最稳定的，也很希望能向郭总学习。

问题24：在期货市场专业性越来越强的今天，个人投资者面临的压力和挑战越来越大，很多人认为只有团队协作交易，才有可能在市场中有所成绩。您怎么看待这种观点？对未来有着什么规划？

张克伦：目前我也开始组建团队，**个人交易者可以做成赢家，但是做成大家比较困难，团队可以把很多问题变成不是问题。**个人交易员，赚自己最擅长的钱，如果想发展，想做大，还是得靠团队合作。

问题25：期货市场人来人往，今天的"草根"或是明天的"明星"，昨天的"明星"或成今天的"草根"，作为一名在期货市场"拼杀"了7年的盘手，在您看来,应该如何做才能争取做期市里的"寿星"?

张克伦:明星常有,寿星不常有是期市常态,**我不指望自己年年得奖做明星,就希望自己几十年后还能在市场活着,并且还活得不错就好,勿贪,勿急,勿忿。**

问题26:您是贵州安顺人,目前也定居在安顺,贵州的期货氛围可能不如江浙沪的氛围浓重,您周边做期货的人多吗?他们怎么看待您做期货这件事?

张克伦:我身边几乎没做期货成功的人,有人做也不懂,或亏得很惨离开市场了,**多数人做期货是赌,对我来说这是事业,是终身去做的事业。**

问题27:在第八届"蓝海密剑"大赛上,您获得了不错的成绩,请问您参与大赛的初衷是什么?除了成绩,您觉得自己还收获了什么?

张克伦:当时参加没考虑这么多,无意中得的奖,只是想能向更多的高手学习。最大的收获是到上海交流,面对面向高手学习,能让交易进步对我来说就是最大的收获。

问题28:作为蓝海密剑大赛的参赛者,直观地感受到了大赛的各种优缺点。那您如何看待这个比赛?

张克伦:蓝海密剑大赛是我认为最好的大赛,一个是参与者分组别,这样可以区分不同风格的交易者。另一个是这么多年不间断,这很重要,中间如果间断了,缺乏科学性,不间断比赛,才能更准确地表现出参赛者的真实水平。

朱墨：价格在哪个阶段，我就做哪个阶段的操作

（2017年9月21日　李烨访谈整理）

朱墨

江西景德镇人，中长线手工交易，以技术分析为主，有自己独立的交易系统。进入市场短短19个月就已实现超6倍的收益。

精彩观点：

我之前做过一个月的短线炒单，亏损了两万元，于是及时停手进行了三个月的反思。

技术并不是重点，人性才是关键，道和术的关系始终要摆正。

（期货）这条路没有捷径，必须持续地、专注地保持思考。

没有任何一个交易系统可以完美解决趋势行情和震荡行情的交替，也没有任何一条资金曲线是一条直线，除了炒手。

绝大多数人都无法做到在不适应行情下仍坚持遵守系统纪律，这也是导致整体亏损的根源。

我采用的是场外资金管理方式，场内仓位接近满仓，不过这种资金管理方式我并不建议大家使用，它需要大格局、大心脏以及对人性的违背，对纪律的执行和对交易的信仰，在这种极端压力下操作往往会变形。

市场就像是一个蛋糕，每个人都奢望把整个蛋糕一口吃掉，而我想的是切下来一块慢慢品尝。

长线想赚取炒单的微利、日内想得到短线的收益都是不现实的事情，做好自己的操作，属于你的自然会来，不属于你的不要强求。

这个市场上唯一不变的就是改变。

所有的指标，最终都是围绕着价格进行服务的，价格在盘面上最直接的反映就是K线。

对于长线持仓的操作手法来说，理论上并不存在资金瓶颈这个问题，比如说多品种综合策略就能很好地消化掉资金容量。

价格才是多空双方博弈的结果，而不是什么信息。基本面和技术面给我的所有交易信息都只是参考，价格处于哪个阶段，我就做哪个阶段的操作。尊重价格，尊重系统。

我来这个市场不是为了画线，而是为了赚钱。

趋势识别不出来的，挡住行情的右边，只看左边你永远不可能知道接下来会发生什么。

我不赞成为了博取一个点位而进行抄底摸顶的操作。

很多被这个市场淘汰的人不是技术不行，而是修行不够。

我认为（量化交易）是实现持续盈利的唯一可靠途径，主观交易总感觉有点对未知的恐惧和对预测的茫然。

趋势的来源就是各方金融机构对于政策面和未来预期的博弈，散户最好的做法就是跟随，机构吃完肉，汤还是有的。

进入这个行业，我想任何一个人都应该只有一个单纯的目的：赚钱！这也是你在这个行当里安身立命的根本。

每个人的交易核心是什么？保持思考是你的唯一途径。

问题1： 朱墨先生您好，感谢您与七禾网进行深入对话。您做期货的时间并不长，请问您是如何接触到期货行业的？又是什么原因让您决定进入这个市场？

朱墨： 我在做期货之前有过短期几个月的股票投资经历，历经两次熔断以后清仓退出，获益30%。在那个过程中我感觉T+1和单向交易制度是个束缚，加上投资初尝甜头之后我也想要有一个更大的空间，于是开始寻找T+0和双向交易的市场。当时身边有一个朋友从事了两三年期货交易，小有盈利，于是向我推荐期货，我也因此接触并进入了这个市场。

问题2： 很多人刚进入期货市场时往往都要给市场交一大笔学费，但是您做期货也才短短19个月，却已经实现了超6倍的收益，您认为您能获得如此佳绩的主要原因有哪些？您对这一成绩是否满意？

朱墨： 我也交过学费，只不过时间比较短、代价比较小。**我之前做过一个月的短线炒单，亏损了两万元，于是及时停手进行了三个月的反思。**在那段时间里，我逐步转变方向，在建立和完善了长线趋势持仓的理念和交易系统以后再次进入市场。在投资的过程中，我深刻感觉到，**技术并不是重点，人性才是关键，道和术的关系始终要摆正，**好比一句话"不要在意那些细节"。目前来说，我觉得我对自己的操作和成绩比较满意。

问题3： 有投资者表示，在期货市场中保持长期的稳健盈利才是最重要的，您觉得您这一成绩在未来是否具有可延续性？

朱墨： 从2016年7月反思完重新进入期货市场，2017年3月对交易系统进行了一次框架的调整，截止到现在应该算是持续盈利了一年多时间。后期可能还会随着市场的进化在交易上做一些微调，但是在不违反交易原则和纪律的前提下，我认为以年为单位统计盈利还是可延续的。

问题4： 据我了解，您在做交易之前对金融并没有太多的接触，作为"半路出家"的交易者，您在交易中遇到过哪些困难？又是如何解决的？

朱墨： 困难来说，主要是理念上的，**这条路没有捷径，必须持续地、专注地保持思考。**每个人交易水平的高低，主要是思考层次的深度和广度决定的，从而引发对人性的违背、对纪律的遵循、对交易的信仰。一万小时定律，我想，在任何一个行业都是必须的，没有任何一份成功可以随随便便达到，背后一定需要一点一滴的积累进而升华。

问题5：前段时间您的"稻香"账户出现了较大的回撤，是什么原因导致的？您一般是如何控制账户回撤的？

朱墨：这种回撤可能在旁人看来不正常，但是在我看来很平常。**没有任何一个交易系统可以完美解决趋势行情和震荡行情的交替，也没有任何一条资金曲线是一条直线，除了炒手**。对我来说，这只是系统内一次合理的盈利回撤而已，预估内都没什么稀奇的，也不存在回撤控制。**绝大多数人都无法做到在不适应行情下仍坚持遵守系统纪律，这也是导致整体亏损的根源。**

问题6：每个交易者想要在这个市场中取得长期的利润都无法跳过资金管理这一步骤，请问您是如何做好资金管理和仓位管理的？

朱墨：我的资金管理和一般大多数人不一样，**我采用的是场外资金管理方式，场内仓位接近满仓**，所以资金曲线里的仓位、回撤、新高看起来都很吓人，但实际上并没有什么可怕的。比如这波权益60%多的回撤，如果按场内仓位控制15%来看，回撤也只有10%多一点。**不过这种资金管理方式我并不建议大家使用，它需要大格局、大心脏以及对人性的违背，对纪律的执行和对交易的信仰，在这种极端压力下操作往往会变形。**

问题7：您表示要在期货市场中赚自己交易系统该赚的钱，能否具体解释一下是哪部分钱？

朱墨：**市场就像是一个蛋糕，每个人都奢望把整个蛋糕一口吃掉，而我想的是切下来一块慢慢品尝。**炒单、波段、短线、长线都有自己的优势和局限，每一种交易方式都可以在这个市场谋得立足之地，否则早已被淘汰。**长线想赚取炒单的微利、日内想得到短线的收益都是不现实的事情，做好自己的操作，属于你的自然会来，不属于你的不要强求。**比如我做长线趋势，那么其他的波动就不属于我的系统，保持一颗平常心就好了。

问题8：很多人穷极一生去寻找能在市场中获得稳定收益的"圣杯"，而您在这么短的时间内就已经拥有了一套给自己带来高收益的交易系统，您觉得您的交易系统的独特之处在哪里？在您看来，目前这个交易系统是否成熟，有没有需要继续完善的地方？

朱墨：对于场内资金来讲，我现在可以算是高收益，也就是大家都能看得见的收益比例。至于交易系统，其实就是很简单的趋势跟踪系统，并没有独特之处。目前我的交易系统经过3月的一次框架调整之后还比较适应这个市场，可以算是成熟的系统，后期随着市场的进化、资金量的增长和多品种策略的加入，肯定还要进一步地调整，**这个市场上唯一不变的就是改变。**

问题9：您的交易系统最适合哪种类型的行情？最不适合哪种类型的行情？

朱墨：趋势交易系统应该都是大同小异的存在，适合趋势单边行情，不适合震荡行情。因为我是裸K操作，大图形出方向，小周期定点位，在一个极小的空间内反复的假突破就会导致权益的下降，比如9月上旬。

问题10：为什么只关注K线这一个指标？

朱墨：各种指标在对市场的反映中存在着各种不同的问题，比如说滞后，像均线；比如说背离，像MACD、KDJ等等。**所有的指标，最终都是围绕着价格进行服务的，价格在盘面上最直接的反映就是K线，**所以为什么不直接抓取核心反而要去在意那些细枝末叶的东西呢？这一点可能是个人对市场的认知不同。

问题11：随着交易时间的增长，您的交易系统目前是否有遇到资金瓶颈问题？您觉得您交易系统的资金容量为多少？

朱墨：我觉得**对于长线持仓的操作手法来说，理论上并不存在资金瓶颈这个问题，**比如说多品种综合策略就能很好地消化掉资金容量。

问题12：您表示目前只做铁矿石，那在最初进入期货市场的时候，您做过哪些品种？为何后来会独独钟情于铁矿石？

朱墨：刚进入这个市场的时候，炒单时期我做过一些品种，但随着对市场认识的不断加深，对交易思考的不断进步，我在操作风格、交易系统和资金量上也有了新的选择。出于上述原因，个人感觉现在最适合我的就是铁矿石这个品种，简单说这是我自己加杠杆的一种方式。

问题13：铁矿石在黑色系中属于比较特殊的一个品种，由于品位低于世界平均水平，我国铁矿石几乎全靠进口，对外依存度很高。在这样的背景下，铁矿石受宏观面、政策面信息的影响也会相对比较大，您对这方面的信息是否有关注？

朱墨： 基本面的信息我都有在看，每天会花一定的时间理清和思考，这种思考是不带有交易观点在内的，算是备课。

问题14： 如果宏观信息与您交易系统所给的信号相背离，您会如何处理？

朱墨： 我认为，任何基本面也好，技术面也好，各种信息汇聚起来，最终都会反映在一点上：价格。**价格才是多空双方博弈的结果，而不是什么信息。基本面和技术面给我的所有交易信息都只是参考，价格处于哪个阶段，我就做哪个阶段的操作。尊重价格，尊重系统。**

问题15： 铁矿石市场目前有稳中趋弱的迹象，就您来看，它这几天的下跌是属于暂时回调还是会进入一波下行行情？

朱墨：我个人从来不做预测，只做跟随， 是暂时回调还是下行行情，走出来就知道了，未来总是未知的。

问题16： 今年7月以来，很多商品都获得了不俗的成绩，包括黑色系中的螺纹、"双焦"等表现也都非常不错，您未来是否会考虑参与这些品种？若会，您选择它们的依据又是什么？

朱墨： 针对螺纹、"双焦"甚至动力煤的交易系统我已经完善了参数，未来是肯定会参与进去的。现在之所以做单个品种，理由很简单，资金量不够分仓，而我也不想为了做一条漂亮的曲线采用多品种综合策略降低收益来进行对冲，**我来这个市场不是为了画线，而是为了赚钱，** 这就是依据，哈哈！

问题17： 您做的是中长线趋势行情，请问您是如何识别趋势的？交易周期一般为多久？

朱墨：趋势识别不出来的，挡住行情的右边，只看左边你永远不可能知道接下来会发生什么， 只有用成本不断地进行试错，然后持仓，仅此而已。一般交易周期2～5个月。

问题18： 在中长线交易中，有人致力于寻求更好的进出场点位，有人则认为只要抓住大波段行情中的一部分就可以了，您怎么看待这两种态度？

朱墨： 我们经常讲的吃鱼吃鱼身，放弃头和尾，意思其实就是抓取行情的部分利益。至于更好的进出场点位，决定的是你收益30%还是60%，也就是你能在趋势行情中积累多少在震荡行情中的试错成本。在我看来，这两者是和谐统一的关系，并不矛盾，但是**我不赞成为了博取一个点位而进行抄底摸顶的操作**。

问题19：一般初入市场的交易者做中长线的并不多，您是一开始就选择了中长线交易的模式吗？若不是，又是什么原因让您转到了中长线交易？

朱墨：一开始受到一些论坛和微博的影响开始炒单，后来意识到很不顺手。原因有三：第一，完全主观交易很难达到稳定盈利的目的；第二，超短线和短线操作太累，且成本很高；第三，我个人性格比较慢热，加上有一点选择困难症，不太擅长在极短的时间内决定交易策略。所以，转变交易方式从事长线趋势持仓，大量的思考和极少的操作很适合我。

问题20：您现在所有的交易都是手工操作，这也涉及了执行力的问题，请问您是如何来规避人性弱点，提高执行力的？

朱墨：这一点我想是没有办法解决的，完全取决于个人的交易信仰，这也是困扰着大多数交易员的绝杀点，就像我前面说的：技术不是重点，人性才是关键。**很多被这个市场淘汰的人不是技术不行，而是修行不够。**

问题21：您是计算机专业出身的，据七禾网了解，很多计算机专业出身的交易员都会用程序化交易的方式来切入市场，而您却选择了手工交易，能否解释一下这里面的原因？

朱墨：我想是高频和低频、多品种和单品种的交易策略的区别吧。程序代码我早就已经完成了，只是一直没有投入交易。主要原因是长线趋势持仓的交易频率很低，而且目前我只是单品种操作，人工和程序化差异不大，感觉程序化交易对我来说暂时必要性不是太强。

问题22：随着近几年量化的兴起，主观交易与量化交易孰优孰劣的争议也愈演愈烈。尽管您目前仍是手工交易，但也已经编写了几套自动化交易程序，将来是否会往这方面发展？您又是如何看待这两种交易方式的？

朱墨：如果非要站队的话，我应该是划在量化交易范畴里面的，**我认为这是实现持续盈利的唯一可靠途径**，主观交易总感觉有点对未知的恐惧和对

预测的茫然。至于自动化交易程序，随着多品种综合策略的加入和交易频率的提高，是一定会投入使用的。

问题23：如今市场去散户化越来越明显，机构投资者逐渐成为主流，您认为散户应该如何在"夹缝"中求生存？

朱墨：不管是外汇、大宗商品还是股市等等这些投资市场，永远不可能只是一滩死水，市场总是要选择一个方向走上那么一段时间，这就是趋势。**趋势的来源就是各方金融机构对于政策面和未来预期的博弈，散户最好的做法就是跟随，机构吃完肉，汤还是有的。**

问题24：您目前是兼职做交易，以后是否会考虑转全职？在投资这条路上，您未来有何规划？

朱墨：全职还是兼职要看未来几年的发展情况，这些都是未知数谁也不敢打包票。就目前来看我还处于打基础的阶段，那么就把基础打牢一点，毕竟我在这个市场上还是个新人。

问题25：您参加了多个期货实盘大赛，请问您参赛的初衷是什么？通过这些比赛，您有哪些收获？

朱墨：很多人以为我参加比赛是为了拿名次甚至拉资金，这是一件很好笑的事情。这是金融市场，**进入这个行业，我想任何一个人都应该只有一个单纯的目的：赚钱！这也是你在这个行当里安身立命的根本。**我的想法其实很简单，比赛都会给选手做好净值曲线、权益曲线、回撤曲线、仓位曲线等等统计，这样一来不就免得我自己统计技术数据了吗？有现成的手段为什么不用？参加几个比赛，对比一下，哪个最准确就看哪个，多省心，哈哈。至于收获，以前是一个人单兵作战，现在通过比赛，有了和全国各地投资高手交流沟通的平台，对个人的成长、进步有很大的帮助，这也是我最满意的一点。

问题26：您对期货市场的理解是"大道至简"，但也有人认为简单的东西往往不会太有效，您怎么看待这个问题？您觉得怎样才能实现"大道至简"？

朱墨：大道至简，这个"简"字的意义并不是简单，而是简洁。最直接地抓取核心，抛开细枝末叶遮眼雾障，这才是交易的方式。至于**每个人的交易核心是什么？保持思考是你的唯一途径。**

杨成金：交易中最致命的风险是不能控制自己

（2017年9月18日　唐正璐访谈整理）

杨成金

42岁，山东邹平县人，做过股票、权证和外盘，拥有10年期货交易经验，专职交易者，手工交易，以技术分析为主。在得第八届"蓝海密剑"中国对冲基金公开赛上，荣获晋衔奖和"大校"军衔。

精彩观点：

出场点、入场点确实很重要，但最重要的是方向和仓位与行情节奏的配合是否合适。

最不值钱的就是机会，机会有大有小，更重要的是每个人的内心容量、格局和交易能力。

每个人的能力像勺子、胸怀像水桶，能力有高低、容量有大小、境界有

163

高低，能从市场上汲取多少水、容量上能保留多少、交易生涯的状态和寿命怎么样，这都不是简单外因能升华的。

震荡市里，只要不碰触更高或更低层次的边界限制条件，大跌之后就可以买入，大涨之后要敢于卖出。

交易不是人生的全部，无论再怎么热爱交易，作为一个男人、丈夫、父亲，都应该关爱家庭、陪孩子成长，而这些对于交易者来说就是加油站。

资金量达到一定程度前谈风险控制有点形而上学，几万块的账户谈风险控制实在是有点把简单的事情做复杂了。

交易中没有真正的风险，唯一的风险就是自己不能控制自己，这才是致命的。自我失控，既不能尽可能地客观判断行情、体会多空强弱，也不能踏好行情节奏做好交易上的开加减平，一旦失误自我懊悔沾上身，自我毁灭就不会远了。

交易之美，有时候会超越一时得失，甚至是与生命的美丽、文化的沉积相通的。

爆仓的次数我不记得有多少次了，幸运的是那些年本来就没什么钱，即使破产也没什么大不了的。

准备再充分再全面也只属于有限的范畴，市场是客观发生的，以个人、团队或既定程序的有限性去应对客观的无限性，这本身就只能是一个概率，所以，交易没有"圣杯"。

交易最终的宿命都是一样的，以有限应对无限，结果可想而知。我们做交易就是在做明知不可为而为之的事情，所以心不需要太大。

所谓能稳健盈利，我的理解是行情的一圈轮回下来，整体上是赚得多还是亏得多，赚得多就叫稳健。

赚的时候敢于使劲赚，亏的时候敢于少参与，这就是稳健管控风险。

交易场上要想活得长久，一定不能意气用事。

期权与期货的本质一样，这种杠杆交易的本质并没有太多改变，人性参与的本性并没有变化。

我不是很看好原油期货。

牛市中要捂、熊市中要忍。

只要人性存在，交易就不会停止，所以不必有那种焦躁和"这次不赚就没机会赚钱"的臆想。

团队协同作战，作为一种客观存在的事物，当然具备明显的优势，(比如)执行交易信号在团队面前变得特别容易，(但)团队作战也不可避免地丧失了主观交易上的人性之花。

奇迹更多地发生在偏主观的交易者身上，这是人性之花，是人性的信念之力，这与人类的爱一样，无处不在，时常创造奇迹。

交易就是一个在社会、世界中不断认识自己、不断改变自己、不断完善自己、不断推动自己的体验过程。

市场变化跟自然世界、社会进化一样，都是一直不停歇的，随波逐流、在变化中适应变化并进化自己的思想精神逻辑，这正是人生一切行为的抽象总结所在。

想要长期稳定盈利必须不断挑战自己的各种极限，不断提升自己的人生境界才有这个可能性。

做好自己最重要，适合自己的就是最好的。交易之道，万法归心，用主观的努力尽量去做客观的事情。

问题1：杨成金先生您好，感谢您在百忙之中与七禾网进行深入对话。您曾是一名工程师，是怎样的机缘巧合，让您接触到期货，并选择这条路？

杨成金：跟大多数人一样，我也是被电话邀约才知道有商品期货交易这样的市场。那是2007年，最初只是好奇，年轻不服输的脾性让我进入市场，工作之余参与小额期货交易，也算是"误入歧途"。2009年初，由于各种原因我离职了，挟带20万元资金开始流浪江湖，快意行走、大江南北、爱恨情仇、跌宕起伏，对人生的感悟丰富了很多，也彻底重塑了自己。

问题2：在期货交易上，您以波段交易为主，那么您一般抓取多长时间、多大幅度的波段？一笔单子进场后，持仓时间的长短主要依据哪些方面来判断？平均来看，一笔单子持仓多长时间？

杨成金：波段的时间不好具体说，因为行情不会以我们个人的意志为转移，跟着走就是了，一般20%～50%幅度的行情就算非常好的波段了，总会多多少少赚到一点。持仓时间也很难固定，还是要看行情级别和节奏，有的当天、有的几天、有的几周。

问题3：交易中的出入场点也很重要，若抓到好的入场点和出场点，就可以吃到一整段行情。请问，您如何设置入场点和出场点？为什么最想赚趋势波段中间段的资金？

杨成金：**最重要的是方向和仓位与行情节奏的配合是否合适，但出场点、入场点确实很重要。**

我没有既定的规矩，一般来讲震荡一段时间后就会出方向，通过均线的走向应该能看得出来，这时间就是缓慢进场的时机，一段行情走出30%、50%甚至更大的幅度的时候往往已经获利颇丰，随便出场都是合适的。

波段中间的一段最为肥美，也最容易赚，可以适当放大仓位，持仓心理上也没有太大压力。

问题4：您目前主要交易哪些品种？有些人认为，手工交易由于精力、专业程度等原因，应该只交易一个或者一类品种，您是否认同这样的观点？

杨成金：目前，我主要关注有色中的沪铝、黑色中的螺纹钢和焦炭。每个人的精力、性格、脾性不一样，对于专注品种的多少，我没有什么偏见。

问题5：从7月起，黑色系悄然走强，螺纹从3000头也不回地冲上4000，创下2013年以来的新高，您是否有抓住这波行情？有一些投资者因为没有做到着急追高，您觉得螺纹在当前点位下还能追高吗？

杨成金：6月20日开始的这一波行情，老实说我是抓住了，但没赚太多钱，主要原因是分心做别的事情去了。技术上看，很大级别的调整已经开始，具体下次做多机会在哪儿、这次调整是否可以做空，都需要进一步观察，按照各自的系统信号做应该会有不错的收益。

问题6：有投资者认为期货市场中最不值钱的就是机会，只要本金在，机会到处都有。您怎么看待这样的观点？

杨成金：对的，**最不值钱的就是机会，机会有大有小，更重要的是每个**

人的内心容量、格局和交易能力。没有参与的机会一文不值、有本钱但做了交易能力之外的交易机会也难免落个"白折腾"、有本钱做了过于频繁和小幅度的机会也不是很合算。

其实**每个人的能力像勺子、胸怀像水桶，能力有高低、容量有大小、境界有高低，能从市场上汲取多少水、容量上能保留多少、交易生涯的状态和寿命怎么样，这都不是简单外因能升华的。**

问题7：如果遇到您认为非常不错的的机会，您是否会下重注抓住它？还是保持谨慎小心的心态轻仓交易，宁可错过，也要保证本金安全最大化？

杨成金：会的。但是本金安全最大化与利润最大化，其实是一个概念。以攻为守，那一定是做对方向时的选择，以退为进一定是行情不利、钱不好赚的时候，不如多多保守本金来日赚钱行情来临能起步高一点。

问题8：您目前拥有单边和震荡市的系统，请您分别介绍一下这两个系统的特点和核心，系统的盈利逻辑是什么。

杨成金：单边系统就是开仓获利后，准备好"最后的亏损"额度，浮盈加仓直到心理动荡；**震荡市里，只要不碰触更高或更低层次的边界限制条件，大跌之后就可以买入，大涨之后要敢于卖出。**但由于能力有限，执行中我只选择执行部分单边行情。其实行情阶段往往就偷懒休息了。

问题9：您以技术分析为主要战术依据，但不拘泥于技术图表，那么您主要分析哪些指标、图形或量变？您觉得自己技术分析的最大特征是什么？

杨成金：均线、K线、成交量就是最好的图表，有时候看看MACD，这些都是一些基本的数学统计方法得到的数据，是很好的测量、记录工具。我觉得自己的技术分析跟大家相比毫无特别之处，或许非要说不同，可能我更自信一些，并把这种自信尽最大努力体现到账户仓位上。

问题10：有人指出"深入基本面分析才是做好期货的关键"，您怎么看待这样的观点？您如何看待基本面分析？在您的交易体系中，基本面分析占据着什么样的位置？

杨成金：我尽力持心中正，有时候人云亦云，而我不会对自己不理解、理解不到的信念妄加评论。整体上我是一个图表交易者，但又经常给关注的品种算命，也说不上自己是什么样或非要归到哪一类里面。就像今天是"9·18"，要是万一历史需要，国家民族需要我热血捐躯，我必定心甘情愿而不需要后世记住或膜拜。人，总是相信自己愿意相信的东西，这本就无可厚非。事实上，我对于基本面分析和信息把握的能力很差，并且没有什么信念，连续几天买方力量强大，我就相信这是多头市场，大不了错了止损，又不是世界末日，确定性多一些就多开一点仓，否则就少一些。

问题11：今年以来，商品期货整体一直处于大波动的震荡行情中。波段策略在近期的较多品种上容易被来回洗，趋势策略则因为有明确趋势的品种太少，也没有太好的表现。这期间，您的交易系统表现如何？在当前行情下，你是如何操作的？

杨成金：表现挺好，只是赚钱少，我的系统遇到震荡就举手投降，我会快速大幅度降低仓位。

在当前行情下，还是傻傻地交易，一样地追涨杀跌，只是无论怎么做，规模都只有原来的几十分之一，这种阶段过后才能允许放大仓位。

问题12：从您账户"成金"的净值曲线图可以看出，近2个月的时间都在横盘震荡，这样对您的交易心态会不会产生影响？您会如何调整自己？

杨成金：没有感觉，我还是一如既往地一边感受市场一边审视自己的内心。6、7月这一波大行情我没有赚太多，这是一个失败，有主观原因也有客观原因，主要还是因为一些生活家庭上的原因不得不分心去做别的事情，这让我体验到了人生新感觉，或许这对于后续交易有潜在的正面影响。

交易不是人生的全部，无论再怎么热爱交易，作为一个男人、丈夫、父亲，都应该关爱家庭、陪孩子成长，而这些对于交易者来说就是加油站。

该赚的钱、能赚的钱，自然能赚到手，不能的一定是有原因的。坦然、淡定，应该是人生从容态度。

问题13：做交易最重要的点就是风险控制，这也是每个交易员最关心的问题，请问，在风险控制上您是如何做的？

杨成金：其实，**资金量达到一定程度前谈风险控制有点形而上学**，现在商品市场的容量很大，几百万甚至几千万在一个活跃品种里面算不了什么，

几万块的账户谈风险控制实在是有点把简单的事情做复杂了。

这里有一个基础问题，那就是我们的生活成本，一般人月生活成本在几千元不等，解决了吃饭问题后再谈交易中的风险控制就客观得多。否则，如果一天赚了几千几万或亏了几千几万，人的常规思维难免想到自己一个月也才几千的生活费用，就非常容易陷入患得患失的自我纠结中，这只是举个例子说交易中到处都存在心理情绪上的陷阱，无穷无尽。

其实，**交易中没有真正的风险，唯一的风险就是自己不能控制自己，这才是致命的。自我失控，既不能尽可能地客观判断行情、体会多空强弱，也不能踏好行情节奏做好交易上的开加减平，一旦失误自我懊悔沾上身，自我毁灭就不会远了。**

感觉不行了，就休息，没人笑话你，做交易的人从来就不应该在意这种世俗的虚无。

问题14：您是手工交易者，并且性格豪放，脾气火爆，这样的性格是否会让您冲动性交易？如何做才能规避冲动性交易？

杨成金：以前冲动性交易比较多，现在看来那时候交易的不是行情而是自己的"想当然"。现在也会有冲动性交易，只是比较少，至少要有大的转折性行情才值得这样做，资金大一些会好很多，就不急于想赚钱让情绪走入死胡同难以自我调整。

这个世界是很美妙的，但必须有足够的耐心、热情、智慧、好奇心等正面能量才能真正细心体会到，而交易也是其中事物。**交易之美，有时候会超越一时得失，甚至是与生命的美丽、文化的沉积相通的。**

问题15：在期货市场摸爬滚打多年的投资者，大部分都经历过大赚大亏，请您谈谈您最难忘的大赚和大亏经历，从中收获了哪些经验总结？之后是如何做资金管理的？

杨成金：**爆仓的次数我不记得有多少次了，幸运的是那些年本来就没什么钱，即使破产也没什么大不了的，**本就小人物一个，别人不会借钱给我，我也不会借别人的钱，所以亏光一次又一次也只是亏钱而已，死不了人，对别人也没什么负面影响，没钱了就想办法做点别的工作，人是活的。

虽然有时候自作聪明，很不明智，但阶段性做点生产方面的工作心就踏实了，比如种地，我曾经为了炼心去乡下养植了一年多蘑菇，说好听是炼心，其实是生活所迫。人活着总要做些事情，既然钱都亏光了，还是要吃饭的，养蘑菇是我的一个进步，至少我从有赚有亏的交易工作升华到只赚不亏的种植工作上来了，目标都是为了赚钱谋生。

之后，我就想开了，做错方向的时候，一定是在亏钱的，想得开舍得下及时止损就行了，能克服自己的焦躁，更多的精气神集中在感受市场买卖力量的强弱变化上，恰当的时候赚一点属于自己的那一瓢水。

后来资金就超过100万元了，再后来更多一些，情况就变得更容易一些了（或许我的性格和韬略更适合管理大一点的资金），总是以小的风险来交易波段行情，说也奇怪，认真对待风险的时候它还真就见不得光，也难得再有冲动重仓。

问题16：有投资者表示，就算做好了十分的准备，期市还是有一百种犯错误的机会。您怎么看待这种观点？在"危机四伏"的期货市场，投资者该如何减少犯错？

杨成金：准备再充分再全面也只属于有限的范畴，市场是客观发生的（虽然参与的人都有主观性），下一个波动虽然只有三种可能（涨、跌、平），但发生之前是不确定的，而这属于客观自然的无限范畴。**以个人、团队或既定程序的有限性去应对客观的无限性，这本身就只能是一个概率**，一种对可能性事件的主观把握，而这很显然是不可能有完全的确定性存在的，**所以说，交易没有"圣杯"**，至少我不认为有。

总之，少做就会少犯错。比如仓位要合适、对行情或趋势的认识要到位（尤其要考虑时间），正确仓单或正确观望时的耐心等待都是一种交易上的美德。

交易最终的宿命都是一样的，以有限应对无限，结果可想而知。我认为，我们做交易就是在做明知不可为而为之的事情，所以心不需要太大，对于贪婪，我实在找不到理由。

问题17：您强调稳健盈利比什么都重要，那您觉得一名交易者要具备哪些能力才能稳定盈利？有盘手认为，稳定盈利是不存在的，您如何看待这样的观点？

杨成金：商品市场谁都能赚到钱，任谁开户进来随便开仓都能赚到钱，只是谁都一样要亏钱，到底是亏得多还是赚得多，要先确定一个时间段，然后这个问题才变得有意义。**所谓能稳健盈利，我的理解是行情的一圈轮回下来，整体上是赚得多还是亏得多，赚得多就叫稳健，**每个人或每种系统在市场面前总是有赚的阶段，同样也有亏的阶段，赚得时候尽可能多、快，亏得时候尽量以远远小于赚钱的速度和额度来亏，这就叫稳健了。

用大师的话说做趋势就是"抓住转折，创造利润，避开风险，就能赚钱"。

我认为，古人讲究"格物""致知"，这用来自我评估行情态势的认知方法和技术水平是很贴切的。把大小、多少、高低、上下有体系地认识到位，然后才有做对的可能性，所谓"知行合一"，就是笼统地来讲人的一切社会行为，具体落实到交易这一行业上，就生动而丰富得多了。

赚的时候敢于使劲赚，亏的时候敢于少参与，这就是稳健管控风险，说稳定盈利也不为过，非要理解成单位时间内均匀赚钱，这就有点钻牛角尖了。

问题18：做了这么多年的交易，您对期货市场必定有着自己的一番理解和看法，请您谈谈。

杨成金：是的，**交易场上要想活得长久，一定不能意气用事，**事实上也根本不需要这样，中华文明中的文化精髓或许就是《道德经》的总结和毛泽东思想的实践了。这些东西说玄妙就玄妙，说简单就简单，少一些主观就很容易把握事物内在规律，做起事情来事半功倍，甚至有时候是胸有成竹。

现在看看，《西游记》中的"孙悟空"这名字，作者真是圣人一样，对后世的提点真的是用心良苦呀。

问题19：除了交易期货，您也做过股票、权证、外盘等金融投资。分别表现如何？目前，您主要参与哪些市场的交易？分别的资金配置比例是多少？

杨成金：老实说，十年来，前面八九年都是一塌糊涂，整体上亏了不少钱、费了太多的时间和心力，跟所有的人一样都在苦苦经历，现在也只是多少有一点点开化罢了。

目前主要做沪铝和沪螺纹钢的主力合约，这几年中国的发展有目共睹，股票、商品、国债市场的容量都空前壮大，我所掌控的资金量很少，并未涉及不同市场的配置问题，以后可能会，当下主要集中于商品交易。

问题20：对于刚上市的豆粕和白糖期权，您有接触吗？原油期货也即将上市，很多人认为原油的活跃度、参与度都会比较不错，您有在原油期货上做一些准备吗？

杨成金：有过了解，但目前为止尚未交易过，归根结底**期权与期货的本质一样，这种杠杆交易的本质并没有太多改变，人性参与的本性并没有变化，**尤其对于趋势交易者来说更是这样。

我不是很看好原油期货，毕竟原油更多的是金融属性和中美金融博弈的工具之一，新世纪人类文明发展大提速，作为能源，原油其实是非常低级的，未来原油可能更多的是化工与材料基础原料。做商品交易，本质上是一种市场贸易。

问题21：您从2000年开始做股票，至今已有17年，也历经了几轮牛熊，请问经历过牛市和股灾的您是否有总结一些经验，比如如何在股灾中避免亏损？如何在牛市中获取收益最大化？

杨成金：对于股票，前人总结得都很好了，我也只是再重复一下，**牛市中要捂、熊市中要忍。**"忍"字头上一把刀，忍的功夫浅就会多挨几刀，多经历几次而且死不了的人，都知道敬畏了。

对于期货，要充分考虑杠杆对交易的负面影响，市场从来没有停止过，而且今后**只要人性存在，交易就不会停止，所以不必有那种焦躁和"这次不赚就没机会赚钱"的臆想。**

《三国演义》中有一个诸葛亮，文韬武略、智慧境界、品质术数，那都是一流的，还有一个司马懿，孔明寿短、功败、功业后续无力，司马却寿终正寝、功业传承、后世子孙昌隆，最终统一天下，这些都是有内因的。此两人最大的不同就是一个忍字，耐心真的是一种美德，修行、修炼甚至闹革命、为人民服务这都是一种用心的社会实践，其中耐心的作用很多时候都是关键中的关键。

问题22：在期货市场专业性越来越强的今天，个人投资者面临的压力和挑战越来越大，很多人认为只有团队协作交易，才有可能在市场中有所成绩。您怎么看待这种观点？对未来有着什么规划？

杨成金：团队协同作战，作为一种客观存在的事物，当然具备明显的优势，比如交易的客观执行上变得强而有力，对于系统的执行上很容易保持交易上的一贯性，**执行交易信号在团队面前变得特别容易。**

同时，**团队作战也不可避免地丧失了主观交易上的人性之花。有些所谓奇迹更多地发生在偏主观的交易者身上，这是人性之花，是人性的信念之力，这与人类的爱一样，无处不在，时常创造奇迹。**

当然，我所说的一贯性并非团队或个人、主观交易或客观交易所专属。

我个人体会：**交易就是一个在社会、世界中不断认识自己、不断改变自己、不断完善自己、不断推动自己的体验过程，**并没有非要怎么的过程。**市场变化跟自然世界、社会进化一样，都是一直不停歇的，随波逐流、在变化中适应变化并进化自己的思想精神逻辑，这正是人生一切行为的抽象总结所在。**

问题23：您获得了第八届"蓝海密剑"中国对冲基金经理公开赛晋衔奖和"大校"军衔，请问您参与大赛的初衷是什么？除了成绩，您觉得自己还收获了什么？

杨成金：最初就是肤浅得认为自己与众不同，自己就注定是交易场上的王者，参赛就是展示自己并将历史记录下来。现在看来，人生之初，当真是天然、真切的可爱了。

最大的收获就是学会做事和为人，再大的难事也可以分解、剖析开来，用蚂蚁搬家的功夫由易到难、由小到大地坚持做下去。为人就要看对方想要什么，一切都是可以给予的，只要我有的或能做到的而你又想要的，有需要的我都可以克服世俗贪欲给予满足，凡事力所能及就会做得非常好了。

问题24：在参与大赛的过程中，有哪些高手让您印象深刻？他们有哪些优点让您敬佩？对于他们的交易方法，您会学习或借鉴吗？

杨成金：付海棠先生、于忠先生，都是我的山东老乡，也是行业前辈，更是业绩出类拔萃的人，正因为他们都有自己独特的价值观、人生观，才在交易场上成就了不凡的战绩，这背后和内在的抽象因素值得每一个交易者学习和细细体味。

事实上，我大概正在走在众多成功前辈们"大道至简"和"大道无间"的行为之路上。

问题25：蓝海密剑大赛参与者中，不乏90后，甚至95后的盘手，您对于90后步入期市有什么看法？对于这些"期市新鲜人"，您有什么建议分享给他们？

杨成金：市场面前，我们每个人都是渺小而有限的，个人体会：**想要长期稳定盈利必须不断挑战自己的各种极限，不断提升自己的人生境界才有这个可能性。**

做好自己最重要，适合自己的就是最好的。交易之道，万法归心，用主观的努力尽量去做客观的事情。

王雷：对待期货不必太过于认真

(2017年11月3日　唐正璐访谈整理)

王雷

　　35岁，海南人，现居广州，兼职交易期货8年，拥有一套交易系统，自动加手动交易。在第八届"蓝海密剑"中国对冲基金经理公开赛上获陆军组第三名。

精彩观点：

我非常感谢期货市场，如果没有期货，我更多的时间可能会花在牌桌上。
跟期货相比，传统的赌博少了很多刺激，而且胜算多半靠手气。
感谢期货市场让我戒了赌瘾，这也是本人在期货市场收获最多的一方面！
(在期货市场)交学费是必须的，越是惨痛的教训越能让人深刻反省。
期货亏损是一个必然现象，进去前先学会接受亏损，要亏得起才能玩！
刚开始接触期货的时候，我有过专职做期货交易的想法，但现在看来，当时的想法实在是太幼稚和疯狂了！

如果专职做期货，就很难享受到期货交易带来的乐趣了，期货只是生活的润滑剂，如果专职期货，生活也许在某种程度上将会受期货绑架！

以期货交易为生的人，我想他们两类人居多，要么是天才，要么是疯子！

只要不离开市场，所有的亏损都可称为浮亏，只要认真总结，汲取教训，同样的错误不要再犯，浮亏多了，也会逐步变成浮盈的！

大部分人亏损的原因，我觉得主要是他们在还没有实现浮盈之前就子弹用光了，被扫地出门，甚至终身不想再踏入期市！也许给他们足够多的子弹，他们是可以实现盈利的！

（在期货市场）最重要的是不要亏光本金，被扫地出门！

如果对自己的策略有怀疑，就不应该去应用！

交易的品种是什么不重要，重要的是它要有波动，而且波动越厉害越好！

在期市里，亏损和盈利都是必然现象，大亏大赚也是理所当然，这也是期货魅力所在，吸引人的地方！

在期市里，赚和亏都是属于正常和必然的现象，只要在自己交易模型内的操作，亏和赚的结果就不值得过多关心！

要想有资格继续待在市场里，该断则断！

期货市场从某种意义上说，也是一个赌场，一个非理性的，没有自控力的赌徒在赌场里的结果是注定的。要想在赌场里取胜，就必须做一个理性的，有较强自控力的，严格遵守交易计划的赌徒！

资金管理是投资的核心，离开资金管理去谈任何交易模型都是瞎扯，离开资金管理去做任何交易都是非理性的疯狂赌徒的行为！

让有限的资金在市场上变成无限的资金。

期货市场是一个有规律可循的赌场，在这赌场里，有一大批非理性的，疯狂的赌徒，你要做的，就是去赢这帮赌徒的钱！

期货只是生活的润滑剂，只是业余的娱乐之一，因此对待期货不必太过于认真！

只要玩期货的人，他们都很可爱！

问题1：王雷先生您好，感谢您在百忙之中与七禾网进行深入对话。您交易期货至今已有8年，请您概括一下这8年的期货交易之路，最深的感触是什么？

王雷：交易期货的这8年感触良多，**我非常感谢期货市场，如果没有期货，我更多的时间可能会花在牌桌上。**我自幼喜欢赌博，记忆里面一直离不开赌，儿时把自己的零花钱输光，到了中学，牌技更是在班上名列前茅，扑克牌、麻将牌各种玩法更是样样精通。大学毕业后，在接触期货前，我下班后的时间也基本上是交给了牌桌。

自从接触了期货，我对麻将、扑克之类的赌博已了无兴趣，**跟期货相比，传统的赌博少了很多刺激，而且胜算多半靠手气。**因此这8年来，我基本未再摸过麻将，打过牌。**感谢期货市场让我戒了赌瘾，这也是本人在期货市场收获最多的一方面！**

问题2：一般来说，初入期市的盘手都有交学费的经历，您刚进入期货市场时，有交过学费吗？若有，之后您是如何进入盈利阶段的？对于那些刚入期市的新手，您有什么建议？

王雷：**交学费是必须的，越是惨痛的教训越能让人深刻反省。**当然最重要的是，同样的错误不能重复犯，否则学费就白交了。对于期市新手的建议，我想说，**期货亏损是一个必然现象，进去前先学会接受亏损，要亏得起才能玩！**

问题3：您最惨痛的一次亏损发生在什么时候，是什么原因造成的？

王雷：比较深刻的印象是在2015年，当时3000多点开始建仓做多螺纹，后面螺纹是一路向下跌到1800多点，这过程比较长，时间跨度接近了一年。从账面的浮亏上看，也算得上惨痛吧，但对于本人心情来讲，并没什么影响，因为一切操作都是在交易模型内进行的，这一切只是浮亏。当然，后面2016年很快就由浮亏变成了浮盈。

问题4：作为一名兼职期货交易者，您是如何处理工作与期货交易之间的关系的？两者会互相干扰吗？您是否有专职交易的打算？

王雷：兼职交易期货并不会影响到我的工作，我的主要时间和精力都在做外贸实业和带孩子上，期货只是让自己过得更充实更娱乐一些。

至于专职交易，在**刚开始接触期货的时候，我有过专职做期货交易的想**

法，但现在看来，当时的想法实在是太幼稚和疯狂了！

问题5：您为什么认为专职做期货交易的想法太幼稚和疯狂？怎么看待那些以期货交易为生的人？

王雷：对于我来说，**如果专职做期货，就很难享受到期货交易带来的乐趣了，期货只是生活的润滑剂，如果专职期货，生活也许在某种程度上将会受期货绑架！**

至于**以期货交易为生的人，我想他们两类人居多，要么是天才，要么是疯子！** 不管是天才还是疯子，本人对他们都十分的佩服！

问题6：七禾网采访一些兼职交易者，他们表示不能指望期货市场永远有机会，当市场没有机会时，可以去做其他工作赚钱，所以不会选择以交易为生。同样是兼职交易者，您怎么看待这样的观点？

王雷：首先，我不认同市场没机会的观点，市场只要一开盘，就会有交易，如果没有机会，怎会有交易。当然，并非有机会就一定要交易，可以空仓等待或持仓等待，其实等待也是一种参与状态。在等待行情的时候去做其他工作，这无可厚非，交易的时候也可以去做其他工作，所以工作和交易并不会存在顾此失彼的关系。

问题7：您认为市场永远在波动，永远波动就永远有机会，永远有机会就永远有利润。市场既然有那么多的机会，但为什么大部分人仍然是亏损的？您觉得期市上大部分人亏损的原因是什么？

王雷：我前面有谈到，期市里亏损是一种必然现象，如果没有亏损，哪来盈利！同样，没有大部分人亏损，就不会有少部分人爆赚。当然，**只要不离开市场，所有的亏损都可称为浮亏，只要认真总结，汲取教训，同样的错误不要再犯，浮亏多了，也会逐步变成浮盈的！**

至于**大部分人亏损的原因，我觉得主要是他们在还没有实现浮盈之前就子弹用光了，被扫地出门，甚至终身不想再踏入期市！我想说，也许给他们足够多的子弹，他们是可以实现盈利的！**

问题8：有盘手表示，期货市场最不值钱的就是机会，最重要的是交易者的内心容量、格局和交易能力。您怎么看待这种观点？

王雷：期市永远有机会，永远都有的东西当然不值钱，而内心容量，格局和交易能力这些都不重要，**最重要的是不要亏光本金，被扫地出门！**

问题9：如果遇到您认为非常不错的机会，您是否会下重注抓住它？还是保持谨慎小心的心态轻仓交易？您在交易中会怎么配置整体的交易仓位？

王雷：前面说过机会永远都在，机会并不值钱，因此交易的仓位永远不会跟"机会"挂钩，只会跟交易策略和资金管理挂钩！

问题10：您目前拥有一套交易系统，请您介绍一下系统的核心和特点。

王雷：本人交易系统核心在于资金管理，只要管理好资金，其他的交易环节不是特别重要，在做好资金管理的前提下，只要知道怎样下注胜率高就行了。

问题11：您采用的是自动加手动交易的模式，请问这样的模式有哪些优点？为什么不选择全自动？

王雷：众所周知，自动交易最大优势是克服了人性的弱点，手动交易是没有机器明知故犯的缺点。当然如果系统允许，我会选择全自动，现在也在朝全自动方面去努力。

问题12：程序化交易最怕遇到策略失效，您只有一套交易系统，若遇到此类情况，您会怎么应对？有在研究开发新的策略吗？

王雷：**如果对自己的策略有怀疑，就不应该去应用！** 当然，策略是一直在不断优化中。

问题13：据了解，您短线和长线都有做，什么样的情况下您会选择做短线，什么样的情况下又会选择做长线？当短线思维和长线思维出现矛盾时，您会怎么选择？

王雷：首先，不存在短线思维和长线思维，当行情短时间波动到平仓条件时就会自动平仓，当行情短时间甚至几个月都未能达到平仓条件，自然就成了长线！因此，每一个持仓是短线还是长线是由行情决定的，而不是由思维决定的！

问题14：交易中的出入场点也很重要，若抓到好的入场点和出场点，就可以吃到一整段行情。请问，您如何设置入场点和出场点？

王雷：跟上一问题一样，入场点和出场点一切由行情决定，当行情波动到开仓成交时自然会成交，平仓亦然！

问题15：在期货交易上，您目前是多品种交易还是专注于一个品种？有投资者表示，现在必须精选品种才能提高盈利效率，比如某个阶段选黑色，某个阶段选有色，某个阶段选能化或农产品。您是否认同？您是如何选择品种的？

王雷：品种的选择只看波动率，一般只选投机者参与众多，波动比较厉害的，如螺纹、橡胶、豆粕，从某种意义上说，**这个品种是什么不重要，重要的是它要有波动，而且波动越厉害越好！**

问题16：您目前采用的是基本面与技术面结合的交易方式，那么是如何来进行配合的？会更偏重于哪个？

王雷：基本面与技术面都不是很重要，当然交易系统里面也会参考基本面和技术面的因素，基本面方面主要考虑品种价格有没有明显背离它应有的价值，技术面主要考虑参与者的心理预知。基本面和技术面这两者对交易来说都不重要，当然就不存在偏重哪一个了。

问题17：在期货市场摸索的道路上，大多数投资者都有大赚大亏的经历，因此有投资者表示，只有经历过大赚大亏才能走向成熟。请您谈谈您最难忘的大赚和大亏经历，从中收获了哪些经验总结？

王雷：**在期市里，亏损和盈利都是必然现象，大亏大赚也是理所当然，这也是期货魅力所在，吸引人的地方！** 要感谢每一次大亏，因为每一次大亏之后都将会迎来大赚，当然大赚之后也要开始准备迎接大亏了！因此**在期市里，赚和亏都是属于正常和必然的现象，只要在自己交易模型内的操作，亏和赚的结果就不值得过多关心！**

问题18：大部分投资者都明白止损的重要性，但在实际交易中却往往做不到，对于止损，您是如何做的？一笔单子进场后，您一般如何设置初始止损？有盈利的单子，又如何设置止盈位？

王雷：**要想有资格继续待在市场里，该断则断！**

开仓成交的每一单，开仓下单前就已经注定了这个单会在哪个地方平仓，满足了条件它自然会成交平仓，因此不必去操心止损止盈的事情。

问题19：如果您持续亏损较长时间，您会用什么样的方式来调整交易状态？

王雷：前面说过，亏损和盈利在期市都是属于一个正常的必然现象，只要每一次交易都是自己交易系统内进行的，对于亏损也要心存感激，因为亏损也是属于计划内的！

问题20：有投资者认为，交易中没有真正的风险，唯一的风险就是不能控制自己，这才是致命的。您怎么看待这种观点？对于交易中的执行力和自控力，您的表现如何？

王雷：非常认同这种观点！**期货市场从某种意义上说，也是一个赌场，一个非理性的，没有自控力的赌徒在赌场里的结果是注定的。要想在赌场里取胜，就必须做一个理性的，有较强自控力的，严格遵守交易计划的赌徒！**

问题21：资金管理的重要性是不言而喻的，好的资金管理，可以决定一个交易员的"生死"。在资金管理上，您是如何做的？

王雷：**资金管理是投资的核心，离开资金管理去谈任何交易模型都是瞎扯，离开资金管理去做任何交易都是非理性的疯狂赌徒的行为！**本人的资金管理核心是，让有限的资金在市场上变成无限的资金。

我主要根据自己的资金情况，在交易中，始终须预估行情在最为极端、最为不利波动的情况下，自己的资金依然能够承受得住！在交易模型设计上，这是核心，一切交易行动均围绕这点展开！

问题22：如何让有限的资金在市场上变成无限的资金？

王雷：**通过很好的资金管理，让自己的资金能够承受得住最为极端不利的行情波动，对于市场来讲，我的资金就是无限的，因为无论行情多么恶劣，我依然在，市场终会向我折服。**

问题23：交易前的准备必不可少，但有投资者表示，就算做好了十分的准备，期市还是有一百种犯错误的机会。您怎么看待这种观点？您觉得投资者如何做才能减少犯错？

王雷：交易模型建立后，所谓的交易前准备是不存在的，严格执行交易模型的交易计划就可以了。

问题24：每个交易者在不断提升自己的过程中，都会遇到一些问题，您认为目前您在交易上遇到最大的瓶颈或者问题是什么？

王雷：本人遇到最大问题是，我太太不让看手机，电脑就更不用说了，家里的电脑基本上没开过机，因此，期货交易须争得家人同意，尤其是太太的同意尤为重要！

需要说明一点，我太太是支持我做期货的，但她反对我在家频繁看手机和看电脑，只要期货不影响正常的工作生活，不影响带娃教娃，我太太是没意见的。当然不能频繁看行情，因此操作模型上也会考虑这些因素做一些调整，总体上，对交易并没有太大影响！

问题25：有人认为期货市场是热血的，也有人认为期货市场是危机四伏的，还有人认为期货市场是"草根"逆袭的最佳平台，您怎么看待期货市场？您觉得期货市场是一个怎样的"世界"？

王雷：期货市场是一个有规律可循的赌场，在这赌场里，有一大批非理性的，疯狂的赌徒，你要做的，就是去赢这帮赌徒的钱！

问题26：在期货市场越来越成熟、越来越专业化的今天，您会不会觉得交易难度有所增加？您觉得个人投资者怎样才能在如今的市场中生存？

王雷：在赌场上，最后的赢家一般都是实力雄厚的庄家，因此，个人投资者要想赢，就必须想办法战胜机构投资者和庄家，因此在资金管理水平上就必须超越大资金的机构和庄家！

问题27：对于未来的交易之路，您有什么规划？是否有考虑参与股票或者外盘投资？

王雷：期货只是生活的润滑剂，只是业余的娱乐之一，因此对待期货不必太过于认真！

问题28：您在第八届"蓝海密剑"中国对冲基金经理公开赛上获得了陆军组第三名的好成绩，请问您参与大赛的初衷是什么？除了成绩，您觉得自己还收获了什么？

王雷：参加比赛会让自己的期货投资更为娱乐些，让期货交易不会显得太过于寂寞！

问题29：在参与大赛的过程中，有哪些高手让您印象深刻？他们有哪些优点让您敬佩？对于他们的交易方法，您会学习或借鉴吗？

王雷：只要玩期货的人，他们都很可爱！

马登涛：在交易机会面前懂得取舍

（2017年11月8日　韩奕舒访谈整理）

马登涛

甘肃酒泉人，2008年开始进入期货市场，目前是专职操盘手。主要做中长线，以技术面为主的主观交易，纯手工交易。曾在2013年华龙股指期货比赛中获得客户组第一名；在2016年"蓝海密剑"中国对冲基金经理公开赛取得陆军组第二名，晋衔奖。

精彩观点：

期货，确实是一个不错的平台，至少它绝对的平等。

当失去的再没什么失去的时候，就做到轻松交易了。

期货就是一个挑战人性的游戏，你能输得起多少才能在这里赢取多少。

交易策略核心还是建仓的介入点把握得比较精确，策略中对后期走势的预期计划的相对充分些。

在期货市场里就是一轮涨与跌的交替，趋势一旦形成，在一个周期内是很难转势的，确定一个周期内的方向就只做这一边。

在交易机会面前懂得取舍是很重要的，只要放弃90％的机会，交易就不难。

我没有特定的过滤条件，只是懂得适时休息，大赚之后休息、大亏之后休息，把自己从涨涨跌跌的行情里分离出来。

稳定盈利之后的这几年最大的回撤差不多是50％吧，经验告诉我超过这个级别的话会重挫我的自信心，所以我一般不会让自己去越界。

我一般连续止损三次就停止交易了，在这段时间让自己以一个局外人的身份去看待市场。

现在我只专注铜、胶、黄金、豆油和粕这五个品种，只有这五个品种让我大赚过，这样操作起来就更有自信了。

去年的这个高收益，主要还是市场的走势符合了自己的预判，而我也正好做足了仓位。

对于后期我并不认为除了黑色系的商品会走出一波牛市，去年的行情也只是一波反弹而已。

（学习交易的过程）就像你买了一篮子苹果后你挑出了烂果子，然后把好的苹果再装进篮子里，这是一个由简到繁再到简的过程。

技术派交易者光懂技术可以在交易市场赚到钱，要想大成就得靠胸怀和格局。

必须明白自己的分析有时也会出错，要明白亏损也是交易的一部分，要明白放弃一些机会，要学会坦然接受。

我不敢标榜交易成功的人有多好，但我敢肯定他一定会是一个好人。长时间在这个市场里被一次次的失败和挫折蹂躏后，他知内敛、守规矩、不逾矩、懂自省、常学习、会感恩、自制力和意志力强。

期货市场是一个轰轰烈烈的战场，存活下来的人大多都喜欢在平静的生活中寻找一份安逸。

只要能坚持住的人，都会在这个市场生存下来。但要赚到大钱，那就需要悟性了。

不要用有压力的钱去做，那样会扭曲你的交易心态，这样是最致命的。

其实在期货市场，一年目标收益50％以上是很轻松的，因为这个市场从来不缺机会，只缺等到机会的人。

交易者一定要有信念，相信自己所学的知识，相信自己的分析结果。

问题1： 马登涛先生您好，感谢您和七禾网进行深入对话。据了解，您在2008年大学毕业后就在家专职做期货。我们都知道，交易之路本身就非常艰难，不少人都会选择边上班边兼职做期货，但是您当时为何会在毕业时就选择专职期货这条路？当时是否遇到过一些困难？

马登涛： 对像我这样出身平凡成绩也不出众、性格还有些内向的普通人来说，想要改变自己的命运。**期货，确实是一个不错的平台，至少它绝对的平等。** 选择专职期货也是源自于对自身的了解，我从小就觉得自己不聪明，只有比别人更加专注地去做一件事才能有所收获。在大学并不是学习的金融相关的专业，我是在2007年全民买基金的时候接触到股票，后又在2008年大熊市的时候，偶然情况下知道了期货，被它的双向和杠杆规则所吸引。选择专职期货最大的困难就是资金的问题了，你交易需要资金，生活需要资金。好在刚开始做期货我父母比较支持我，所以启动资金并未成为阻拦我专职期货工作道路上的拦路虎。

问题2： 很多人都说，没有经历过暴仓的盘手生涯是不完整的。虽然存在一些天生风险意识特别强的人，但是大部分盘手在初入市场时都经历过爆仓。您是否也有过这样的经历？印象最深刻的一次是怎样的？得到的经验和教训是什么？

马登涛： 爆仓无非就是因为重仓、死扛、不止损，能成功的交易员都是从死人堆里爬出来的，但也确实有没爆过仓还成功的交易员，只是很少。和大部分人一样，我经历了5次爆仓，熬过了长达4年半不盈利的状况。在这四年半里，我总共亏损了大概60多万元，当然每次都是资金翻了数倍赚了钱之后又亏掉的。

2008年下半年，我刚接触到期货并未一开始就开户入金操作，鉴于2007年股票失败的教训，我是学习了一段时间并做了3个月模拟交易后在2009年初开始入金操作的。3个月账户翻了两倍，自大的情绪让我导致接下来的操作开始不谨慎了，在8月底第一个账户爆仓总共亏损20万元。这次的爆仓对我打击最大，第一次品尝到了失败的滋味，不仅亏了钱，在接下来相当长的时间里恐惧还充斥着我的内心，记得当时我们本地的房价还不到两千。失败让我对交易产生了敬畏，但并未磨灭我要立志以期货为生的交易梦。

问题3：您在交易了多少年之后才慢慢开始稳定盈利？亏损和盈利之间的转折点是什么？能够盈利的关键是什么？

马登涛：到2012年底，在经历长达4年半的亏损之路后，家里人基本上再拿不出钱来支持我完成自己的理想了。2013年初，我做了一个大胆的决定，卖掉父母给我买的婚房再继续交易。这件事我是瞒着家里人做的，当时我以低于市场水平的价格出售了自己名下的那套房产，拿到现金后我就出走了，找了个陌生的城市租了个小单间。但事情发展并未如我预期的那样，卖房子打入账户的40万元（当时总共50万元，留了10万元）一个月时间就亏损掉了一半。在想过未来生活后决定，账户资金低于10万元的时候彻底离开这个市场，回酒泉找个工作，用剩下的钱付完首付按揭套房子再不折腾了。也就是在那时，**当失去的再没什么失去的时候，就做到轻松交易了。**也不抗单了，也不冲动交易了，能按照计划执行了。我觉得**期货就是一个挑战人性的游戏，你能输得起多少才能在这里赢取多少。**

问题4：您目前的交易体系包括哪几个方面？最大的特征是什么？您觉得这套体系能否持续盈利？

马登涛：和大多数交易员一样，我的交易体系也包括五个方面：交易理念、交易策略、技术分析、资金管理和有效执行。我的**交易策略核心还是建仓的介入点把握得比较精确**，策略中对后期走势的预期计划的相对充分些。做长线最难的就是需要承受波动的洗礼，能坚持住自己的分析并做好有效的资金管理。只要坚持执行自己的仓位管理，做到盈利出金，我觉得这套交易体系还是能长期存活下去并做到持续盈利的。

问题5：在期货市场中顺势是很重要的，尤其是对中长线交易者来说。那么您理解的趋势是怎样的？在不同强弱的多空市场具体如何做到顺势？

马登涛：做中长线一定要有大局观，我是一个纯技术的交易员，就分析来说更注重长周期的分析，万事万物都有一个轮回。**在期货市场里就是一轮涨与跌的交替，趋势一旦形成，在一个周期内是很难转势的，确定一个周期内的方向就只做这一边。在交易机会面前懂得取舍是很重要的，**就如2016年开始，这一轮的反弹中，我就只做多但会规避回调，就是这样只做一个方向。

问题6：您是否会过滤一些交易机会？会有哪些过滤的条件？

马登涛：**只要放弃90%的机会，交易就不难。**期货市场每年80%的时间都是在震荡，但震荡并不是期货市场存在的目的，而是一个过程。即使中长期维持震荡，也会在某个时间点下向某个方向穿刺。**我没有特定的过滤条件，只是懂得适时休息，大赚之后休息、大亏之后休息，把自己从涨涨跌跌的行情里分离出来。**一方面是把自己从涨涨跌跌的行情里分离出来；另一方面让自己在休息中充电总结，为下一次战斗做准备。

问题7：当行情处于顺势的状态时，按照趋势跟踪的理念是不应该做止盈的，等待利润回撤到一定程度时系统会自动止盈。您会主动止盈吗？您是如何看待和对待利润的？

马登涛：理论来讲是你说的这样，但我在计划一笔交易时，都会计算出所要操作品种的盈亏比和目标位，当行情快速达到我的目标位预期时，我会主动止盈大部分仓位，留着小部分看有没有意外收获。因为我现在的一切都是期货市场给的，不管一笔交易多少利润都是市场的恩赐，与我自身并没有太大关系。盈利我就出金，做些其他方面的配置，只要能在这里活着就玩下去，哪天账户的资金亏完了，我就离开了，我是不会再入金的。

问题8：在中长线交易中，当行情出现震荡时，也会反复止损的情况。您最多连续止损过多少次？最大回撤在多少？

马登涛：做中长线对介入的时机要求比较高，需要你判断出临界点，当然最理想的状况就是你建仓后就突破了，但多数情况还是会出现反复止损的情况。当然要遵守错的时候尽量少亏，对的时候尽可能地多赚。**稳定盈利之**

后的这几年最大的回撤差不多是50%吧，经验告诉我超过这个级别的话会重挫我的自信心，所以我一般不会让自己去越界。

问题9：您对单笔交易会进行怎样止损？又是如何控制整体账户的回撤？

马登涛：一笔交易在建仓之前，我都会先做好"沙盘推演"，也就是多种预案，如果在临界点介入后没有朝着我的预期走，我会选择止损；再就是这一笔单子的亏损超过了我的预期，让我很难受的话，我会选择减仓或者止损。**我一般连续止损三次就停止交易了**，短的话一两周，长的话一个月，**在这段时间一是让自己以一个局外人的身份去看待市场**，二是重塑自己交易的信心。此外，如果一波行情做完盈利的话会出金，去配置点其他资产以增加自己的安全感。期货本来就是带杠杆的生意，没必要放太多钱在里面博。

问题10：您在品种选择上是专门只做几个品种还是全品种交易？有人认为，现在必须精选品种才能提高盈利效率，也有人认为布局全品种能相对分散风险，您怎么认为？

马登涛：在我交易初期时三大商品交易所和中金所的品种我都做过。而**现在我只专注铜、胶、黄金、豆油和粕这五个品种**，原因是在我交易过的所有品种里，**只有这五个品种让我大赚过，这样操作起来就更有自信了。**当然我也不否定多品种仓位配置，交易之道，适合自己的就是最好的，但永远不要拿着别人的"地图"走自己的路。

问题11：您在去年获得了七倍多的收益，主要是做到了哪几波行情？您认为能够获得这么高收益的因素有哪些？

马登涛：一个交易员的成功确实需要市场的配合，去年的商品期货市场就是一个很好的机会，我算是牛市的后知后觉者吧。2016年初的时候都一直握着黄金的空单，在1月的时候还是亏损的，在2月底才判断出来这波商品的反弹。后期的盈利主要来自于三季度做多豆油和四季度的多胶，11月橡胶的加速段我算是从头吃到尾了。**去年的这个高收益，主要还是市场的走势符合了自己的预判，而我也正好做足了仓位。**很感恩这个市场吧。

问题12：若是将去年的收益归结为行情的配合，其实除连续上涨的几个月之外，行情也还有调整的时期，但是您的曲线几乎是没有回撤的上升，这是如何做到的？

马登涛：不否认去年的收益曲线确实很漂亮，这还是归功于市场的走势正好符合了我的预期吧，我的每次建仓点都正好是一波行情的启动点。

问题13：有人说今年技术分析不好做，容易亏钱，您是否认同？为什么？

马登涛：回过头来看走过的这些年，其实每年都不好做，但每年都还是有赚钱的人。也许有一段时间我们的分析正好碰上行情的运行，不要太得意忘形，那是市场对你的奖励；也许过一段时间我们的分析开始不断出错，也不要沮丧，要么轻仓、要么休息等待属于我们自己的下一波行情。伟大都是熬出来的。

问题14：今年上半年虽然商品整体震荡，但是6、7月黑色系一波流畅的上涨行情还是让不少投资者重新站上去年"双十一"的高点。您今年参与了哪些行情？

马登涛：我今年完全是犯了看对没做对的错误，1、2月参与了商品的冲顶，盈利20%，然后清仓后出去旅行了一周。与此同时也认为商品接下来的回调，只是预期回调不会太深（当然我所指的只包括我关注的五个品种），但也看好商品三季度的反弹。最后我在关注的品种里选择了铜作为我下步计划的操作品种，所以在4月中开始试仓，由于介入的时机过早，第一次试仓被洗出来了。第二次试仓是在4月底，因为仓比较轻，所以我就一直逐步逢低吸纳。等仓位建足后我就一路持有，铜在震荡了两个月后于7月10日正式启动，而我的单子就是在7月10日被我止损的。看着之后的铜一路上扬，这笔单子对我打击还是很大的，所以我在之后的日子里都选择了休息，直到10月中才又回到了市场。**对于后期我并不认为除了黑色系的商品会走出一波牛市，去年的行情也只是一波反弹而已。**

问题15：有些人认为在交易市场中，书看得越多，指标和方法学得越多，反而亏得越多，您是如何看待这个问题的？

马登涛：要想在交易市场里活下来、活得久，你就必须不断地学习。并不是说书看得越多，学得越多反而越亏。在交易初期，你必须勤奋多看书，而且最好技术分析书籍都懂得一些。因为只有你都看过了，才能知道什么方法是适合自己的。**就像你买了一篮子苹果后你挑出了烂果子，然后把好的苹果再装进篮子里，这是一个由简到繁再到简的过程。**当然你有了自己的交易系统后就可以看看其他方面的书以提高自身的素养了，记得我是刚开始看交易技术分析书籍，有一段时间还爱看佛学的书，现在我基本上是看自传、哲学等方面的书多些。

问题16：您曾经在文章中提到"胸怀是决定能否盈利的关键"，具体如何理解交易中的胸怀？

马登涛：**技术派交易者光懂技术可以在交易市场赚到钱，要想大成就得靠胸怀和格局了。**在这篇文章中所谈到的关于止损的胸怀、回撤的胸怀和放弃的胸怀都是为了让自己接下来的交易提高胜算，我们**必须明白自己的分析有时也会出错，要明白亏损也是交易的一部分，要明白放弃一些机会。要学会坦然接受，**如果接受不了的话，就会在交易规则的迷宫里打圈圈，迷失在其中。

问题17：有人说，做交易成功的人一定是底线很高，很有原则的人，您认为在市场中一定要遵循的原则有哪些？

马登涛：**我不敢标榜交易成功的人有多好，但我敢肯定他一定会是一个好人。长时间在这个市场里被一次次的失败和挫折蹂躏后，他知内敛、守规矩、不逾矩、懂自省、常学习、会感恩、自制力和意志力强。**专职交易者的生活中包括交易，交易也是他的生活，这些习惯有助于交易。这也是很多成功的交易员更愿意选择低调的生活，还会常常去做一些善事的原因。**期货市场是一个轰轰烈烈的战场，存活下来的人大多都喜欢在平静的生活中寻找一份安逸。**

问题18：您认为什么样的人更有可能在这个市场中生存下来？什么样的人能在市场中赚到大钱？

马登涛：我的交易路，开始时一直靠家里人资助，当一次次亏光父母积攒的大半生积蓄时，已经没人相信我会成功了，也包括我的父母。他们也劝过我离开，我说：一辈子只要完整地做好一件事就足够了，一个傻子用20年去做一件事都会成功，你们生的又不是傻子。当然在当时我说这样的话是有些赌气，但也正是这样的韧劲支持着我的信念。要说是生存下来，**只要能坚持住的人，都会在这个市场生存下来。但要赚到大钱，那就需要悟性了。**我一直把期货当做游戏，是游戏就不要太在乎输赢，你太看重这些反而会容易失败。

问题19：对于刚刚进入期货市场的人，您有什么建议？您认为需要做好哪些准备？

马登涛：我是不赞同身边的人进入这个市场的，如果你非要进入的话那就记住一点，别亏光你的全部现金。最好把资金分为十等份，去不断地试错。交易者最怕就是以为自己入门了，拿着剩余的钱去拼，结果还是失败了，那样你连翻身的机会都没了。也**不要用有压力的钱去做，那样会扭曲你的交易心态，这样是最致命的。**

问题20：您去年参加了"蓝海密剑"大赛，获得了陆军组第二名的好成绩，对此您有何感想？对这个成绩是否满意？

马登涛：2016年初我给自己定的目标是盈利50%，这个成绩已经远超过我的预期，所以还是比较满意的。**其实在期货市场，一年目标收益50%以上是很轻松的，因为这个市场从来不缺机会，只缺等到机会的人。**有了目标，你才有动力，切记不要在这里想着一夜暴富，不然你只会输得一败涂地。

问题21："蓝海密剑"大赛上不乏征战多年的期货老将和初出茅庐的新星，其中是否有您比较欣赏的选手？他们身上有哪些值得学习的地方？

马登涛：通过参加"蓝海密剑"的比赛，认识了像周伟、张军、严胜德等业内的成功者，也有很多和我一样刚刚做起来的个人交易者。只要是成功的交易者，无论是老将还是新星，他们身上都有我学习的东西。周伟老师管理的基金今年也收益颇丰，我看了他的收益曲线，也是在二季度多单仓位有了不小回撤，但在三季度重仓出击多单赚取了丰厚的利润，这应该就是交易的信仰带来的成果吧。**交易者一定要有信念，相信自己所学的知识，相信自己的分析结果。**

问题22：您也即将迎来自己期货交易的第一个十年，您如何总结这第一个十年？您对于未来的交易之路有何规划？

马登涛：能活下来我就已经很知足了，我不愿意去计划自己接下来要挣多少钱，只要你能一直在这个市场里活着，你肯定也穷不了。我就希望我能在这里一直玩下去，看看自己面对这个挑战人性的游戏能玩多久，顺便看看自己能从这个市场里提走多少钱。

严圣德：连续盈利十年的秘诀

（2017年12月4日　沈良访谈整理）

严圣德

网名"六年、F六年"，福建德胜资产管理有限公司董事长，共青城独角兽投资基金经理；拥有长达近20年的证券、期货投资交易实战成功经验和扎实的理论基础，对于资本市场具有敏锐的洞察力；擅长在投资证券、期货中运用多市场、多策略、多周期的系统化交易。

2009年，获蓝海密剑期货实盘大奖赛陆军组第二名，收益率达326%；

2010年，获上海中期程序化交易大赛机组冠军、机组人组总冠军，收益率达408.5%；

2010年，受聘成为东航金融种子一号基金的基金经理；

2011年，蓝海密剑期货实盘大奖赛以纯日内短线交易模式，获机枪手第二名；

2013年至2015年，单账户"F六年"参加七禾网实战排行榜，获累计收益盈亏第一名，两年多来累计收益达1亿余元；

2014年，首批获得东航金控商品投资顾问（CTA）资格，并受聘成为东航金融精英孵化基金的投顾；

2015年，创立福建德胜资产管理有限公司并担任执行董事，先后运作海通德胜1号和金友德胜壹号资产管理计划两只资管产品；

2016年，在蓝海密剑中国对冲基金经理公开赛，累计净收益达1亿余元，获得实盘大赛元帅头衔；

2016年，金友德胜壹号入选第十一届中国私募基金风云榜年度最受欢迎管理型期货榜单，七禾基金奖量化单项奖，获排排网基金经理榜2016年收益率亚军。

2017年3月底，共青城独角兽投资管理合伙企业正式取得私募基金管理人牌照。

2017年，获第十一届全国期货实盘大赛程序化组第五名、金友德胜壹号获优秀资产管理奖第八名，共青城独角兽投资发行的三只产品分别获排排网前三季度新锐私募基金"股票策略"冠亚军及第8名。

精彩观点：

(中国股市)大多数的市场参与者是怀揣着"赌博"的心理来做投资，结局自然可想而知。

我们主要采用的股票交易策略包括以下3种：①多因子量化选股策略；②趋势跟踪量化策略；③价值投资策略。

多因子选股策略是策略自动选取。

趋势策略是基于先前制定好的择选标准，并结合最近行情热点，再由人工对于符合标准的标的证券进行汇总，从而形成股票池。

价值投资股票池是先通过一定的因子由计算机自动筛选出符合的股票，

然后再由人工逐一分析、评分、判断选出的。

对于趋势策略来说，会根据大盘的走势以及市场热点来选股票池。

价值投资策略的选股，遵循好生意、好公司、好价格，"三好"原则。

账户目前一般只同时持有30～50只股票。

目前我们的股票策略主体是偏向中长期的，因此我们换股的频次一般不会太频繁，如果市场成交量活跃时我们会加大中短线配置。

通过运用多种正期望值的策略产生的叠加效应来增强收益及分散产品的整体风险。

当系统性风险出现时合理运用股指期货对冲风险对我们意义重大。

大消费、高端制造业、金融、医药、科技类等都有涉及。

其实今年我们主要投资的就是趋势很好的"白马股"。

我们重点关注会涨的股票，不涨不买。

我们在刚结束的全国期货实盘大赛上还拿了两个奖项。

在市场行情与你交易策略不匹配的时候，风险控制就变得尤为重要。

目前期货市场上专业的投资者越来越多，赚钱也相对来说更加困难。

CTA策略总体而言是可以长期生存的。

如果说跟别人有什么区别，我想可能是我们在策略把握、风险控制及交易心态上可能会做得好一些吧。

形成了"一对多，多对一"的交易方式，即一个策略对应多个板块或品种，同时一个品种又对应多种策略分布。

选择流动性好、成交量活跃、可追溯历史较长的品种作为主要的交易品种。

我们目前做期货配置的策略大概有20几种，大部分策略的主导理念是趋势跟踪，顺势而为。

最重要的是对于风险的管理能力，交易不顺时不致于元气大伤，活着才是最重要的。

我们的目标是想在未来六年内每年还能保持做到正收益。

长远的目标是创建一家能传承百年的资产管理公司。

混合策略的产品中股票、期货、现金管理的资金分配比例大约是6:2:2。

股票策略和期货策略的互补性效果很好，与我们之前的纯股票策略或纯CTA策略相比，不仅增强了收益，也减小了回撤。

随着时间的推移，势必将淘汰一些综合管理能力较弱的私募机构，也会成就一些优秀的行业"佼佼者"。

无论什么类型的产品，只要产品可追溯的时间周期够长，产品的业绩一直表现得很稳健，我觉得就可以去关注它。

问题1： 严总您好，感谢您在百忙之中接受东航金融和七禾网的联合专访。您从大学时代就开始接触股票了，通过这些年的切身参与，您觉得中国股票市场最大的特征是什么？在这个市场，哪些人在赚钱？

严圣德： 中国的股票市场相对于西方国家来说，交易制度尚不完善，市场的体制方面仍存在一定缺陷，投资者不成熟，投机者在这个市场上占很大的比例，**大多数的市场参与者是怀揣着"赌博"的心理来做投资，结局自然可想而知。** 我认为在这个市场上，**真正能赚钱的投资者，一是少数有经验技术和资源优势的人，二是那些善于发现企业"内在价值"、有足够耐心与投资的企业共同成长，"用时间换空间"，以取得长期、稳定收益作为目标的人。**

问题2： 您的股票投资用的是量化模式，请问采用什么类型的交易策略？

严圣德：我们主要采用的股票交易策略包括以下3种：

(1)**多因子量化选股策略：** 采用一系列的"选股因子"作为标准，根据衡量标的证券是否符合这些"因子"而判断买入或卖出。

(2)**趋势跟踪量化策略：** 我们会按一定规则选出股票池，然后用趋势跟踪方式顺势而为，就是当股价出现上涨趋势时，则追涨买入；如果出现下跌趋势时，则卖出。

(3)**价值投资策略：** 我们会按一定规则选出股票池，综合判断公司的历史情况、管理层情况、估值指标、财务数据、行业特点、护城河、发展前景以及长期价格走势等。如果判断一家公司符合我们的价值投资策略，我们就会长期持有，直到选它的指标发生变化。

问题3：您的股票投资体系中，选股是量化系统完全自动选的，还是人工按照某些标准选一些股票形成股票池？

严圣德：多因子选股策略是策略自动选取。趋势策略是基于先前制定好的择选标准，并结合最近行情热点，再由人工对于符合标准的标的证券进行汇总，从而形成股票池。价值投资股票池是先通过一定的因子由计算机自动筛选出符合的股票，然后再由人工逐一分析、评分、判断选出的。

问题4：个股具体的进出场只和个股自身的相关指标、图形有关呢，还是会参考大盘的走势？

严圣德：首先要看个股是属于我们股票策略模型中的哪一种类，对于多因子量化选股模型来说，我们是根据个股自身的相关因子来决定是否持有或卖出；**对于趋势策略来说，会根据大盘的走势以及市场热点来选股票池**，然后根据个股价格走势来决定进出场；而对于满足**价值投资策略**的个股，我们主要关注企业自身基本面的变化和估值水平来决定买卖点，注重企业的内生增长力，买股票就是买公司，**遵循好生意、好公司、好价格"三好"原则，**以合理价格买入长期投资，一是赚取企业成长带来的收益，二是赚取企业估值提升带来的收益。

问题5：整个账户一般同时持有多少只股票？每个股票平均持仓多长时间？换股是否频繁？

严圣德：账户目前一般只同时持有30～50只股票，股票的持有时间长、中、短期都有，标的个股的持有时间和换股频率主要是与相应的策略以及具体的执行情况有关。总体来说，**目前我们的股票策略主体是偏向中长期的，因此我们换股的频次一般不会太频繁，如果市场成交量活跃时我们会加大中短线配置。**

问题6：您的股票交易模式和市场上的股票主观多头、股票T+0、阿尔法套利等模式相比，有何优势？

严圣德：首先从交易策略的种类上来说，我们的交易策略比较多样，既有先进的量化交易策略又有经典的价值投资策略，**通过运用多种正期望值的**

策略产生的叠加效应来增强收益及分散产品的整体风险。因为有丰富的期货量化交易的经验，不仅对我们的股票量化策略的开发很有帮助，同时在通过运用股指期货对冲股票现货持仓的风险上也有很大的优势，并且对冲用的股指期货单独交易也是正期望值的策略。我们都知道，**就算是公司基本面很好的估值也不高的股票，在系统性风险出现的时候也难免会出现比较大的跌幅，**对净值产生较大的影响。我们的目标是想在未来几年内每年还能保持做到正收益，所以**当系统性风险出现时合理运用股指期货对冲风险对我们意义重大。**

问题7：2017年您的股票投资收益良好，请问主要做了哪些板块？现在仍在重点关注或持有哪些板块？

严圣德：我们的交易主要是顺势而为的理念，关注基本面趋势、技术面趋势及大盘趋势，我们投资比较分散，所以版块看起来就比较多，像大消费、高端制造业、金融、医药、科技类等都有涉及。但总结起来，其实今年我们主要投资的就是趋势很好的"白马股"，我们重点关注会涨的股票，不涨不买，涨几年，涨几月，涨几周或涨几天，根据涨的时间周期和基本面及市场情绪不同匹配相应的交易策略。

问题8：2016年双十一以来，期货市场CTA策略总体表现不佳，较多老手都没赚到钱，甚至亏钱。您觉得这是什么原因造成的？

严圣德：我们今年表现还算正常，**我们在刚结束的全国期货实盘大赛上还拿了两个奖项，**我觉得这是市场更成熟的表现，期货市场是个零和市场，不可能大多数人都赚钱。随着越来越多的机构投资者参与到期货市场中来，大家的交易方法都比较成熟，且其中CTA策略的占比又很大，这就导致了CTA策略的盈利难度也越来越大。所以优秀的投资策略应该适当的顺应市场的变化，与时俱进。当然，**也没有人能在所有的行情中都取得盈利，作为交易者来说，耐心和坚持是很重要的事。在市场行情与你交易策略不匹配的时候，风险控制就变得尤为重要，**就像我常说的，在期货市场上"活着才是最重要的事"，风险控制好的话，短期的盈亏不是很重要，重要的是等行情来时你还在不在，长期是否能稳定盈利。

问题9：就您看来，传统CTA策略表现不佳的情况会不会延续下去？为什么？

严圣德：我认为任何策略都有一定的局限性，包括传统CTA策略也一样，至于表现不佳的情况会延续多久我无法判断，只能说**目前期货市场上专业的投资者越来越多，赚钱也相对来说更加困难，**CTA策略在国外已经发展很久了，至今仍然有盈利的空间，所以我认为**CTA策略总体而言是可以长期生存的。**另外，在这个市场上能否赚到钱还取决于于交易者本身的能力，交易系统是否完善以及其对策略的驾驭情况。在任何一种行情中总是有人赚钱，有人亏钱，只有不断提升自己的交易水平，才能在这个市场中占据优势地位，也就是行情不好大家都亏钱的时候尽量少亏点，行情好大家都赚钱的时候尽量多赚点。

问题10：虽然市场上的期货量化策略表现不佳，但您的期货量化策略表现良好，请问您用的策略和市场主流策略有何不同？

严圣德：我们主要做的是趋势跟踪策略，**如果说跟别人有什么区别，我想可能是我们在策略把握、风险控制及交易心态上可能会做得好一些吧。**

问题11：期货市场不同板块、不同品种的波动差异较大，您对不同板块、不同品种采用的是相同的策略还是不同的策略？为什么？

严圣德：我们的交易模型涵盖了多品种、多策略、多周期，**形成了"一对多，多对一"的交易方式，**即一个策略对应多个板块或品种，同时一个品种又对应多种策略分布，以这种复合交易模式来保证产品运行的稳定性。**我们目前没有针对某一个品种去设计单独的交易策略，**我认为只有普适性高的策略才更稳定，不同的板块、不同的品种的波动是会有较大差异，我们会在策略设计时把这些因素考虑进去，然后我们依靠设置不同的参数寻找一个平衡点来实现匹配。

问题12：有的品种相对活跃，有的品种相对不活跃，有的品种历史上盈利较多，有的品种历史上盈利较少等等，您对不同品种的资金配置比例会不会有所不同？

严圣德：从投资标的上来说，我们会**选择流动性好、成交量活跃、可追溯历史较长的品种作为主要的交易品种。**对于所选的品种，我们初始的资金配比会在大致相同的基础上适当的对成交量较大、盈利能力较强的品种增加仓位，但还是会控制在一个不大的范围之内。

问题13：您做期货目前具体配置了几个策略，每个策略有何特点？这些策略是否有主次之分？如何搭配这些策略？

严圣德：我们目前做期货配置的策略大概有20几种，大部分策略的主导理念是趋势跟踪，顺势而为。这些策略在运行过程当中是相互独立的，并无主次之分，在搭配这些策略的时候基本是平均分配的。

问题14：您2008年至今每年都赚钱，您觉得自己连续十年盈利的主要原因是策略优秀，是资金管理合理，是头脑灵活，还是运气好？

严圣德：行情和运气，短期确实也能主导交易结果，但幸运女神是不会一直眷顾某个人的。我觉得这是多种因素共同作用的，无论是交易策略、心理状态还是资金管理都能影响你的交易结果，我认为**最重要的是对于风险的管理能力，交易不顺时不致于元气大伤，活着才是最重要的。**

问题15：您觉得自己能否实现下一个十年每年都盈利？为什么？

严圣德：我们的目标是想在未来六年内每年还能保持做到正收益，我们现在有信心未来3还能做到每年都盈利，至于更久的时间，要看以后的市场情况，并且随着规模的扩大，交易肯定会偏向更长的周期，盈利周期也会变长，有某一年不赚钱我觉得很正常，但我相信，通过我和我身后团队的不断努力，有信心在下一个十年、二十年甚至更长的时间都能取得长期的盈利。

问题16：您创立了福建德胜资产管理有限公司和共青城独角兽投资管理合伙企业，成为私募基金管理机构。请问，您希望自己的公司将来成为一家怎样的私募机构？

严圣德：我对我们公司未来的憧憬是能成为一家"具有长期稳定持续盈利能力，受投资者喜爱"的私募机构。**更长远的目标是创建一家能传承百年的资产管理公司。**

问题17：德胜资产和独角兽投资旗下的产品，股票和期货的资金分配比例是多少？

严圣德：总体上来说，我们旗下**混合策略的产品中股票、期货、现金管**

理的资金分配比例大约是6:2:2。此分配比例主要是根据标的品种的风险度来设定的，一般来说期货的杠杆较大，风险度较高，因此我们在计算期货品种的持仓量时是以所持期货的总价值来衡量风险程度，而并非是按保证金的占比，一般保证金占比在2成、持期货的总价值在总资金2倍以内；股票投资标的相对分散，6成资金占比的风险度相对来说是能够把控的；2成的现金仓位一来是后备亏损余地，二来是倘若股市或期市出现确定性行情时，可以适时增加些投入。

问题18：产品中股票策略和期货策略的互补性如何？股票策略和期货策略搭配使用的好处有哪些？

严圣德：从目前的产品运行来看，**股票策略和期货策略的互补性效果很好，与我们之前的纯股票策略或纯CTA策略相比，不仅增强了收益，也减小了回撤**，复合策略其优势在更分散风险的情况下，提高了资金的使用效率并充份发挥杠杆和复利的作用，使产品运行更加稳定，随着持有周期的增长会逐渐体现其威力。

问题19：对私募机构而言，2018年是一个好年份还是坏年份？为什么？

严圣德：我认为私募是一个高速发展的产业，从近几年来看，无论是从私募的数量或者管理规模来看都呈现几何倍数的增长。这对于私募机构而言，意味着不论是从同业竞争角度或是受监管程度来说一定是愈演愈烈的，**随着时间的推移，势必将淘汰一些综合管理能力较弱的私募机构，也会成就一些优秀的行业"佼佼者"**，所以，我觉得对私募机构而言不管是在哪一年"打铁还需自身硬"。

问题20：对买产品的投资者而言，2018年可以重点关注哪些类型的私募产品？

严圣德：对于买产品的投资者而言，风险及期限匹配最重要。我建议不管哪年都可以重点关注一些长期以来表现比较稳定的私募产品，不管是股票型、CTA、还是混合型，我认为**无论什么类型的产品，只要产品可追溯的时间周期够长，产品的业绩一直表现得很稳健，我觉得就可以去关注它**。因为，我认为**成功不是偶然的**，如果一家公司的产品一直以来表现得都很不错，并且公司的交易团队稳定，那就一定有其独到之处，我认为这种成功的趋势也将继续延续下去。

俞小林：遇到极好的机会，宁可失败也要重仓入场

（2017年12月7日　顾姗姗访谈整理）

俞小林

毕业于浙江大学，17年期货投资经验，擅长中长线，操作风格稳健而又大胆。于2016年获得第八届"蓝海密剑"中国对冲基金经理公开赛空军组第一名。从2万元做起，到如今管理数百万资金。

精彩观点：

不求一夜暴富，但求不能出现巨赔。

（交易路程）第一个阶段，抄底，抄历史性大底。第二阶段，把握龙头，追涨杀跌。第三阶段，抄底摸顶，做大势做趋势。

每次持仓的品种不超过3个，如果看好了就直接满仓。交易方法就是抄底摸顶做大势做趋势，行情全面做多的时候不做多，行情全面做空的时候不做

空，顺大势逆小势，大幅减少交易次数，如果出现不利情况及时止损，降低回撤。

我的系统不是程序化，我觉得程序化是告诉投资者如何去做单，而我侧重的是什么品种不能做。

如何判断什么品种不能做，50日均线以上我就不会做空，50日均线以下就不做多。

阿基米德说过，给我一个支点，我能撬动整个地球。我觉得确定的行情趋势的末端，也可以作为一个支点，如果判断对，行情有可能很大，这时候我很有可能重仓。

围棋讲究布局，同样期货也如此，格局大的人一定能把期货也做好。

宁可放弃，也不做无谓的交易。

即将开盘或者收盘的时候，我一般不会做单，这段时间波动比较大，不确定性因素太多。

在期货市场，最重要的是活着。懂得放弃，才等得到真正的利润，宁可不入场，也不能错入。

我的方法是遇到极好的机会，宁可失败，也要重仓入场。我的交易次数很少，但遇到了合适的品种，当然是重仓入场，不可放过。

改善交易系统不是对以前的方法全盘否定，交易策略必须有一条主线，可以修剪枝干，调整瑕疵，但核心的方法不能变。

市场无论怎么发展，都会平衡用手工交易与用程序化交易人的利益，都会平衡做长线或是做短线人的利益，也会平衡做抄底摸顶与追涨杀跌人的利益，它会保证每种风格的人，都会有高水平的发挥。

我觉得期货市场分为两类人，一类人倾向于告诉大家什么品种可以做，另一类人倾向于什么品种不可以做。

黑色系今年是以下跌为主，多头只能做短线。

机构化与智能投顾时代的到来是必然趋势。

个人投资者有自己的交易方式，有自己的核心价值，主要优势是很灵活，操作起来也方便快捷，市场出现剧烈波动，也能及时撤退，不像机构投资者有各类的约束。

自己的主线不能轻易改，核心技术不能随意变，方式方法不能朝三暮四，要有自己的原则。做人一定要有主线有格局。

问题1：俞小林先生您好！感谢您在百忙之中接受东航金融和七禾网的联合专访。听说您是一名工程师，是什么原因让您接触到期货与股票行业的呢？

俞小林：现在想起来，当时想法很可怕，认为做股票期货是很容易的事情，还可以提高生活质量。从1990年有股市的时候，我就想如果能低买高卖，就可以赚钱。然后我用原始的工具，图纸、草稿本、尺子做一些技术分析，几年下来还真赚了点钱。在这样的状态下，觉得自己的水平还算高的，然后就进入了期货市场。

问题2：您认为期货市场是和平时期无硝烟的战场，能够很好活下来的都是英雄。您入期货行业有17年之久，称得上一名期货老将。作为期货英雄之一，您觉得"活下来"的关键是什么？

俞小林：我觉得关键是做好回撤，**不求一夜暴富，但求不能出现巨赔**，还要大幅减少交易次数，同时调整好心态。每个人的风格不一，有些人偏好反复做某个品种，而我则尽量不做，但碰到机会的时候，我会重仓。

问题3：您将自己的交易路程分为了三个阶段，请问各个阶段您的交易思路以及理念有何转变？

俞小林：**第一个阶段，抄底，抄历史性大底**。在期货市场，往往会出现最低点很难扛的情况。在黎明前的黑暗中，很多抄底者就牺牲了。比如，2007年4—5月棉花的低点，最低点没有扛过来，结果就错过了后来很大的行情。思来想去，就出现了**第二阶段，把握龙头，追涨杀跌**。这个阶段来钱很快，回撤也会很大，几年下来也没有赚到钱。但2010年通过这个方法，比赛还拿到了名次，可是到最后还是出现了回撤。要解决资金回撤的问题，就到了**第三阶段，抄底摸顶，做大势做趋势**的方法，我的交易系统是根据不同的时间段不断地调整，我现在在第三阶段还在不断完善。

问题4：2011年至2013年的回撤较大，这段时间又是如何坚持过来的？

俞小林：2011年至2013年，我用的方法是把握龙头，追涨杀跌的方法。由于我遇到龙头会采取满仓操作，市场稍微变化，会让市值变化很大，让人难以接受，尤其上班族交易时间无法保证，无法时时盯住行情。行情变化快的时候，来不及止损，回撤大，于是我就撤出一部分资金，甚至有退出市场的念头。谈到这里我想说，这段最艰难的时期，我家人的支持与鼓励也起到了相当大的作用，让我重新恢复信心，让我觉得自己还可以适应市场，坚信自己还可以继续站在这市场。

问题5：您的参赛账户在2016年一整年盈利颇丰，请问当时您做的是什么品种，是如何把握到行情趋势的？

俞小林：2016年我做了很多品种，比如铝、锌、铜、镍这些品种，其实空仓的时间比较多，**每次持仓的品种不超过3个，如果看好了就直接满仓。交易方法就是抄底摸顶做大势做趋势，行情全面做多的时候不做多，行情全面做空的时候不做空，顺大势逆小势，大幅减少交易次数，如果出现不利情况及时止损，降低回撤。**

问题6：您全市场的品种都做过，那就今年的行情，您主要选择的是哪些品种，是依据什么来选择的呢？

俞小林：今年很多情况都是小仓位在做，仓位一般都在1/3以下，有两个原因：一是盘感不佳，小仓位做单成功概率很差；二则角色的转变。一直以来，我在"蓝海密剑"实盘比赛预备役组别待的时间很长，其次是陆军，在2015年才实现了空军组别的规模，所以我现在在集团军想多做点准备工作，稳步前进，有利于向将军与元帅级别冲击。我觉得今年的回撤也是可以接受的，虽然是全品种配置，但今年盈利部分主要来源于股指，其他品种失败的多，都是轻仓操作，也是在试盘感。

问题7：您是全市场品种配置策略，请问您在各个品种上的仓位是如何分配的呢？又是依据什么区分配的呢？

俞小林：我的交易系统在行情符合做单的时候，往往品种比较少，所以看到符合条件的品种，一般都会满仓，如果不确定的行情，但又想做单，就用1%的仓位去试，这也是为了测试自己的盘感。**我的系统不是程序化，我觉**

得程序化是告诉投资者如何去做单，而我侧重的是什么品种不能做，这也是为什么我交易次数很少的原因。至于**如何判断什么品种不能做，50日均线以上我就不会做空，50日均线以下就不做多。**

问题8：在期货市场中，您最想赚"能看懂走势行情"的这部分资金，您是如何判断走势行情的？判断依据是什么？

俞小林：我觉得看懂行情必须懂得能做的品种，损失要少。**阿基米德说过，给我一个支点，我能撬动整个地球。我觉得确定的行情趋势的末端，也可以作为一个支点，如果判断对，行情有可能很大，这时候我很有可能重仓；**如果行情走坏，我就止损，损失也小；如果行情反转极快，这个品种我就放弃。

问题9：您目前主要的交易策略是怎样的，可以跟我们分享一下吗？

俞小林：我的交易策略是从桥牌与围棋上学习的，比如桥牌，多用PASS（不叫牌），烂牌要往好处打，一手好牌一定要想不利的因素；我桥牌的胜率也比较高，54.83%。**围棋讲究布局，同样期货也如此，格局大的人一定能把期货也做好。**

问题10：您的操作风格是中长线，但如果当一波趋势行情反向时，您账户的策略一般是如何处理的？当行情出现震荡时，策略一般又是如何处理的？

俞小林：如果行情反向，符合我的持仓判断我就加仓；如果不符合我的判断，我就毫不犹豫地轻仓。即便后续行情走出来，我也不再做。行情震荡的话，我只会做一次，没判断准就出场，不做这一段。**宁可放弃，也不做无谓的交易。**

问题11：您在交易中以技术面为主，您是如何理解技术分析的呢？您主要会用到哪些指标？

俞小林：技术分析我想是大家都偏好用的方法，最好与基本面相结合，对于我们来说，在基本面掌握的信息不够多的情况下，只能自己做技术分析，我用得比较多的是50日均线与MACD。当在顺大势逆小势的阶段，会考虑MACD多，会把MACD反着用，比如，行情涨，在出现绿柱的时候做多。当然如果在追涨杀跌的阶段，用MACD，还是会在出现红柱的时候做多。对于50日均线，50日均线往上不做空，即逢大跌做多，如果是在行情走势的末端，可以考虑做多。反则，50日均线往下不做多。

问题12：您是如何判断交易信号的？市场每分每秒会产生交易机会的信号，有些确定性高，有些确定性低，又是如何来处理确定性不同的机会？

俞小林：我是以日线为主，有时候也看周线，不看30分钟以内的均线。一个品种只开仓一次，平仓一次，如果满足条件就直接满仓，所以开仓次数少，平仓次数也少。**只有确定性高的信号才会考虑做，一旦确定性很高就会满仓，确定性低的不考虑做，或者只做一次，没有判断准确就不做了。关于交易信号的判断，要顺大势逆小势，在行情特别好的情况下有可能追，短周期或大周期往上，有可能会做。**大部分交易都是选择震荡末端，振幅比较小的情况下做的，低点买入，所以止损比较小，不会来回做。如果不满足条件，或是喇叭形震荡，我是绝对不会做的。

问题13：跟您沟通知道您擅长抄底摸顶。请问您是如何判断账户相关策略的进场时机跟出场时机的呢？除了技术指标，还会考虑哪些因素呢？

俞小林：我认为要严格控制进场，当行情不利的时候才考虑出场，除了技术指标，我还会考虑时间因素，比如**即将开盘或者收盘的时候，我一般不会做单，这段时间波动比较大，不确定性因素太多。**

问题14：在判断准确的行情真正来临之前，多数交易者会反复试错，有的人还没等到行情爆发就已经把筹码亏光了；有的人等行情走完了也没敢用上大筹码。您是如何准确把握行情的呢？换句话说，您是如何设置入场点和出场点的？

俞小林：要严格按照自己的交易模式操作，控制入场出场点，不能依靠主观判断，一个品种只做一次，这样会大幅减少交易次数，严格控制止损。即便连续出错，也不影响我们**在期货市场**活着，**最重要的是活着。懂得放弃，才等得到真正的利润，宁可不入场，也不能错入。**如果在某个品种某个阶段出场了，该阶段我也不会再入了。

问题15：如果遇到您认为非常好的机会，您是否会下重注抓住它？还是保持小心谨慎的心态轻仓交易，宁可错过，也要保证本金安全最大化？

俞小林：我的方法是遇到极好的机会，宁可失败，也要重仓入场。我的

交易次数很少，但遇到了合适的品种，当然是重仓入场，不可放过。比如，2016 年的锌，出现下跌行情后，我就进场了，一进场就有浮亏，但收市前就涨上来了，之后就保持涨势。另外去年春节前期，我判断铝多单，于是重仓入场我就去过春节了，春节过后一段时间，我发现比赛名次到了第一。

问题16：您有过大赚也有过大亏，请问当时是怎样的情况？您之后总结了哪些经验教训呢？

俞小林：发生大赚大亏的主要原因是交易系统与当时的行情环境不适应，市场在不断变化，只有适应市场，在市场上活着才能赚钱，调整好交易的模式与心态才能适应市场。改善交易系统不是对以前的方法全盘否定，交易策略必须有一条主线，可以修剪枝干，调整瑕疵，但核心的方法不能变。我觉得思维上要理清晰，如果出现大亏的情况，一定是交易方法有问题，几年都不赚钱，一定是交易系统出问题了。出现这类情况一定要改交易方法跟交易系统，但如果出现的是合理的回撤，可以接受，就不要否定自己的交易方法。

问题17：您一般会如何调整心态呢？

俞小林：如果亏损较大，就选择不看行情，回家休息，要合理看待资金曲线的回撤，如果是合理的回撤，就要坦然接受；如果回撤很大就要反思自己的交易方法。平时，我会打羽毛球，多做运动，有益于放松心情，调整心态。

问题18：随着市场逐步成熟，交易者的策略、系统都在不断地升级发展，您是否有考虑过配置除手工以外的交易方式参与市场？

俞小林：市场无论怎么发展，都会平衡用手工交易与用程序化交易人的利益，都会平衡做长线或是做短线人的利益，也会平衡做抄底摸顶与追涨杀跌人的利益，它会保证每种风格的人，都会有高水平的发挥，我不担心AI的出现，我们手工交易的人就会下岗，我觉得自己目前的交易方法可以满足当前的需求。所以我目前还是会以手工为主，程序化的暂不考虑。

问题19：您的交易以主观为主，主观交易强执行力很重要，请问您是如何来规避一些人性弱点，提高执行力的？

俞小林：我觉得期货市场分为两类人，一类人倾向于告诉大家什么品种可以做，另一类人倾向于什么品种不可以做。我倾向于后者，所以交易次数就很少，会很注重风险的考虑。

问题20： 您是如何看待黑色系品种的，这几个月的震荡行情过后，多头还有机会吗？

俞小林： 我觉得**黑色系今年是以下跌为主，多头只能做短线**。我觉得明年还有可能会是震荡的行情。

问题21： 展望明年，您觉得哪些板块会有比较好的投资机会呢？

俞小林： 这个问题比较难判断，不过我觉得年前股指多头还会有一段行情，我今年赚钱的品种也主要集中在股指，判断依据主要来源于宏观层面，各类消息面也是利好因素居多，IC跌的稍多，IF与IH都是多头行情。

问题22： 随着机构化以及智能投顾时代的到来，个人投资者面临巨大的压力与挑战，您觉得作为个人投资者怎样才能在机构化以及智能化的竞争中生存？对于未来，您在交易方面有什么规划？

俞小林：机构化与智能投顾时代的到来是必然趋势。但期货走势毕竟是多空力量博弈的结果，同围棋、象棋不一样，期货参与的人很多，可变因素也较为复杂，期货走势平衡了个人投资者与机构投资者的利益，平衡了智能投顾与手工（下单）投顾的利益。**个人投资者有自己的交易方式，有自己的核心价值，主要优势是很灵活，操作起来也方便快捷，市场出现剧烈波动，也能及时撤退，不像机构投资者有各类的约束。**但作为个人投资者，也要与时俱进，了解机构与智能投顾带来的冲击。思考自身，经过一年的休整，我想未来在向元帅与将军级别发起冲击的同时，也在考虑发行自己的基金。

问题23： 做了这么多年的交易，您对期货市场一定有着自己的想法和感悟，请您分享一下。

俞小林： 首先，我觉得心态非常重要，在行情变化时期要保持头脑清醒，在盘面分析时，可能因为前期巨大亏损，出现不冷静的分析，这个要尽量避免。长时间的不赚钱或是亏损，如果还没有良好的心态，就不能在这残酷的市场上生存下去。其次，对每一个人来说，都有自己的强项，自己的主线，有的人适合长线，有的人适合短线。**自己的主线不能轻易改，核心技术不能随意变，方式方法不能朝三暮四，要有自己的原则。做人一定要有主线有格局。**

高源：做好资金管理，趋势来时坚定持有

（2017年12月19日 韩奕舒访谈整理）

高源

祖籍嘉兴，自幼在浙江磐安长大，1989年考入浙江大学建筑系，1993年涉及股票市场，2010年进入期货市场，目前商品期货、股指期货、股票等均有涉及。

程序化交易者，有多套成熟、稳定的交易系统，短线、中长线交易相结合，多品种组合交易。

曾在CCTV、期货日报组织的比赛中多次获奖，在第八届"蓝海密剑"中国对冲基金经理公开赛中获得晋衔奖，被授予"少将"称号。

精彩观点：

人的收入来源主要分三个阶段来完成：刚学校毕业时利用专业知识和体

211

力赚钱；累积了部分经验和人脉后，可以靠这些人脉和经验赚钱；最后达成原始资本积累后去做一些投资，来实现财务自由。

就我来说，兼顾建筑设计和交易也算是一种组合。

虽然期货交易成功率很低，但是我觉得一个人没试过怎么知道自己行不行，梦想总要有的，万一实现了呢。

一个成功的交易员不应该建议别人不要做交易，而是应该建议别人做交易的时候要控制好风险。

我自身的改变第一是现在对交易的自信心更加强了，自信主要来源于实践已经证明了我用程序化交易能够盈利；第二是不容易冲动投资了，做一件事会思前顾后，看问题比较全面。

股指短线策略来说，细节是决定成败的关键，必须通过细节来提高胜率和每笔平均收益。

趋势来的时候必须持有，震荡时期可以做一些技巧的处理。

趋势策略里有个3：7的定律，7次错的时候都用小仓位，趋势形成后就会盈利加仓，一般在这种策略里的仓位比例是1：4。

单个策略中10～20次的止损很正常。

每个策略里的最大资金量是有控制的，回撤控制在单策略最大的资金利用量。

实盘的策略尽量使用老策略，（使用）那些已经用历史证明成功的策略；尽量使用参数不优化的策略，适用性会更强。

在做好资金管理的前提下，有时多次止损后，我还可能会加仓。

通过调整不同周期策略的比例来控制震荡期间回撤的比例和幅度。

自有账户的资金管理，就要把资金利用率做到最大，最大回撤等于闲散资金量。

股指受限之后，虽然参与的人减少了，但是走势基本上没怎么变。

股指短周期的策略收益率永远比长周期的高，而且回撤小。

先用大周期的策略来判断300股指是牛市还是熊市，如果判断是做多，那我在股指期货里就不做空套保，或者少做空几手；如果当明显是空头趋势的话，就把股指空头和股票的持有比例资金调成1:1，只要我的股票组合比大盘指数跌得少，那账户就还能有盈利。

现在的思路已经逐渐转变为研究公司基本面了，买股票是买一家公司，而不是用来炒作的。

选择个股的思路主要有三点：第一，要选朝阳产业；第二，要买每年利润稳定增长的公司；第三，买市盈率低的股票。

现在只是慢牛的开始，还远远没有结束。第一应该关注新能源板块，第二是人工智能，第三是消费类，第四是健康医药类的公司。

可能2019年、2020年买房会是低点，到2021年、2022年会再出现一波涨幅。

判断一个地方值不值得买，最直观的要判断外来人口是不是在往这个城市涌入，最基本的一个指标就是看某个地区的小学入学人数是否在增长。

我认为人工智能要代替人类，这是不可阻挡的趋势，要看清现实，在被时代淘汰之前激流勇退，让靠谱的人和人工智能来帮你理财。

问题1：据了解您是名校建筑专业出身，在就任建筑设计这份职业前需要花费大量的时间和精力去学习，而后获得的回报也算可观，是什么让您毅然决定放弃而全身心地投入资本市场？

高源：我认为**人的收入来源主要分三个阶段来完成。大学毕业刚就业的时候利用你的专业知识和体力赚钱；达到一定程度之后，累积了经验和人脉，就可以靠这些人脉和经验赚钱；第三个阶段是有了前两步达成的原始资本积累后去做一些投资，来实现财务自由**，把自己从琐碎的事务中解放出来，这也是我的最终目标。

问题2：您放弃了曾经的主业而选择当一名职业操盘手，这期间是否也曾遇到过不为人知的压力和困境？您认为专职做交易更有优势还是兼职做交易更有优势？

高源：首先声明一下，我现在也并不是一名职业操盘手，还是兼顾主业建筑设计的。要知道现在考取一个国家一级注册建筑师证书也是非常不容易的事，我觉得主业没必要放弃，只不过已经把主要的精力投入到交易中来了，因为交易中获取的收益要比建筑设计大很多。

至于是否遇到过困境的问题，因为我是做程序化的，相对保守，相比于那些有破釜沉舟勇气的主观盘手，我也没有什么惊心动魄的故事。而且我主业能够给交易提供一定的资金支持，交易也能慢慢摸索，由亏钱到不亏不赢，再到开始盈利，到稳定盈利，中间主要的挫折也就是行情不利的时候一些回撤或者经验不足的问题。但是比较幸运的是，遇到了一些交易的高手分享了他们的经验和建议给我，再加上自己看了一些书，将前辈的实践和学术相结合，能真正地解决一些问题，把交易做得更好。

兼职还是专职，我认为顺其自然就可以了。**就我来说，兼顾两者也算是一种组合。**在交易失利的时候我能投入自己的注意力到设计上，不容易在交易上钻牛角尖；在主业设计上如果有不顺利的时候，交易上的收益能对冲一下那边的风险。

问题3：有很多成功的交易员都不建议别人做交易，您怎么看？

高源：我是不认同的，**虽然期货交易成功率很低，**能稳定盈利的人不到5%。**但是我觉得一个人没试过怎么知道自己行不行，梦想总要有的，万一实现了呢。所以一个成功的交易员不应该建议别人不要做交易，而是应该建议别人做交易的时候要控制好风险。**比如刚开始用一些不影响生活的小资金玩玩，玩输了就及时认赔，知道自己不是做这行的材料就直接放弃，但是万一成功了呢？

问题4：做交易多年来，从交易理念、手法或是个人性格和心态上来看，您认为自身最大的改变是什么？

高源：这是个逐渐改变的过程，长期会有一定感觉。**我自身的改变第一是现在对交易的自信心更加强了，**以前买卖股票、期货心里忐忑不安，有时候方向看对但是出现了一点小回撤就赶紧止损，拿不住单子。**自信主要来源于实践已经证明了我用程序化交易能够盈利，**目前账面上大部分都是盈利的资金，稍微回撤一些心态也不会有大的影响。此外现在运用的策略大部分是经过实践考验的策略，所以对策略本身也有信心。**第二是不容易冲动投资了，**

做一件事会思前顾后，看问题比较全面。

问题5：如您所说，建筑设计和做交易有一个共通之处就是都需要严谨，这主要体现在细节处理上。那您是如何看待交易中对于细节的把握和对大局的把握？

高源：对于细节和大局都要严谨。对于建筑来说，起码主体方案要做得漂亮，再去考虑细节就会事半功倍；做交易中也一样，大的趋势要先判断清楚，然后才能去处理细节，锦上添花。上面是针对商品中长周期策略来说的概念，但是如果放到**股指短线策略来说，细节就是决定成败的关键了**。有时候一个细节处理不好就会亏钱，处理好了就能稳定盈利了。股指短周期平均每一笔单子收益都会比较低，所以**必须通过细节来提高胜率和每笔平均收益。**

问题6：对于趋势交易者来说，对大局的把握就是跟着市场走。就像在去年年底一波疯狂上涨的行情中，您也获利颇丰。但是要在一波趋势行情中表现得比别人更加出色，那细节的处理也非常重要，您是否有什么小技巧能分享给大家？

高源：去年那波行情我也没做好，没把能够赚到的盈利赚足，赚到一定程度后实在不敢相信居然能赚这么多钱，不停地减仓，结果行情就是不停上涨。后来我得出一个经验就是趋势来的时候必须坚定持有，不过也有像前几天上涨的过程中没减仓，一根大阴线下来回撤的情况，这就说不准了，但总体来说，**趋势来的时候还是必须持有，震荡时期倒是可以做一些**技巧的处理。比如今年年初震荡期间，我认为可以做一些止盈止损的策略，但最关键是大趋势来的时候，虽然有时候止盈了，但突破最高点的时候还是要把止盈的部分加回来，这样才不会错过大趋势。

问题7：您曾表示趋势跟踪就是不断用小仓位试错，然后最终等来一波真正的趋势行情。那您用来试错的仓位和趋势真正来临的仓位分别是如何配置？何时会进行仓位的调整？

高源：这个问题在不加仓的策略里体现不出来，但是在加仓策略里体现得非常充分。我的加仓策略原理就是用小仓位不断试，刚开始大部分情况是要止损的，因为我们**趋势策略里有个3∶7的定律，品种走势30%的时间有趋**

势，70%的时间在做区间震荡，就是说趋势策略做10次里有3次是对的，7次是错的。7次错的时候都用小仓位，趋势形成后我就会盈利加仓。我一般在这种策略里的杠杆是1∶4，震荡时候用的是1，趋势来的时候会加到4倍。

问题8：在中长线交易中，当行情出现震荡时，也会反复止损的情况。在具体您最多连续止损过多少次？最大回撤在多少？

高源：实际交易过程中我并没有太多的感觉，只看到数字在跳动。在回测中，我发现在**单个策略中10～20次的止损很正常**，人工可能坚持不了，但是程序化交易就比较容易坚持下来。比如一个策略的最大资金利用是30万元，我的最大回撤也会控制在30万元，一旦超过，我可能就不太会用这种策略组合。

问题9：对于长期处于止损的时期，有时是行情自身的原因造成的，有时是策略存在漏洞造成的。您会在何时进行策略的更新和调整？

高源：第一，我**实盘的策略尽量使用老策略**，那些已经用历史证明成功的策略；第二，**尽量使用参数不优化的策略，适用性会更强**。此外就是自己的心态控制了，对策略的信心，对资金管理的把握。**在做好资金管理的前提下，有时多次止损后，我还可能会加仓。**

问题10：不少趋势跟踪交易者都表示今年上半年的行情属于宽幅震荡，非常难操作。您具体是如何应对的？

高源：去年年底"双十一"那波行情实在是太大了，所以我认为今年年初震荡的概率比较大。所以在实际操作中，我在一些账户中加大了短周期策略的比例，减少了大周期趋势策略的比例。**通过调整不同周期策略的比例来控制震荡期间回撤的比例和幅度。**

问题11：对于账户整体的回撤属于资金管理的一部分，您非常强调并且看重资金管理，为什么？是否能分享一些资金管理上的心得体会？

高源：资金管理比使用正确的策略和组合更重要。掌握策略的买和卖只是掌握到了"术"，这不能保证稳定盈利，更重要的是资金管理上关于"道"的把握。我今年参与了私募产品的发行，我觉得资金管理要分两种情况，一种是**自有账户的资金管理，就要把资金利用率达到最大，最大回撤**

等于闲散资金量。另一种是私募产品的资金管理，最大回撤不能碰到要求的产品止损线。

问题12：在品种选择上，有的盘手表示会通过全品种的组合回测来选择最佳组合，不分板块和品种；也有盘手会每个板块都选择一些最活跃的品种来交易。您是如何选择的？为什么？

高源：我是只挑每个板块里的活跃品种，因为全品种组合会浪费很多资金，不能有效提高资金利用率。

问题13：近期，硅铁和锰硅这两个小品种无疑成了市场中的"大明星"，尤其是硅铁，从8月逐渐出现成交量后，无论是上涨还是下跌，走势一直非常流畅。您如何看待这种成交量不大但是趋势性较好的新品种？

高源：这次比较遗憾，两个明星品种里我只做了比较弱的锰硅，而且仓位不重。因为这几个品种成交量不大，我会考虑到滑点和容量的问题。就大资金来说，对这些小品种肯定不会配置太多，这次我也有获利，但是在整体资金曲线中体现不出来。

问题14：在股指受限后，参与股指日内交易的人数明显减少，但据我们了解您还在参与股指日内的交易，在您看来，现在股指依旧能盈利的逻辑是什么？

高源：**股指受限之后，虽然参与的人减少了，但是走势基本上没怎么变，**无非是滑点增大的问题。我个人的账户有很多闲散资金，为了提高账户的收益率，只要股指策略能覆盖滑点和手续费，能够盈利，还是可以配置的。虽然收益率比不上商品，但是能平滑资金曲线，增加一些利润，何乐而不为？

问题15：今年5月至11月，IH和IF都走出一波长期的震荡上涨行情，趋势性也比较明显。当您在进行日内交易的时候如果发现有这类趋势性机会，会把日内策略的仓位逐渐移至波段策略的仓位上吗？

高源：不会移仓。近期由于白马股、具有成长性的股票走势比较好，波动率小，所以IH和IF的趋势性行情比较明显。但是**股指的短周期的策略收益率永远比长周期的高，而且回撤小，**所以我不会选择在股指里用波段策略。

问题16：据了解您今年也在做一些股票的阿尔法套利，请您简单介绍一下这套策略，以及效果如何。

高源：原理很简单，就是买入一揽子股票组合，然后在股指期货里做空。只要我选择的股票组合与大盘指数相比，涨的时候涨得多，跌的时候跌得少，就能盈利了。在2014年、2015年牛市的时候我就尝试过，每个月通过套利能赚3~5个点，但是那时候股票行情太火爆了，一个月只赚3~5个点会被纯做股票的朋友笑话，他们一个礼拜都赚得不止这些。后来股灾来了，股指由升水变成贴水，我就暂停了这个策略。但是今年大盘企稳后，我又开始重新尝试这个操作。特别是年底这段时间，我买了一揽子白马绩优成长股，不舍得抛掉。但大盘有点头部形成的概率，所以就做了个阿尔法套利策略的改进版。**我先用大周期的股指策略来判断300股指是牛市还是熊市，如果判断是做多，那我在股指期货里就不做空套保，或者少做空几手。如果当明显是空头趋势的话，就把股指空头和股票的持有比例资金调成1:1，只要我的股票组合比大盘指数跌得少，那账户就还能有盈利。** 如果涨起来也不怕，最多利润没有了，最起码不会**亏钱**。而且这个策略还有个很大的好处，就是对于我个人来说，或者对一个私募产品来说基本上不存在容量问题。

问题17：您从1993年就开始参与股票市场，如今在做期货之余也仍然有股票的持仓。市场也已经历了多次的牛熊轮替，随着周期的改变，不断有新的优秀的公司涌现出来，也会有一些公司成为昨日黄花，请问您长期以来选择个股的思路是什么？

高源：回想二十多年做股票的经历，都是用技术炒股，追涨杀跌，结果被市场牛熊左右了。虽然没怎么亏钱，但是也没怎么盈利。**现在的思路已经逐渐转变为研究公司基本面了，买股票是买一家公司，而不是用来炒作的。我选择个股的思路主要有三点：第一，要选朝阳产业**，买股票只能做多，所以就要选向上发展的行业与公司；**第二，要买每年利润稳定增长的公司；第三，买市盈率低的股票**，钱要花得值得。买个市盈率50倍的股票，虽然成长性比较好，但是要成长两三年才能达到市盈率10倍的水平，那为什么不直接买市盈率10倍，稍微有成长性的股票呢？

问题18：您表示2017、2018年要炒有基本面的股票，您个人觉得哪些板块可能会有更多的故事？为什么？

高源：个人观点，**现在只是慢牛的开始，还远远没有结束**，近来也只是短期的回调。所以我认为**第一应该关注新能源板块**，比如太阳能、风力发电、锂电池、电动汽车等等；**第二是人工智能**，代表公司就是科大讯飞，我曾经在市盈率一百多倍的时候重仓持有过，后来到三百多倍时实在扛不住就卖掉了。虽然现在市盈率还是非常高，但是等有所回调的时候我还是会择机进入；**第三是消费类**，中国是人口大国，这么多老百姓要消费，改善生活，消费类的股票起码还是稳定的要增长的。选择上就看品牌，比如白酒、家电上的龙头；**第四是健康医药类的公司**，老年化程度增加，生活质量提高，未来大家也会更加重视这一块。环保我认为也算是健康类的，污水处理、空气净化、环境检测等等。

问题19：您说"2019、2020年买人口流入地方的房子"，但是自去年以来，国内一、二线城市的房价上涨，直到目前也没有停止的迹象，您为何认为是2019、2020年而不是目前更有投资价值？人口流入地方又是指哪些地方？

高源：这是我做投资做惯了的一种思维。北上广深杭的房价早两年涨得很多，像杭州的房价从去年G20到现在几乎翻了一倍，茅台从三四百涨到七八百都需要休息一下，房子调整的周期会比股票长一些，可能会休息两三年再接着涨。**可能2019年、2020年买房会是低点，到2021年、2022年会再出现一波涨幅。**

人口流入城市我认为永远是一、二线城市，买房子有句俗话，第一看地段，第二看地段，第三还是看地段。杭州算是类一线的城市了，房子也是可以买的。**判断一个地方值不值得买，最直观的要判断外来人口是不是在往这个城市涌入。最基本的一个指标就是看某个地区的小学入学人数是否在增长**，在增长还是减少。如果小学生入学人口在大幅增加，那么这个城市未来10～15年的房价不会跌。小学生上学是7～8岁，毕业12～13岁，初中高中大学10年后就业。一般15年要结婚生子，按照中国传统的观念，大部分还是会要拥有自己的房子，那么如果小学生入学人口大量增加，十几年后的房价不可能跌。

问题20：在期货交易中，您采用的是完全程序化交易。但是我们看到在去年大获全胜的程序化交易，今年显然遇到了市场带来的困境。有人认为一种方式使用的人越多，效益就会越来越低。今年程序化交易收益明显降低，未来情况可能更不乐观，您怎么看待这个观点？

高源：这种可能性是存在的，不是说做了程序化就能赚钱。国内很多网站也会有程序化交易的排名，我粗粗看了眼，发现盈利的比例也就30%左右，可能比主观交易的成功率稍微提高了一点。对于我们个人来说，趋势永远都会有的，能抓住趋势，又做得比别人好，那就能立于不败之地。

问题21：您怎么看待程序化交易的同质化严重现象？同是趋势交易，怎样的策略能够在众多策略中脱颖而出？

高源：趋势策略大同小异，本质上不会相差太多。掌握策略只是解决"术"的问题，最关键还是要把握"道"的问题。要做好品种组合，周期组合，做好资金管理，在众多资金管理的方式中挑选出适合自己的办法。

问题22：目前人工智能正在以大家无法相信的速度发展，也曾有人列出未来最有可能被人工智能替代的十大行业，交易员就是其中之一。您怎么看待这个问题？

高源：**我认为人工智能要代替人类，这是不可阻挡的趋势**，既然没办法改变就适应。现在还没有代替的话就把握当下，趁策略还能赚钱的时候，能多赚就多赚。真的到了那时候，**要看清现实，在被时代淘汰之前激流勇退，让靠谱的人和人工智能来帮你理财。**

问题23：您在第八届"蓝海密剑"中国对冲基金经理公开赛上获得了晋衔奖，对于这个成绩您自己是否满意？您参与大赛的初衷是什么，通过比赛您觉得自己还收获了什么？

高源：对我来说只要盈利就满意了，而且去年盈利了不少，还是挺满意的。我当时报名大赛也是抱着重在参与的心态，结果获奖了。感谢蓝海密剑组委会不但给获奖选手发了不菲的奖金，在上海热情地招待了我们，同时还提供了孵化产品给我们操盘，让我们有机会接触到如何进行产品运作，最大的收获还是通过蓝海密剑的排行榜比赛能认识一群来自全国各地的交易高手，在同大家沟通交流的过程中学到了不少，三人行必有我师，全面提升了自我。

李序：期货市场不是赌场和电子鸦片

（2017年12月20日　李烨访谈整理）

李序

上海人，从事期货交易13年，每年均获得稳定盈利。主要做日内短线，以技术分析为主，纯手工交易。获东航金融第八届"蓝海密剑"期货实盘大赛"少校"军衔。

精彩观点：

自己胆子比较小，开始的时候都是一手一手做的，止损也很坚决。

持仓时间的拖长会相对增加走势判断的复杂性，也会降低胜率。

经历过2008年金融危机时的连续跌停后，我就一直对市场心存敬畏。

上期所的合约相对来说标的较大，开较少的手数反而可能赚更多的钱，这样一来，风险也就相对更小。

在品种的选择上，我会更倾向于流动性高，波动性大同时合约价值大一点的标的。

如果多次不过压力支撑位，我就会在明显走出顶底部形态以后进行反向操作。

我天生胆子比较小，一旦拉长周期，持仓过夜就会很紧张，心态上不能得到一个有效的调整。

一个品种在单位时间内的开平仓数是有上限的，如果开仓数很大，接近上限值，一旦行情快速反转击破止损位就要平仓，这时候应注意对手盘的风险。

首先要得到家人的支持，这样做交易的时候心态才能更健康。

个人比较看好集成电路芯片、新能源、蓝筹、人工智能、基因生物等。

四类股民可以考虑参与期货交易：一、做资产配置，有产业背景和原材料需求的机构客户；二、做股票、期货套利的机构和股民；三、有交易基础和天赋，想更快提升技术和交易致富的股民；四、明白小赌怡情大赌伤身，同时能做到及时止损的股民。

国家现在都已经认同期货在国民经济中所起到的积极作用，今后更是要大力发展这个市场，何来赌场和电子鸦片之说？

今后有团队的协作应该会比个人单打独斗要能够发现更多的交易机会，取得更好的成绩。

问题1：李序先生您好，感谢您和东航金融、七禾网进行深入对话。您曾在软件公司工作，似乎与期货之间的联系并不大，当初是如何接触到期货的？又是什么原因让您决定专职从事投资？

李序：我在大学的时候学的是自动化专业，毕业以后去了一家系统集成公司工作，后来又跳槽到软件公司。在软件公司待了一段时间以后，我觉得自己在那里发展空间不大，可能也就只能当一个普通的程序员。一次很偶然的机会，我看到了一篇有关期货的报道，也因此知道了期货，了解到它可以T+0，可以多空双向交易，有杠杆，感觉很有特性，于是就想自己试一试。我当时其实并没有考虑太多，看了一些品种的历史数据，感觉有点把握，就直接选择全职了。想的也比较简单，如果做一段时间以后觉得不适合自己就再回去做老本行。现在回想起来，还是觉得当初的决定过于草率，是存在风险的。

问题2：进入期货市场13年，您的账户年年都是盈利的，可以说非常不容易，您觉得这里面最核心的原因是什么？期间您遇到过哪些困难？

李序：当初有做不好就重新回公司打工的打算，一直想着本金不能亏光，所以做得很小心，加上**自己胆子比较小，开始的时候都是一手一手做的，止损也很坚决，**所以总体来说成绩还不错。当然，除此之外，也有一定的运气成分在里面吧。

至于困难，在主观上，我有段时间一直看不准，做错的概率很高，于是我就选择慢下来，多看少做，分析原因，随后也逐渐找到了状态。客观层面来说，交易手续费的提高使我不得不减少交易的频率，这样一来，我就得想办法提高成功率，变化交易品种。另外，程序化交易的盛行以及机构、团队给个人投资者带来的交易压力，都算是我在交易过程中遇到的困难吧。在这种情况下，唯有多努力、多学习，尽可能去提高自己的水平。

问题3：您称在期货市场中最想赚差价那部分钱，能否具体解释一下这部分钱要如何去赚？

李序：我的意思是最想赚相对把握较大的那部分钱，**持仓时间的拖长会相对增加走势判断的复杂性，也会降低胜率。**也正是这个原因，我觉得日内交易更适合我。

问题4：一般来说做短线相对容易实现短期翻倍，而在您多年的交易中，资金曲线都是平缓增长的，并没有某一年是实现暴利的，为什么您不去追求短期暴利？

李序：**在经历过2008年金融危机时的连续跌停后，我就一直对市场心存敬畏。**我自认为自己在交易中胆子很小，操作也十分谨慎，基本都不满仓。以前我有试过多开仓，但后来发现这样自己会变得很紧张，不利于操作，于是也放弃了，可能和自己的交易水平也有很大的关系。

问题5：您交易上期所的品种比较多，为什么会倾向于这个市场上的品种？您选择品种的依据又是什么？

李序：我做期货赚到的第一桶金来自上期所的天胶。当时天胶波动很大，个人感觉这一品种的合约价值和手续费等各方面相较于其他交易所的品种更适合我日内交易的交易习惯和交易风格。另外，**上期所的合约相对来说标的较大，开较少的手数反而可能赚更多的钱，这样一来，风险也就相对更小。**我个人感觉自己做上期所的品种胜率更高，加上做得多了以后对这个市场的品种也更加熟悉，心理上也就更倾向于做上期所的品种。

在品种的选择上，我会更倾向于流动性高，波动性大同时合约价值大一点的标的，我目前做天胶和金属类的品种比较多。

问题6：本周硅铁的表现十分惊人，短短三天便实现了20%的涨幅，市场上关注硅铁的人并不多，很多人也因此错过了一波行情。您觉得我们应该如何去抓住冷门品种的投资机会？

李序：这周的硅铁我也没关注，错过了这一波行情，要抓住冷门品种的交易机会还是要更努力去做功课吧。其实我本人对冷门品种并不太关注，更多的是把心思放在自己熟悉的品种上。

问题7：能源中心将对原油期货进行第五次生产系统演练，争取年内将其推出，很多人认为原油的活跃度和参与度都会不错，您对此怎么看？您有在原油期货上做一些准备吗？

李序：原油期货在国际上是一个很大的品种，我国现在属于原油进口国，消费量在世界上也名列前茅，我也感觉原油期货推出后活跃度和参与度都会很不错，到时候我也会看情况适时参与。

问题8：在交易上，您以技术分析为主，主要会参考哪些指标或形态？具体如何搭配应用？

李序：我主要会将K线、均线、MACD、趋势线、压力支撑线、多周期指标以及一些比较经典的顶底部和中继形态结合起来互相参考。我一般会先看看大周期里的相对走势和位置，如果大周期上升，则在小周期上升走势中的回调阶段择机买入；如果大周期下降，则在小周期中的上扬阶段择机卖出，在震荡行情中只会少量参与。另外，**如果多次不过压力支撑位，我就会在明显**

走出顶底部形态以后进行反向操作。

问题9：除了技术面外，您对基本面也有所关注，一般来说做中长线交易的盘手会研究基本面的信息，您这样短线的高频操作关注基本面的目的是什么？主要会关注哪些方面的信息？

李序：最主要的目的就是与技术面的分析相互印证以提高胜率。我比较关注国家的产业政策，现货的价格及其走势，交易所的库存、库存变化趋势以及仓位排名和变化。

问题10：您目前主要做日内短线，在这么多年的交易中，您是否尝试过其他交易手法？最终选择日内短线的原因是什么？

李序：我也有尝试过其他的交易手法，如隔夜单、拉长交易周期等，但因为**我天生胆子比较小，一旦拉长周期，持仓过夜就会很紧张，心态上不能得到一个有效的调整。**在我看来，周期拉长以后不确定的因素会迅速增加，这样就会相对降低一笔单子的胜率，所以我最后还是回到了日内短线。

问题11：我们都知道，短线交易对人的精力消耗非常大，您做了这么多年的短线交易，以后是否会考虑放大交易周期？

李序：短线确实比较耗费精力，但是这么多年下来也习惯了。与其他交易方式比起来，短线风险更小，也更适合我。不过以后应该也会试着去少量拉长交易周期。

问题12：近年来，为了限制短线投机交易，交易所采取了上调手续费等措施，这是否有对您的交易产生影响？您又是如何应对的？

李序：确实，交易所提高手续费对我短线交易的影响很大，交易成本提高了很多。为了应对这一方面的问题，我减少了自己的下单频率以进一步提高胜率，也对交易品种进行了调换，如把天胶换成金属类的品种。此外，我也曾做过一段时间大期所的油类产品和金期所的国债等。同时，也会在其他方面做一些投资。

问题13：一般来说，您一天交易多少笔？最大仓位会到多少？

李序：一天交易几十笔，最大仓位不超过20%。

问题14：什么样的单子您会考虑隔夜？一般隔夜的单子会持仓多久？

李序：一般不过夜，尾盘来不及平的，或者自己估计胜率蛮高的单子会留着过夜，但一般第二天就会平掉。

问题15：很多做日内短线的盘手都表示在资金容量上会存在瓶颈，您是否也有同样的问题？有没有什么比较好的解决方法？

李序：是的。据统计，**一个品种在单位时间内的开平仓数是有上限的，如果开仓数很大，接近上限值，一旦行情快速反转击破止损位就要平仓，这时候应注意对手盘的风险。**要解决这方面的问题，我们可以选择少开点仓，按照自己的资金规模，限制最大开仓数，提高开仓点的胜率，分批开仓，按照走势，决定下面再开仓或平仓。

问题16：有人认为短线交易的门槛较低，很多初入市场的人都会从短线交易开始做起，属于交易手法中的基本功，您对这种观点怎么看？

李序：个人觉得如果是从小资金开始做，那做短线会比较稳妥，先懂得在交易中做好止损，让风险更可控，这样做好了以后再去做中长线效果也许会更好。如果是大资金的话，可能大部分或者说全部都会选择做中长线，因为在中长线中，如果碰到大行情，收益会十分可观。

问题17：有很多短线交易者把自己的成功归结于盘感，您是如何看待盘感的？您是否也会根据盘感来操作？

李序：是的，做得多了以后对盘面整体的敏感度确实会提升很多。有些人很有天赋，能更容易感觉到盘面的走势变化，对一些可上可下的走势判断胜率更高点，对一些毛刺和假突破更敏感、更保守。我有时也会在一些可上可下的位置以及一些突破点位按照感觉来操作。

问题18：作为一名手工交易者，人性对您交易的影响有多大？我们应如何防止冲动型交易？

李序：作为手工交易者，在交易时间保持心境的平和对交易是很有帮助的，如果烦心事很多，不能集中精力，毫无疑问会对交易带来致命的影响。我个人认为，家庭和睦也十分重要，**首先要得到家人的支持，这样做交易的时候心态才能更健康，**另外，与人为善也可以使你更好地保持心境。

我觉得只要设好止损点和最大开仓占比，制定每天的最大止损笔数以及最大止损金额，超过以后就不再交易，以防止一次巨亏，就能一定程度上防止冲动型交易。当然，能严格这样执行的难度也比较大，需要长时间的修炼。

问题19：您如何看待现在盛行的程序化交易？未来会考虑往程序化方向靠拢吗？

李序：程序化有自己的优势，人工智能也是社会的发展方向和未来趋势。我也会考虑向程序化靠拢。不管怎么说，多学几种方法，多掌握几种技能总是好的，不然自己就会被时代淘汰。

问题20：除了期货外，您也有参与股票投资，请问您在股票投资上的核心理念是什么？您一般如何选股？

李序：我现在股票参与得不多，但一直都在关注。在股票的选择上，我会比较看重有发展前景和紧跟国家产业政策的行业以及具备价值投资，成长性较高的龙头公司。当上述类型的股票的技术指标达到相对低部后，我会择机介入。

问题21：您觉得目前的股市处在怎样的阶段？这个阶段股市行情最大的特征是什么？有哪些板块值得关注？

李序：个人感觉国家目前在大力发展直接融资，各种新产业、新经济层出不穷。股市应该会有大发展，但可能今后结构性牛市的概率会更高，部分有业绩、有发展前景且符合国家产业发展方向的股票将会不断创出新高，而其他一些股票则可能会一直处在下降通道中。**个人比较看好集成电路芯片、新能源、蓝筹、人工智能、基因生物等。**

问题22：在您看来，股票与期货最大的不同在哪里？您觉得哪些类型的股民可以考虑参与期货交易？

李序：最大的不同是目前在国内，期货能T+0，双向杠杆交易，而股票不行。期货有杠杆和保证金制度，如果做错方向以后不及时止损，会被强平，但股票没有杠杆，就不会出现强平的情况。

至于**哪些股民可以考虑参与期货交易**，我觉得大致可以分类四类：①做资产配置，有产业背景和原材料需求的机构客户；②做股票、期货套利的机构和股民；③有交易基础和天赋，想更快提升技术和交易致富的股民；④明

白小赌怡情大赌伤身，同时能做到及时止损的股民。

问题23：有人说股票和期货市场就是赌场或者电子鸦片，给人带来伤害同时也让人难以自拔，您对此观点是否认同？为什么？

李序：我不认同这样的观点。**国家现在都已经认同期货在国民经济中所起到的积极作用，今后更是要大力发展这个市场，何来赌场和电子鸦片之说？**不过也必须得说一下，并不是每个人都适合做期货，如果发现自己不适合这个行业，就要及时止损，否则容易越陷越深。我认为，只要是在自己擅长的行业发挥出自己的实力，就已经可以说是一种成功了。

问题24：参加蓝海密剑实盘大赛的高手众多，您也在第八届蓝海密剑实盘大赛中获得"少校"军衔，您觉得这一赛事能吸引这么多高手参加的主要原因是什么？您在这次大赛中又有何收获？

李序：我觉得我们能遇到这么一家不计投入，多年来精心组织实盘比赛的热心期货公司非常幸运。随着这个比赛的口碑和品牌效应日渐明显，大小高手以及一般的参赛选手都能在比赛中开拓思路，寻找不足，切磋提高，我觉得这是一个非常好的平台。此外，大赛组织者为我们提供的丰厚奖金和发展空间也不失为一种吸引力。我在比赛中认识了很多高手，比如短线的、中长线的、程序化的、套利的，等等，与他们一起交流操作心得让我深刻认识到了自己的不足，也更好地找到了今后努力的方向。

问题25：在比赛的过程中，有哪些高手让您印象深刻？您会学习或借鉴他们的交易方法吗？

李序：像去年抓住大行情，大赚10亿元的傅海棠老师和盈利过亿元的多位"元帅"以及做程序化交易的张克伦，做豆粕的吴洪涛等高手，都令我印象深刻。其实做交易，后天学习固然重要，但也要看天赋，我觉得自己天分所限，对于各位高手的交易方法只能说是尽量学习，参考和借鉴，我更多的还是希望能有一套属于自己的交易体系。

问题26：随着期货市场专业性的日渐增强，个人投资者面临的压力和挑战越来越大，很多人表示只有团队协作才有可能会在市场中取得较好的成绩，您怎么看待这种观点？您对于未来的交易之路又有何规划？

李序：个人感觉随着期货市场中交易品种的日益增多，以及程序化交易的流行，**今后有团队的协作应该会比个人单打独斗要能够发现更多的交易机会，取得更好的成绩。**就我自己来说，我比较喜欢自由，但也不排除等自己技术再好很多的时候组建团队，顺其自然吧。

在今后的交易之路上，我希望自己能够不忘初心，努力提高交易水平，尝试更多的交易方法，与时俱进，这也是目前的第一要务。同时我也要稳妥适度交易，保存这几年的成果，并开展多种经营以对冲人工智能、程序化交易等已知和未知挑战所带来的影响。感谢东航期货给的参赛机会，感谢七禾网的盛情采访。

杨海滨：期货市场是每个交易者心中的镜子

(2017年12月22日　唐正璐访谈整理)

杨海滨

北京人，专职交易者，做过股票和期货，拥有7年期货交易经验。主做波段，以技术分析为主，有交易系统数套。

精彩观点：

是否能够稳定地盈利主要还是心理因素，如果交易人员心理控制得当，保持适当的盈利是完全有可能的。

适当的亏损是必然的，不再试图去寻找或者努力做到每次交易都要正确。

行情的变化总是脱离不开震荡或者趋势，选取哪一阶段为主进行交易，将决定你的交易风格、交易方式等，之后再逐渐完善每一步细节。要先从大的方面着手思考，之后就会简单易行，而不要过分重视细枝末节的东西，把情况搞反。

技术分析并没有失效，不过技术分析的标准要因地制宜，管理规模的不同，交易品种的不同，交易制度的不同等等因素的区别，都要求技术分析的标准相应地变化。

资金管理很重要。必须具体到每一步细节里面，不可以有大概、差不多等思维，开仓、加仓、止损、品种占比等都要具体、明确。

止损是交易的安全保证，必须保证活在这个市场里面，你才能够有机会。在心理上接受合理的止损，并能够严格执行止损，在我看来是迈向成功交易的第一个台阶。

在设计交易系统的过程中，一定要考虑到极端不利情况的出现，如果突然出现较大的回撤，很可能是交易策略执行方面出现了问题，而不是交易策略本身的问题。

(自控力和执行力)必须在市场中不停地练，不停地实践，之后找到一个自我调节的平衡点，由被动的调节逐渐提高到主动调节。

(以交易为生)一要有独立思考能力(切忌人云亦云)，二要对待问题实事求是，三要刻苦和坚持不懈。

从长期或者大规模交易上来看，兼职交易可能不太容易成功，期货交易需要足够的专注度，否则很难有成系统的交易模式。

交易之路确实有些像西西弗斯神话里面的主人公，总是在做着循环往复的工作，心理的控制和成长可能是最重要的环节。

刚开始时我认为市场中会有交易的"圣杯"，使交易者能够成为市场中的常胜将军，之后逐渐明白交易不只是技术的完善，心理层面也很重要，成功的关键是控制住亏损，然后放大利润，并且能够长期保持。

期货市场是每个交易者心里面的一面镜子，你总怕市场危机四伏，那么市场照出来的就是危机四伏；你如果以平静如水的心态对待市场，那么它照出来的就是平静如水。

随着管理规模的提高，需求的变化，机构化或者团队化可能是一条必须要走的路。

问题1：杨海滨先生您好，感谢您在百忙之中与东航金融、七禾网进行对话。您毕业后就直接步入金融投资市场，之后专职做期货，我们都知道期货这条路非常难走，有太多的诱惑和阻碍，您为什么毕业后就选择走这条路？

杨海滨：你好！上大学的时候正好赶上2006—2007年的股票市场大牛市，自己也就开始交易股票，我一直想弄明白股票市场的变化是否有一定规律可循，是否能够稳定盈利，之后就一直学习、研究，也就相应地从事了这个行业。

之所以交易期货，是因为当时股市大幅调整，市场机会较少，而这时正好股指期货推出，就进入了期货市场。

问题2：那您找到期货市场和股票市场的规律了吗？目前是否实现稳定盈利？

杨海滨：现在基本以量化后的技术分析为主，风险可以控制在一定比较合理的范围内，在我看来**是否能够稳定地盈利主要还是心理因素，如果交易人员心理控制得当，保持适当的盈利是完全有可能的**。

问题3：您期货交易至今已有七年，在这过程中，您有想尝试做其他工作的念头吗？人们都说"七年一轮回，七年一重生"，七年是"脱胎换骨"的一年，您觉得在期货交易上，您现在与七年前相比较有了哪些大进步？

杨海滨：一直从事交易方面的工作。与刚开始交易的时候比较，变化最大的应该是心态方面，主要是对于亏损的认识，明白**适当的亏损是必然的，不再试图去寻找或者努力做到每次交易都要正确**。

问题4：您对期货市场的理解是"大道至简、顺势而为"，实际上很多投资者都想做到大道至简，以您的经验来看，应该怎么去做到"大道至简"？

杨海滨：主要是对于市场的认识要加深，对于自己操作的定位要明确。**行情的变化总是脱离不开震荡或者趋势，选取哪一阶段为主进行交易，将决定你的交易风格、交易方式等，之后再逐渐完善每一步细节。要先从大的方面着手思考，之后就会简单易行，而不要过分重视细枝末节的东西，把情况搞反。**

问题5：初入期市，难免要"交学费"，您刚开始交易时，也有过一段亏损时光。请问您大概交了多少"学费"？学到了什么？之后是如何走向盈利的？

杨海滨：大概交易了两个月左右的时间亏损了本金的30%左右。一是明白了止损的重要性，二是如果处在趋势行情的变化下，行情的速率会很快。之后是不停地看书、复盘，大概沉淀了几个月的时间，之后慢慢地步入了正轨。

问题6：完整合理的交易系统，是期货交易盈利不可或缺的因素之一。据了解，您目前拥有多套交易系统，请您分别介绍下这些系统，它们各自的核心和特点是什么？

杨海滨：我现在应用的交易系统主要是选取一些适合中线操作的像均线、MACD、SAR、高低点等指标，然后根据它们不同的适用环境、正确率等综合应用。

问题7：在期货交易上，您以波段交易为主，那么您一般抓取多长时间、多大幅度的波段？一笔单子进场后，持仓时间的长短主要依据哪些方面来判断？平均来看，一笔单子持仓多长时间？

杨海滨：在试单阶段很难明确判断行情的幅度到底有多大，由之后总结的经验来看，我比较习惯操作的是行情幅度在20%以上，持仓多数情况下在20个交易日以上，时间的长短主要是看行情变化的速度、盈利的情况以及市场交易的活跃程度等。

问题8：交易中的出入场点也很重要，若抓到好的入场点和出场点，就可以吃到一整段行情。请问，您如何设置入场点和出场点？

杨海滨：入场点以交易系统发出的信号为标准，出场点结合行情的变化和盈利情况等综合考虑。

问题9：在市场中您最想赚趋势行情中段的资金，一般来说，趋势行情中间段最为"肥美"，也最容易赚。这期间，您会重仓操作吗？在总体的仓位设置上，您又是如何做的？

杨海滨：这方面我有点不同的看法，我认为行情尾部的利润最为"肥美"，中间部位主要功能还是合理处理仓位，在行情最后加速阶段能够享受利润。仓位的大小是根据资金量大小、资金预期收益以及能够承担的亏损程度综合考虑。

问题10：您以技术分析为主，那么您主要分析哪些指标、图形或量变？您觉得自己技术分析的最大特征是什么？

杨海滨：主要是选取一些适合中线操作的像均线、MACD、SAR、高低点等指标。

问题11：有人指出，现在用技术分析做交易越来越难赚钱了。您是否认同？您觉得技术分析失效了吗？

杨海滨：技术分析并没有失效，不过技术分析的标准要因地制宜，管理规模的不同，交易品种的不同，交易制度的不同等等因素的区别，都要求技术分析的标准相应地变化，不能期盼一种技术分析的方法放诸四海皆准。

问题12：您目前主要交易哪几个品种？有投资者表示，现在必须精选品种才能提高盈利效率，您是否认同？您是如何选择品种的？

杨海滨：我现在主要交易铁矿石，也关注螺纹等几个品种。交易品种的选择也是要综合来看，主要根据资金量、品种活跃度、交易系统适用性等几个方面来考虑。

问题13：在期货交易中，如果不知道资金运用的利害关系，很容易遭受致命的损失，甚至被市场淘汰。好的资金管理，真的可以决定一个交易员的"生死"。您怎么看待这样的观点？请您谈谈您的资金管理。

杨海滨：资金管理很重要。必须具体到每一步细节里面，不可以有大概、差不多等思维，开仓、加仓、止损、品种占比等都要具体、明确。

我的资金管理主要是以可以接受的亏损幅度和品种的波动率为基础，从而计算出不同品种的止损幅度，之后再根据预期收益率和品种的变化幅度来确定交易品种的数量和比例、开仓的数量和比例、加仓的次数等。

问题14：大部分投资者都明白止损的重要性，但在实际交易中却往往做不到，对于止损，您是如何做的？

杨海滨：止损是交易的安全保证，必须保证活在这个市场里面，你才能够有机会。在心理上接受合理的止损，并能够严格执行止损，在我看来是迈向成功交易的第一个台阶。

问题15：那您是如何设置止损的？止损标准是多少？若出现较大的回撤，

您会怎么应对？

杨海滨：连续一段时间的持续回撤是可以的，这时候只需要坚持按策略执行即可。**在设计交易系统的过程中，一定要考虑到极端不利情况的出现，如果突然出现较大的回撤，很可能是交易策略执行方面出现了问题，而不是交易策略本身的问题。**

具体到标准必须结合不同的资金量，不同的风险承受度，不同的预期收益，不同的品种特性等因素，不能一概而论。举个简单的例子，如果一个交易账户能够承受30%的亏损，以交易一个品种为主，交易系统在这个品种上历史回测最多连续错误是10次，那么每一次试单的止损必须在总资金的3%之内，才能保证大概率情况下不会在一波行情中死掉，这就是一个简单的止损标准。当然，在实际操作中要考虑更多的因素，要比这个复杂得多，但这是一个基本的出发点。

问题16：据了解，您性格直率，较焦躁，这样的性格会让您冲动型交易吗？您觉得如何做才能避免冲动性交易？您的自控力和执行力表现如何？您觉得以您目前的交易状况来说，遇到的瓶颈是什么？

杨海滨：这个问题可以和前面止损的问题连起来看，在解决了止损问题之后，有了明确的止损标准，是否能够执行，就需要自控力和执行力的提高了，这属于心理层面的问题。**必须在市场中不停地练，不停地实践，之后找到一个自我调节的平衡点，由被动的调节逐渐提高到主动调节。**

瓶颈方面，例如资金量的提高使得交易系统的适用性和执行效果会受影响，这就要求交易策略相应地调整，再去适应不同的市场情况和资金要求。

问题17：从您账户的净值曲线图可以看出，您有几个时间段未参与交易，请问，是什么原因让您在这几个时间段暂停交易的？

杨海滨：两个原因：第一，一般做对一段行情之后我都会休息一小段时间。第二，行情由一种节奏转变为另外一种节奏通常需要一个过程。

问题18：从2017年6月至9月初，您净值曲线一直呈横盘下行走势，之后突然大幅拉升。请问持续3个月的净值曲线横盘，您的心态是否有受影响？您会用什么样的方式来调整交易状态？之后又因为抓住了什么行情让净值曲线强拉升？

杨海滨：横盘期间心态一定会不停地变化，这就是考验自控力和执行力的时候，不过应该认识到这是交易的必然阶段，总是在交易生涯中不断地发生，心理上要主动接受，然后找一些自己习惯的模式克服。我主要是不停地复盘或者看书，让自己安静下来。

问题19：您作为一名专职交易者，在您看来，要做到以交易为生，需要具备哪些素质和要点？有兼职交易者表示，期货只是生活的润滑剂，如果专职期货，生活也许在某种程度上将会受期货绑架！您怎么看待这种观点？

杨海滨：一要有独立思考能力（切忌人云亦云），二要对待问题实事求是，三要刻苦和坚持不懈。

从长期或者大规模交易上来看，兼职交易可能不太容易成功，期货交易需要足够的专注度，否则很难有成系统的交易模式。

问题20：做了7年的期货交易，您最大的感悟是什么？多年的交易经验，您觉得自己经历了哪些成长阶段？对于未来，您是如何规划的？

杨海滨：最大的感悟是**交易之路确实有些像西西弗斯神话里面的主人公，总是在做着循环往复的工作，心理的控制和成长可能是最重要的环节。**

对于成长阶段，**刚开始时我认为市场中会有交易的"圣杯"，使交易者能够成为市场中的常胜将军，之后逐渐明白交易不只是技术的完善，心理层面也很重要，成功的关键是控制住亏损，然后放大利润，并且能够长期保持。**未来希望交易系统更加完善，能够形成科学、严谨的交易思想。

问题21：有人认为期货市场是热血的，有人认为期货市场是危机四伏的，也有人认为期货市场是"草根"逆袭的最佳平台，您交易期货7年，您觉得期货市场是一个怎样的"世界"？

杨海滨：我认为**期货市场是每个交易者心里面的一面镜子，你总怕市场危机四伏，那么市场照出来的就是危机四伏；你如果以平静如水的心态对待市场，那么它照出来的就是平静如水。**

问题22：除了交易期货，您2007年时也接触过股票，当时成绩如何？后来为什么没有继续交易？

杨海滨：股票交易的成绩一般，还没有完整的交易思想和交易系统，虽有盈利，但不是很多。后来遇上股市大幅调整，市场机会较少，再之后推出了股指期货，我就开始进入期货市场。

问题23：专职期货交易这么长时间，您是否有打算做其他金融投资，如外盘、期权等？

杨海滨：将来有可能会进行其他金融投资，视情况而定。

问题24：在机构化的时代，个人投资者的压力越来越大，越来越多的盘手选着"抱团取暖"。您也有加入投资公司，您觉得在当前环境下，机构和个人投资者在交易上各有哪些优缺点？

杨海滨：个人投资者相对更自由，更灵活，对于资金回报的需求与机构投资也有区别，**但随着管理规模的提高，需求的变化，机构化或者团队化可能是一条必须要走的路。**

问题25：如今各种大赛层出不穷，您也参与了东航金融蓝海密剑实盘大赛，并取得了不错的成绩。有盘手表示，参与大赛，更能认清自己，知道自己真实的交易水平，请问您参与大赛的初衷是什么？

杨海滨：主要是记录自己的交易，测试自己的交易策略和交易能力，并且了解与其他人的差距。

叶青：通过无数次的小止损去换取为数不多的大盈利

（2017年12月26日　翁建平访谈整理）

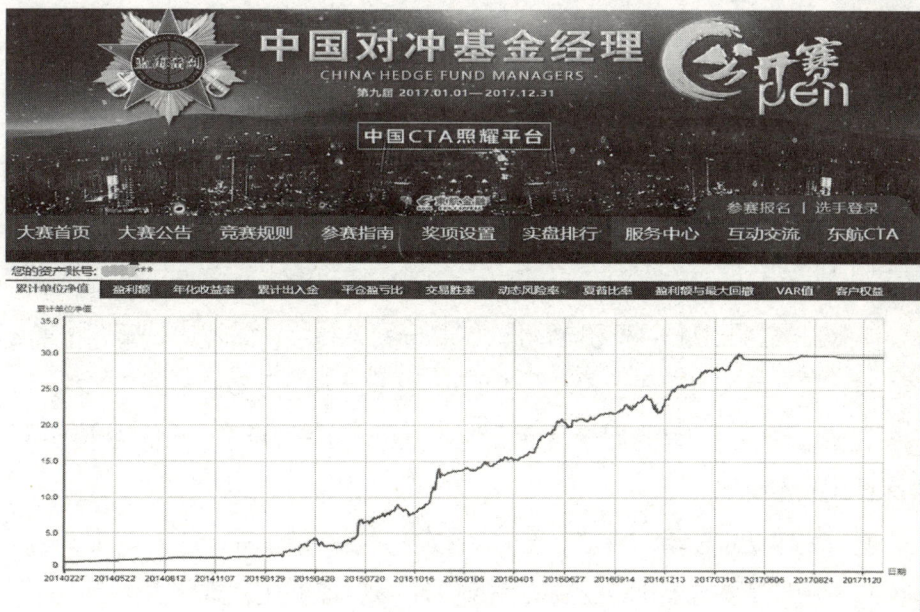

叶青

上海人，期货交易5年，主观交易者，专注于期货套利交易。

曾获第七届蓝海密剑年度先锋勋章，单位净值第四名；第八届蓝海密剑实盘大赛晋级奖（大校）

精彩观点：

主要做多品种的跨期价差交易，多品种是为了分散风险，而做跨期交易是为了封闭敞口。

每天收盘并不是休息时间。

套利交易资金利用率可以比较高。

期权和期货价差的多种组合可以构建多层次的对冲策略。

要掌握套利交易首先要建立模型。

套利机会来自于对套利模型及数据的长期跟踪和研究。

目前正在关注郑州甲醇和大连聚丙烯比价之间的套利机会。

目前主要跟踪和研究的是三油两粕和化工品中的PE、PP和甲醇。这些品种相互之间的价格相关性比价高，可以合成多个套利头寸，比如豆棕价差、豆菜粕比价、PE和PP价差。

使用价差还是比价要因品种而异。

怎么判断方向呢?其实还是要依靠对数据的量化和对比。

怎么判断时机呢？一是判断目前价格是否已经包含所有利多或利空，二是研判价格运行的节奏。对交易来说最好的就是在正确的时间做正确的交易。

大概胜率是在1/4 ~ 1/5之间，我想可能会有人疑问，这么低的胜率究竟是怎么赚钱的？其实秘诀在于通过无数次的小止损去换取为数不多的大盈利。

在资金管理上，首先把钱分成三份，一份日常生活开销，一份用来储蓄，剩余的用来做交易。

在交易中切忌在单一头寸上满仓、重仓、逆势操作。

一个品种或头寸安排总交易资金的10% ~ 20%的仓位比较合适。

主要的套利策略是捕捉交割月前期现回归的套利机会。

参与这些套利交易的周期一般也是1 ~ 2个月，当期现价差基本回归了就了结头寸。

对于刚入期货的投资者我觉得第一要找到适合自己的操作模式，无论是单边还是套利，其次要有一套交易的模型或者系统，最后要做有计划地交易，不要盲目开仓，过度交易。

目前主要是通过定投各种基金来说做资产配置，其中也包括股票型基金，对于明年的股市，我觉得长期的机会还在于消费类的白马股。

问题1：叶青先生您好，感谢您在百忙之中与东航金融、七禾网进行深入对话。您连续两届在蓝海密剑大赛中都获得不错的成绩，您觉得核心的原因是什么？

叶青： 我觉得有三点原因：顺势、方法以及努力。

顺势就是在熊市时做空，在牛市时做多，比如2016年棕榈油受益厄尔尼诺的影响产量下降做空豆棕油的价差，又比如每年9月一般都是鸡蛋价格的高点，做多9月鸡蛋养殖利润，这些都属于顺势操作。

这里的方法就是交易模式，**我主要做多品种的跨期价差交易，多品种是为了分散风险，而做跨期交易是为了封闭敞口**，一般来说单边做多或者做空的敞口和风险是很大的，而交易跨期价差可以很好地回避上述风险。而且价差交易的时候因为敞口低，可以增加持仓来提高资金的利用效率。

最后一点是努力，**每天收盘并不是休息时间**，阅读行业报告，浏览现货日评，甚至要熬夜到零点等美国农业部的月度供需报告。投资是修行，不经历风雨怎能见彩虹。

问题2： 从您参赛的净值曲线中可以看出，2016年底有段回撤，请问当时是什么原因造成的？

叶青： 我2014年以来有4次比较明显的回撤，2016年底这段回撤是4次中最大的，大约回吐了50多万元利润。虽说这次回撤起因是"双十一"的市场闪崩，不过主要原因还是闪崩后多个头寸发生回撤，交易节奏被打乱，交易心态受到了点影响。

问题3： 都说2017年的行情比较难做，您是否有这样的感受？

叶青： 2017年初特朗普当选美国总统，市场普遍看好大宗商品价格，憧憬特朗普的巨额基建投资计划，但是春节之后国内工业品库存普遍高企，需求弱势，文华商品指数从2月的160点跌到5月末的136点，这段下跌其实是对年初的矫枉过正。下半年在经济数据回升，环保限产炒作下文华商品指数重回160点高位，纵观全年商品价格在一个大的箱体震荡，而市场交易逻辑变化短的2～3周，长的也不过2～3个月，对交易节奏的把握的确是比较难的。

问题4： 您做套利交易多年，就您看来，套利交易有哪些优点和不足？

叶青： 我主要交易商品期货的跨期价差和产业链相关品种的强弱配对交易。

套利交易的优点主要是：

(1)风险可控，跨期价差交易和单边交易对比敞口比较小，风险比较低。

(2)跨期价差和商品价格对比波动比较低，比如大连塑料价格一般上下波动2000～3000元，而塑料的跨期价差波动一般只有200～500元。

(3)套利交易资金利用率可以比较高，因为风险可控，波动低，我采用多品种，多组合的交易资金利用率常年在80%以上。

问题5：您是否会搭配其他交易模式？为什么？

叶青：今年是商品期权元年，豆粕和白糖期权的上市丰富了衍生品市场工具。期权价差，**期权和期货价差的多种组合可以构建多层次的对冲策略。**我已经开通了商品期权权限，目前也正在系统地学习期权。

问题6：如果要掌握套利交易，需要了解哪些方面的知识？

叶青：**要掌握套利交易首先要建立模型，**比如跨期价差、期权波动率、生产利润，然后把价差放入上述模型中进行分析。以生产利润来说影响的因素分别有库存、开工率、进出口量等通过对这些指标的量化和跟踪就可以把握价差变化的驱动因素进行套利交易。

问题7：套利交易的关键是如何发现和识别套利机会，您能否谈一谈您的一些方法？

叶青：有了模型之后就是对数据的量化和跟踪，比如对于跨期套利来说，当近月合约和远月合约的价差可以覆盖持有成本的时候就产生了买近月空远月的套利机会；而对于期权波动率来说当隐含波动率大幅高于历史波动率也就有了做空波动率的交易机会。**套利机会来自于对套利模型及数据的长期跟踪和研究。**

问题8：就您看来，最近有哪些套利机会？

叶青：我目前正在关注郑州甲醇和大连聚丙烯比价之间的套利机会，目前国内市场因为天然气限气，因环保因素导致甲醇开工率比较低，甲醇价格比价高。甲醇是MTO甲醇制烯烃的主要原料，一般三吨甲醇生产一吨聚烯烃（聚丙烯和聚乙烯），按照目前的价格来看无论是西北还是沿海的外采甲醇制烯烃企业的利润都已经是亏损了。这些企业已经通过降低开工负荷来降低亏损，如果亏损恶化，后面应该会通过检修安排来减少对甲醇的消耗。对于1805合约上的甲醇来说届时天然气限气会结束，甲醇供应会恢复，甲醇和聚丙烯之间的比价也就有修复到正常区间的驱动力。

问题9：目前您主要跟踪和研究哪些品种？

叶青：我目前主要跟踪和研究的是三油两粕和化工品中的PE PP和甲醇。这些品种相互之间的价格相关性比价高，可以合成多个套利头寸，比如豆棕价差、豆菜粕比价、PE和PP价差。

问题10：在分析两个合约是否有套利机会的时候，到底是该选用价差还是价比？

叶青：使用价差还是比价要因品种而异，比如豆棕油，豆菜油之间的套利一般就是用价差，而豆菜粕套利因为可以通过蛋白含量来衡量各自的价值，甲醇和聚丙烯套利也有固定的物料消耗系数，这些就适合使用比价来分析。

问题11：交易中"方向"和"时机"，您觉得哪个更重要？

叶青：交易中方向和时机一样重要，方向其实就是要判断市场处于哪个势中上涨，下跌或盘整，**怎么判断方向呢?其实还是要依靠对数据的量化和对比，**比如2017/2018年度美国大豆出口销售一直落后上年同期，而美国农业部12月之前的供需报告对于美国大豆出口量的预估却是最近几年最高的，12月供需报告美国大豆今年出口量开始下调，期末库存开始上调，而CBOT大豆也展开了一轮下跌调整。

而对时机来说有两点，**一是判断目前价格是否已经包含所有利多或利空，二是研判价格运行的节奏。**比如今年6月CBOT大豆跌到900美分，而美国大豆的种植成本也在900美分左右，明显价格已经调整充分，而每年的6—8月又是美国大豆关键生长期，价格易涨难跌。

总之对交易来说最好的就是在正确的时间做正确的交易。

问题12：套利交易也不可能每一笔都赚钱，您做套利的平均胜率是多少？

叶青：的确套利交易不会每一笔都赚钱，我没有具体统计过胜率，不过这个数字我可以说**大概胜率是在1/4～1/5之间，我想可能会有人疑问，这么低的胜率究竟是怎么赚钱的？其实秘诀在于通过无数次的小止损去换取为数

不多的大盈利。

问题13：都说止损线是生命线，您止损线会怎么设置？会不会设置止盈线？

叶青：做交易最大的风险就是资金损失的风险，我是属于风险厌恶型的交易者，所以采取套利交易的模式，在日常交易中主要通过资金和仓位管理，止损设置来控制风险。

首先控制风险不是绝对没有风险，没有资金损失，而是指通过上述手段把资金损失控制在合理的自己可以承受的范围之中。很多新入市的交易者不愿意面对损失而持有亏损头寸指望价格能回到成本之上，反而及时兑现利润落袋为安而了结盈利的头寸，如果换一换则正是大多数人所追求的斩断亏损，让盈利奔跑。

止损怎么设？就看一次亏损多少会觉得心疼，比如亏了10万元会难过，就把每次操作的止损线设置到1万元，这样就有10次错误的机会，如果真的一连错10次，那么也应该暂时停止交易好好冷静下。

止盈我是不主张提前设置止盈的，盈利的头寸尽量拿住。对于盈利的头寸一般采取回撤平仓。比一个头寸最高盈利10万元，在随后的波动中利润回撤到9万元，那么一般这个时候可以考虑平仓退出。或者刚入场的头寸，回撤到入场成本也应该考虑平仓退出。

问题14：要把期货交易做好，资金管理是最重要的一方面，那您是如何做好资金管理的？

叶青：在资金管理上，首先把钱分成三份，一份日常生活开销，一份用来储蓄，剩余的用来做交易，这样即使交易上有点起伏也不至于影响生活。其次在交易中切忌在单一头寸上满仓、重仓、逆势操作。一般来说一个品种或头寸安排总交易资金的10%~20%的仓位比较合适。这么做的好处是即使这一笔交易失败，在止损时也不会显得损失过大而犹犹豫豫。

问题15：您做套利交易，周期一般是多长时间？一般看多长时间的行情？做多长时间的行情？

叶青：我目前**主要的套利策略是捕捉交割月前期现回归的套利机会，**期货交易最终是会通过交割机制让期现价格回归，一般在交割月前2个月左右可以关注下期现价差比较大的近月合约，这些合约受到交割机制的影响会有比较大的补升贴水的机会，而我**参与这些套利交易的周期一般也是1～2个月，当期现价差基本回归了就了结头寸。**

问题16：套利交易有很多方式，您是否会采取跨品种、跨市场、跨期等多种组合方式？为什么？

叶青：目前国内市场比较适合的有跨期，跨品种比如豆粕菜粕，玉米和淀粉，跨市场比如大连铁矿和上海的螺纹钢比价。这些套利方式是目前比较成熟的，有多年的历史数据可以供研究和判断，同时品种之间价差波动有规律和逻辑。上面这些交易方式我都有参与。

问题17：就您看来，刚进入期市的投资者更适合套利交易还是单边交易？

叶青：我看过一个统计，说是三年下来期货账户的存活率不到3%，期货交易不是件容易的事情，**对于刚入期货的投资者我觉得第一要找到适合自己的操作模式，无论是单边还是套利，其次要有一套交易的模型或者系统，最后要做有计划地交易，不要盲目开仓，过度交易。**

问题18：目前，股市您有没有参与？有很多投资者看好明年的股市行情，您是否也看好？

叶青：**我目前主要是通过定投各种基金来说做资产配置，其中也包括股票型基金，对于明年的股市，我觉得长期的机会还在于消费类的白马股。**

陈海平：市场失衡，是我投机的唯一原因

（2017年12月27日　唐正璐访谈整理）

陈海平

广东深圳人，2008年开始交易股票，2015年进入期货市场，手工交易，拥有一套交易系统，深圳市晋亨资本投资管理有限责任公司董事。

在第八届"蓝海密剑"中国对冲基金经理公开赛中荣获晋衔奖和"少校"称号。

精彩观点：

证券市场对预期更为敏感，同时绝大多数时候(除了牛市和股灾初期)更适合逆向投资，是一个大概率可以用时间换取金钱的市场。期货市场更适合顺势交易，同时可以灵活运用杠杆，中短期可以产生超额收益。

247

因为市场有时候会出现错误预期，以至于短时间无法发现现货的供求矛盾，供求失衡到平衡这段波动的确定性较大，更容易获取收益。

我们认为2018年上半年黑色系多头依旧会有不错的机会。

我们对预判进行评估的标准在于现货市场供求与期货市场预期的差异。有人认为预判没有用，可能是因为他们心里潜在的原因造成的，想一劳永逸地找到交易"圣杯"。

实地调研是专业金融从业人员在进行确定性的、大的交易前，必须做的事情，能够很好地弄清楚市场当前及未来矛盾的真相，挖掘真实供求失衡的可能性。

期货看上去是个以小博大的市场，实际上是以大博小的市场。

我们认为2018年仍然会走业绩为王的行情，但应该适量减持前期涨幅较大的股票。

我们依然看好钢铁和有色板块，钢铁和有色这类周期板块未来的盈利在明年依旧具有持续性，这除了市场本身的持续性，也与国家政策有关。目前市场对此有偏见，我们觉得正是机会。

我们的核心竞争力主要来自于主观判断的较高准确性和一旦判断出现误差便采取多空策略对冲机制，这样保证了风险能够很好控制的同时，又可以进行投机与投资的结合，在关键时刻能够创造一定的超额收益。

基金产品与自营单账户的最大区别来自于回撤以及账户整体波动率。

基金产品更像一门生意，争取在自身流动性控制能力范围内，做大产品规模，控制回撤率，阶梯式使用杠杆，分散交易品种，也需要长期维持与客户的良好长久关系。

单账户自营，对回撤容忍程度很高，没有赎回压力，只需要控制好场内外风险，便可在大行情时下重注，获取远远超过市场的超额收益。

我们会将商品、债券期货等衍生产品引入基础设施投资基金，平抑原材料和资金的未来成本风险，从而增加潜在收益。

问题1：陈海平先生您好，感谢您在百忙之中与东航金融、七禾网进行对

话。您2008年开始进入股票市场，在证券市场有着丰富的经验，为什么最后选择了专职从事期货交易？

陈海平：期货与股票的交易(配置)理念与方法有比较大的区别，我们依然有对股票进行配置，期货有助于我们自我资金资产配置的差异化，可以很好地优化投资组合的收益和平抑部分风险。

问题2：在您眼中，证券市场与期货市场有什么不同？

陈海平：证券市场对预期更为敏感，同时绝大多数时候(除了牛市和股灾初期)更适合逆向投资，是一个大概率可以用时间换取金钱的市场。期货市场更适合顺势交易，同时可以灵活运用杠杆，中短期可以产生超额收益。

问题3：您在市场中最想赚"市场供求关系从失衡到平衡的价格波动"部分的资金，为何最想赚这个部分？如何发现"市场供求关系从失衡到平衡"的机会？

陈海平：因为市场有时候会出现错误预期，以至于短时间无法发现现货的供求矛盾，供求失衡到平衡这段波动的确定性较大，更容易获取收益。对于如何发现，需要配合数据分析，进行实地调研。

问题4：您认为期货市场是多头和空头的力量博弈，但是要弄明白多头/空头凭什么赢。假设多头赢了，您会如何寻找多头赢的原因？这里能举个子表示吗？

陈海平：因为市场有时候会反映一个未来的预期，这种预期可能会造成期现背离，同时使得市场的短期波动异常巨大，我们碰到这种情况会止损离场，并对市场逻辑进行一定估摸。例如2017年年中螺纹钢出现了巨大的贴水，这种贴水与现货基本面相违背，实际上是资金对宏观的主观悲观预期，对电弧炉放开的主观悲观预期造成的。

问题5：在期货交易上，您主要做短线、中长线还是长线？或是多周期交易？

陈海平：我们是中线波段与多周期并行，会通过对基本面的研判，来确定机会的大小，如果我们主观认为机会较大，会选择单向中线波段。如果市场波动与我们的逻辑路径相违背，我们会选择多周期增强避险能力。

问题6：在品种选择上，您为什么以黑色系期货为主？并且主要做螺纹、铁矿和焦炭？在您看来，黑色系品种后续的走势会如何？

陈海平：因为黑色系期货的供求弹性较小，同时中期波动足够承载我们的交易系统。而螺纹、铁矿与焦炭同属一条产业链，不仅适合单向交易，也可以用多空策略进行避险。**我们认为2018年上半年黑色系多头依旧会有不错的机会。**

问题7：行情是轮动的，可能某段时间黑色好，某段时间农产品好，某段时间能化好。若农产品崛起，黑色没有大行情时，您是否会在标的中加入农产品期货，减少黑色系期货的比重？

陈海平：如果有大行情，我们也会参与其他产业的交易，但一般不会使用杠杆，而且只用技术分析来适当参与。黑色没有大行情的时候我们会按照一定的逻辑进行套利交易。

问题8：在你们的套利运作体系中，一般如何去分析和发现套利机会？如何制订和执行套利方案？

陈海平：套利交易方面，我们不会进行跨市场套利，而是对市场对未来供求预期的情绪进行判断，阶段性正反套(在统计套利历史数据的可允许范围内)。当正反套价差达到极值时，我们才会进行有风险控制(会定义小概率情况的出现条件和防范措施)的统计套利。

问题9：随着国内期货市场的快速发展，越来越多的品种在积极筹备和推出，苹果期货即将上市，原油期货也不远了。对于即将上市的新品种，您持什么态度？有交易的打算和准备吗？

陈海平：我个人而言不会进行交易，如果有打算，也会先收集历史价格数据进行统计后再做决定，但这对于短线交易的人或许是个机会，因为一般来说上市后市场通常极其活跃。

问题10：您以分析市场基本面供需关系为基础，对市场走势预判进行评估。请问您的评估标准是什么？有投资者表示预判是最没有用的，没有人能准确预判价格波动，您怎么看待这样的观点？

陈海平：**我们对预判进行评估的标准在于现货市场供求与期货市场预期**

的差异。**有人认为预判没有用，可能是因为他们心里潜在的原因造成的，想一劳永逸地找到交易"圣杯"。**市场当然不会100%按照基本面走，而是有时候会按基本面走，有时候会反映未来基本面的预期，只有事先搞清楚基本面，才能搞清楚目前市场处于什么状况，是否失效，以此可以制定交易策略，用相对应的交易系统来解决问题。

问题11：您以基本面交易为主，市场上关于基本面的信息很多，您会如何精简信息？在您看来，哪些信息比较有用？

陈海平：我们会对数据进行回测，同时进行实地调研，搞清楚真相。自己的数据统计和相关分析，自己调研出来的信息才是最有用的。

问题12：你们主要调研上游、中游、下游的哪一个环节，还是全方位地去调研？您认为实地调研对期货交易的好处有哪些？

陈海平：我们主要会调研上游铁矿石、双焦和中游钢材整体市场中贸易商的多数行为和看法，还有一些钢厂实际产量、环保、订单、利润、成材与原料的真实库存情况，以及现货市场在全年关键节点里，大多数资金中短期债务成本的波动情况，还会对运输环节的整体情况进行调研。至于下游，我们会单纯对三方数据，结合宏观判断，做出主观解释。

实地调研是专业金融从业人员在进行确定性的、大的交易前，必须做的事情，能够很好地弄清楚市场当前及未来矛盾的真相，挖掘真实供求失衡的可能性。例如在暂时上涨的氛围中，这样可以很好地避免在因为市场隐形库存和潜在现货投机性需求造成的供不应求假象中吃大亏，而不会当成真实需求与真实供给共振所引起的大牛，进行错误交易。

问题13：有盘手表示，基本面有着不少缺点，如获取信息延缓、作用慢、周期大等，您怎样看待这样的观点？是否也曾有过这方面的困扰？

陈海平：基本面有缺点是一定的，每个分析方法都有缺点。技术分析也是一样，技术分析无法确定大方向，只能纯策略进行盈亏比分析，制定出入场点。但并不是有缺点就没有用，这是基本常识。

这个市场如果有一种完美的分析方法，早就掏空市场流动性，同时也不需要资金管理和风险控制了，理论上这是不可能的。

问题14： 在仓位设置上，您是怎么做的？如何控制风险？

陈海平： 期货仓位设置上，我们每年年初自有期货资金权益都会设置为初始资金权益。会在这个基础上用小杠杆做安全垫，然后察觉有可能出现的大行情后，在安全垫足够的情况下加大仓位做波段。如果失败则消耗了安全垫，初始资金权益不受损失，如果成功则按比例出金进行场外资金管理。

问题15： 资金管理的重要性不言而喻，好的资金管理，可以决定一个交易员的"生死"。请谈谈您的资金管理。

陈海平： 资金管理一定要分成场内场外，**期货看上去是个以小博大的市场，实际上是以大博小的市场，** 场内资金应该控制在15%～20%。同时场内资金也应该当成独立资金进行杠杆控制，在安全垫不够厚的情况下，应该尽量收缩杠杆。

问题16： 交易心态也非常重要，当净值曲线长时间横盘或出现较大亏损时，您的心态是否会受影响？又会如何调整交易状态？

陈海平： 因为我们场内资金比例控制在15%左右，所以心态完全没影响，场内资金回撤的时候只要收缩杠杆重新做安全垫，调整资金曲线就可以了。

问题17： 您目前仍然有配置股票投资，我们都知道，交易股票选股和择时很重要，您选股的依据是什么？又是如何择时的？

陈海平： 来自于对未来盈利增长的预估，同时通过估值模型判断目前股票标的是否存在高估的情况，盈利增长的溢价是否被超预期反映，这是我们的依据。

择时方面，只要不是牛市或者股灾初期，价格低于价值就是分批缓慢配置的好时期，这一点与期货有非常大的区别。

问题18： 请介绍一下这个估值模型，如何通过估值模型确认股票是否存在高估或低估？

陈海平： 在这里说一下，保险类股票我们参照的是大逻辑不可逆（人口老龄化不可逆导致未来商业保险需求上升，寻求龙头支撑），原因是因为对保险公司估值过度复杂，对于我们自身而言超出部分能力范围。

其他股票（主要是一、二线蓝筹），我们先会自下而上进行分析，通过类

DCF模型对公司进行初步判断，因为我们在这个过程中加入了数个自己研究得出的参数，以力求解决部分DCF此类模型过于主观的不确定性缺陷，并对DCF取值的精确性进行极小的区间收敛（我们设置了一个配置与增长率预计差异的参数，会在预计与实际较大的时候，按比例削减仓位），所以称之为类DCF模型。同时会与具有一定随机变量的多因子模型进行数次印证。

由于国内的散户较多，增加了市场的波动性，一些估值模型中期看上去无效，实际上长期增加了巨大的潜在收益，只需要在配置的时候分批、缓慢、定投式买入即可。

问题19：您觉得2018年的股市行情会怎样？未来一段时间，您比较看好哪些板块？哪些板块最好不要碰，为什么？

陈海平：**我们认为2018年仍然会走业绩为王的行情，但应该适量减持前期涨幅较大的股票，**因为对于中期波动而言，前期涨幅大的股票安全边际不够大。**我们依然看好钢铁和有色板块，**同时一些小市值的股票也会出现一定的投资价值。因为我们认为**钢铁和有色这类周期板块未来的盈利在明年依旧具有持续性，这除了市场本身的持续性，也与国家政策有关。目前市场对此有偏见，我们觉得正是机会。**

问题20：2017年即将结束，就您总结来看，2017年的期市和股市最大的特征分别是什么？您在2017年的总体表现如何？

陈海平：2017年期货市场的中期波动很大，但短期波动也变大了，原因是因为宏观资金的入场博弈，而股市则呈现了价值回归的过程。

就期货市场而言，我们第一季度收益还不错，年中由于宏观资金博弈造成的巨大波动，我们预判有误进行了离场避险，错过了年中的黑色大行情。

股票上由于我们2015年对白酒和保险行业坚定的信心，在股灾中期坚决逢低买进超配，在经过去年市场对保险行业股票偏见后，于今年迎来了大丰收。

问题21：据了解，您也有着自己的交易团队，您在团队里主要负责什么？团队中的另一位核心人物贺□又主要负责什么？其他人员是如何分工合作的？

陈海平：我在公司中主要负责调研数据分析并制定相应的交易方向；大类资产风险控制和测试资金对于回撤的忍耐承受度，整个公司的资金管理。

贺翀主要进行整个市场的商品供求基本面研究、证券资产估值和宏观研判、研发交易系统和制定相应的交易策略。

而其他工作人员主要以调研、数据分析分为两组，对我们两个进行工作量上的辅助。

问题22：贺□的操盘核心观点为顺势而为，物极必反。您能介绍一下他的交易理念和策略吗？

陈海平：他的交易理念和策略便是我公司的核心，从基本面来确定价格的大方向，如果市场供求持续矛盾，并且在经过通胀调整后的历史真实价格的范围内波动，都会以趋势交易策略为主。但一旦超过这个范围，会考虑在有风险控制的情况下进行逆向抓拐点交易。

问题23：随着机构化时代的到来，您觉得贵公司的核心竞争力在哪里？相对于其他机构，有哪些劣势？

陈海平：目前来说，**我们的核心竞争力主要来自于主观判断的较高准确性和一旦判断出现误差便采取多空策略对冲机制，这样保证了风险能够很好控制的同时，又可以进行投机与投资的结合，在关键时刻能够创造一定的超额收益**，这与其他机构的纯配置比较来说，是一个不错的优势。劣势在于我们的流动性承载力有待加强。

问题24：据了解，贵公司也发行过基金产品，在你看来，要管理好一个产品的关键是什么？您觉得私募产品跟单账户，在操作上有哪些不同？

陈海平：**基金产品与自营单账户的最大区别来自于回撤以及账户整体波动率**，市场对于基金产品，除了清盘线差异外，对产品净值的波动基本来说是有比较严格的要求。

低回撤，收益比市场收益要高一些，持续性长，便是好的产品，但正因为这样，由于对波动率的严格要求，也会抑制潜在高收益的机会，更多是谋求一种长时间的、较稳定的、持续性收益。

但以期货为例，做成基金产品，如果只用期货单一工具，在单品种上是没法做成一个分散非系统风险的交易类组合，就算采用多周期的类对冲交易，也有一定程度稍大的不确定性。而是必须多品种组合，才能在商品分化行情中有效控制风险，在系统性行情中阶段性获取一定比例的超额收益。

我们认为**基金产品更像一门生意，争取在自身流动性控制能力范围内，做大产品规模，控制回撤率，阶梯式使用杠杆，分散交易品种，也需要长期维持与客户的良好长久关系。**

而**单账户自营，对回撤容忍程度很高，没有赎回压力，只需要控制好场内外风险，便可在大行情时下重注，获取远远超过市场的超额收益。**因此我们会集中在一个品种，或者一条产业链上进行投机性交易。

问题25：请您谈谈公司的发展规划和愿景。

陈海平：目前我们在二级市场（期货、股票、境外垃圾债和cds套利组合等）自营的资金全部来自于家族资金，在未来自身流动性控制能力，人员团队进一步扩大的情况下，也可能会向市场发行期货股票等二级市场的结构化私募。

并且目前我们对进入基础设施投资基金领域极其感兴趣，由于其绿地项目会产生类私募股权的中期收益，而后褐地项目产生类债券的长期收益，跨越时间长达15～20年，甚至永续。规模大，承载流动性能力强，对于我们未来公司的发展规划来说是个不可或缺的好项目。

同时**我们会将商品、债券期货等衍生产品引入基础设施投资基金，平抑原材料和资金的未来成本风险，从而增加潜在收益。**

问题26：您在第八届"蓝海密剑"中国对冲基金经理公开赛上荣获晋衔奖和"少校"称号，请问，您觉得您能获得这个奖项的最主要原因是什么？当初又是什么原因让您参与大赛的？

陈海平：获奖原因主要在于我们对黑色期货的一个研判，由于分仓，这个账户因为只占我们2%的资金，出于展示的兴趣我们参加了大赛。

王永民：现在就是需要耐心

(2017年12月28日　刘健伟访谈整理)

王永民

浙江金华人，11年市场交易经验，目前管理规模4000万元左右，主要以多品种多策略组合趋势投资为主，采用中长线交易、波段交易，同时也是用对冲、套利模式和少量短线模式。拥有丰富的交易经验和资金管理经验，对市场风险有深刻的认识，并对交易市场有深入的研究，所管理账户均多年实现稳健增长。一直致力于打造稳健增长、中低回撤适合大资金操作的交易系统。

精彩观点:

(目前的市场)基本是机构间的博弈,是有效市场,低风险高收益的机会非常少,现在更是需要耐心等待优质的交易机会出现。

心态比技术更重要,好的心态来源于合理的资金管理。

我们接受了有效市场的现实,调整了交易策略:调高了震荡策略的比例,调低了趋势策略的频度,调高了趋势策略的开仓仓位,更讲究伺机而动。

实际上我的账户是由十几个品种做多空配置的,净单边仓位并不高。

品种和方向选择靠主观,入场和出场上根据品种特性部分采用自动交易。

我的强项是逻辑思维,所以主观交易比较适合我们,程序化对我们来说永远只是辅助性的。

在交易的过程中我指标基本不看,主要看K线形态,有时会关注一下均线。

基本面信息主要关注供需平衡情况、季节、交割仓单量、交割规则、大户持仓、相对别的品种特别是替代品价格、进口成本基差等。

(我做)短线和波段根据品种目的各不相同,有的是为了一鱼多吃,增加利润,有的是试仓,看到盘面风向转的苗头就了结头寸,发展顺利就逐步加仓。

选择品种主要是依据对品种的机会预期和对品种的把握程度,如果是震荡策略的还考虑到品种的波动率,最主要还是要求对此品种基本面有研究。

我们是配置对冲+震荡+套利+趋势多策略,只要认为看到了机会都会做。

现在是有效市场,大部分品种研究得很深效率也不能提高很多。

不了解的品种我们不参与的,新品种我们一般要等有过交割以后才会考虑参与交易。

期权结合期货还是有很多低风险交易机会的。

我们现在最看好机会是螺纹和热卷的买5月卖10月低风险机会,如果钢材大幅回调应该是很不错的买入机会。

我感觉2018年(股市)应该不容易有趋势性行情,还是结构性行情为主。我个人看好回调到位的业绩股,包括旅游和游戏文化娱乐板块值得关注,创业板跌了2年了,有的公司也已经具备买入价值。

因为市场比较有效、价格比较合理,大家都看不到好的机会,交易兴趣自然不大，从而导致了今年期货市场出现成交量下滑的情况。

问题1：王总您好，感谢您在百忙之中与东航金融、七禾网进行深度对话。在2014年，您曾接受过七禾网一次专访，彼时的您意气风发，交易成绩也非常出众，那么3年过去了，您觉得无论是交易风格、交易体系还是交易方法，您发生了哪些改变？

王永民：近几年市场变化非常大，散户已经很少，**基本是机构间的博弈，是有效市场，低风险高收益的机会非常少，现在更是需要耐心等待优质的交易机会出现，**所以现在加大了震荡策略和优质交易机会出现时头寸的比重。

问题2：您参与交易已经11年了，从一个"期市愣头青"到一个"期货老兵"，您最大的感触是什么？

王永民：**心态比技术更重要，好的心态来源于合理的资金管理。**

问题3：从您七禾网展示账户及东航蓝海密剑的参赛账户表现来看，2017年可谓是跌宕起伏，账户长时间的震荡您会如何来进行调节？

王永民：短期的得失不是太在意，对年度为单位的长期盈利有信心，所以有足够的耐心等待属于我们自己的机会。

问题4：您也曾经历过例如2016年那样长期没有赚钱的交易历程，在这种情况下，您又会如何来调整交易情绪及交易节奏的？

王永民：2016年是因为第一次发行基金，缺乏经验开始没做安全垫，结果正好开局不利影响了差不多整年的交易节奏，也是最后几个月才放下心理包袱调整好心态的。

问题5：今年9月以来，您的账户开始不断刷新新高，而同期很多表现不错的期货盘手包括机构的成绩并不理想，您在四季度有优秀表现的主要原因是什么？

王永民：**我们接受了有效市场的现实，调整了交易策略：调高了震荡策略的比例，调低了趋势策略的频度，调高了趋势策略的开仓仓位，更讲究伺机而动。**

问题6：我们发现您在2017年的交易过程中，每日持仓仓位还是比较大的，基本都在50%以上，有时甚至是满仓交易，过高的仓位下，您是如何来控制风险的？如果出现一些黑天鹅事件，您有哪些措施来应对？

王永民：因为是账户里多余资金拿去做了股票等其他投资，才显得资金使用率比较高，**实际上我们的账户是由十几个品种做多空配置的，净单边仓位并不高。**其实我们2017年的交易还是很保守的，不会出现大的黑天鹅风险。

问题7：您的账户在获得了高额收益的同时，回撤率超过了20%，这在您的预期中吗？您觉得合理的回撤应该是什么范围，为什么？

王永民：这个账户把空闲资金都提走了，回撤增大也是必然的，并不意外，风控做的主要是净亏损额，所以净值曲线波动稍大，盈利曲线还是平稳的。

问题8：您目前还是以手工交易为主，但是出入场开始逐步采用自动交易，做出这样改变的原因是什么？效果如何？

王永民：我们现在是**品种和方向选择靠主观，入场和出场上根据品种特性部分采用自动交易**，这样做风险控制比较容易，把以前不做的高波动性交易机会也纳入了交易范围，有利于风险控制的同时增多交易机会。

问题9：随着量化交易在国内的不断成熟，您是否会考虑把自己的交易全部量化实行？为什么？

王永民：**我的强项是逻辑思维，所以主观交易比较适合我们，程序化对我们来说永远只是辅助性的。**

问题10：您采用的是基本面与技术面结合的分析方式，考虑到您参与的品种较多，会不会花费太多的时间精力？您主要会分析哪些基本面信息及技术面指标？

王永民：我们虽然是每天都交易，核心主要还是立足于中长线的，如果没有把握大的交易机会出现，仓位都会比较轻，基本不会出现顾不过来的情况；**在交易的过程中我指标基本不看，主要看K线形态，有时会关注一下均线；基本面信息主要关注供需平衡情况、季节、交割仓单量、交割规则、大户持仓、相对别的品种特别是替代品价格、进口成本基差等**，宏观方面也是很重要的考量因素。

问题11：您以中长线为主，还会做一些短线与波段交易，那么什么情况下会做短线与波段？它们之间的头寸会因为行情而去改变交易周期吗，还是各自独立的交易策略？

王永民：我们是中长线为主，**短线和波段根据品种目的各不相同，有的是为了一鱼多吃，增加利润，有的是试仓，看到盘面风向转的苗头就了结头寸，发展顺利就逐步加仓。**

在大多数情况下我们是讲究配置的，波段和短线是微调并不作为独立交易策略。当然也有例外，就是交易极端行情的时候，那就会非常灵活地去操作，随时准备撤退。

问题12：我们从七禾网上您展示的账户上发现，您参与交易的品种多达44个，几乎全部的品种都有所涉及，那么您选择品种的依据是什么？

王永民：我们**选择品种主要是依据对品种的机会预期和对品种的把握程度，如果是震荡策略的还考虑到品种的波动率，最主要还是要求对此品种基本面有研究。**

问题13：您一般会同时交易多少个品种？

王永民：**我们是配置对冲+震荡+套利+趋势多策略，只要认为看到了机会都会做，**同时交易的品种有10～15个，合约会有15～25个。

问题14：参与过多的品种进行交易会不会使研究效率降低，甚至会出现顾此失彼，失去某些好的投资机会？

王永民：**现在是有效市场，大部分品种研究得很深效率也不能提高很多，**所以我们对大部分品种只做一般性了解，低仓位的交易，看到比较好的机会才深入了解重点出击，一般不会出现顾此失彼。好的投资机会错过也很正常，不可能都做到，但大的行情不会几天就结束的。

问题15：就目前来说，您做哪一类品种较为得心应手，哪一类品种做得不理想？

王永民：应该还是黑色比较顺手，因为黑色研究得比较多，日内波动太大又不容易出趋势的品种做得不好，比如白糖。

问题16：苹果期货首日上市就非常火爆，您是否有参与？您觉得这是否是一个不错的投资标的？

王永民：我们没有参与苹果交易，**不了解的品种我们不参与的，新品种我们一般要等有过交割以后才会考虑参与交易。**

问题17："难产"多年的原油期货据称可能在2018年1月正式上市，您对原油期货有什么预期及筹备？

王永民：我们对原油比较期待，是做配置很好的品种。

问题18：今年推出了两款商品期权，您对期权是否有研究？

王永民：**期权结合期货还是有很多低风险交易机会的。**有实力的适度去卖期权收权利金还是不错的选择，就等于是保险公司收保费，一般总是保险公司赚。

问题19：进入2018年，您从短中期来看，分别会布局哪些板块或者品种，能否给投资者一些参考或建议？

王永民：**我们现在最看好机会是螺纹和热卷的买5月卖10月低风险机会，**有没有高收益不确定，可以算是以小博大，**如果钢材大幅回调应该是很不错的买入机会。**现在研究的人多，市场比较有效，确定性高的机会很难找。

问题20：您今年也有参与股票交易，就今年的股市来说，媒体评论称散户亏钱，机构赚钱，您的业绩如何？

王永民：因为平时时间不多，所以我们在股票市场只是做价值投资，买的都是业绩好的股票，2017年在证券市场的收益大概在32%左右。

问题21：很多机构都看好2018年股市会有不错的慢牛行情，您怎么看？您觉得哪些板块值得关注？

王永民：**我感觉2018年应该不容易有趋势性行情，还是结构性行情为主。我个人看好回调到位的业绩股，包括旅游和游戏文化娱乐板块值得关注，创业板跌了2年了，有的公司也已经具备买入价值。**

问题22：今年的期货市场成交量成交额均比往年有了大幅的下降，是否是参与的热度开始减低了？作为市场的参与者，您觉得造成这种现象的原因是什么？是否有利于期货市场的发展？

王永民：**这是因为市场比较有效、价格比较合理，大家都看不到好的机会，交易兴趣自然不大，从而导致了今年期货市场出现成交量下滑的情况。**

问题23：您曾多次在包括东航蓝海密剑大赛在内的多项全国性实盘大赛中获得非常好的成绩，但现在市场上也有一个现象，就是"大赛型盘手"转型做机构投资者都不是非常成功，您怎么看这样的现象，就您自身体验来说，在转型过程中需要注意哪些方面？

王永民：我们做的是多策略，所以并不存在转型的问题。按照我切身体会来说，做基金产品刚开始必须要用低仓位去做一些利润安全垫，如果一开始就出现了回撤会导致整个产品的运行陷入非常被动的局面。

问题24：东航蓝海密剑大赛持续了10年，涌现出非常多的优秀基金经理，甚至有盈利过亿元的"元帅"，作为参赛者，您比较佩服哪些盘手？他们身上有哪些品质值得您借鉴参考？

王永民：实际上我没有太关注别人的操作，但是在蓝海密剑大赛中只要能够保持稳定盈利的我都非常佩服，他们都值得我去学习。

问题25：目前您也走向了机构化的道路，就您而言，对未来的发展有什么规划与愿景？

王永民：因为我是一个不擅长交际的人，并且平时的时间都花在交易与研究上，所以也没时间精力去做管理，因此并不想开公司，个人还是先做好手上的事情。但是我还是期待能够碰到产生互补并且志同道合的朋友一起来做私募以图有更大的发展。

附录一：蓝海密剑期货实盘大赛1～8届获奖名单

第一届蓝海密剑期货实盘大赛第一赛季（见龙在田）

（2008年9月1日—2009年2月28日）获奖名单

A 组赛季收益率排序

排名	选手名称	单位净值	奖金（万元）
1	做期货的	4.30084	8
2	stockman	1.96419	5
3	寇比欧	1.62964	5
4	gaofengguo	1.57022	2
5	ooeight1	1.52331	2
6	st 大豆	1.43387	2

B 组赛季收益率排序

排名	选手名称	收益率	奖金（万元）
1	王向洋	5474.92%	5
2	fhwcy	1090.97%	2
3	期海垂钓	850.38%	2
4	hendry118	724.35%	1
5	格老要我出山	584.01%	1
6	erliu	467.81%	1

最佳流动指标排序

排名	选手名称	流动指标	奖金(万元)
1	hendry118	112069.78	1

第一届蓝海密剑期货实盘大赛第二赛季(飞龙在天)
(2009年3月1日—2009年8月31日)获奖名单

综合总冠军

排名	选手名称	综合总指标	奖金(万元)
1	做期货的	9.0	20

A 组赛季收益率

排名	选手名称	单位净值	奖金(万元)
1	gaofengguo	1.93545	8
2	郑加华	1.90620	5
3	陈默	1.78491	5
4	淡然我素	1.75573	2
5	做期货的	1.62154	2
6	erliu 单位净值	1.53883	2

B 组赛季收益率

排名	选手名称	收益率	奖金(万元)
1	mingzi	1175.54%	5
2	邵杰	618.21%	2
3	夜色	499.81%	2
4	凌波微步	338.38%	1
5	ziyan	325.61%	1
6	不败在己	235.35%	1

最佳流动指标

排名	选手名称	流动指标	奖金(万元)
1	gaofengguo	98.83 亿元	1

第二届(2009—2010)蓝海密剑期货实盘大赛获奖名单

荣誉勋章

排名	资产账号	选手名称	单位净值	奖金(万元)
1	8580156	期货梦想	37.67	15
2	8580305	溪水潺潺	13.27	9
3	8515837	梁任	10.75	6

三军杰出奖章

奖励类型	奖项说明	资产账号	选手名称	单位净值	奖金(万元)
导弹部队杰出奖章	导弹部队未获荣誉勋章选手收益率第1名	8515252	郑加华	7.03	5
空军杰出奖章	空军未获荣誉勋章选手收益率第1名	8510905	lmgctt	4.55	4
海军杰出奖章	海军未获荣誉勋章选手收益率第1名	8510113	freezegogo	2.46	3
陆军杰出奖章	陆军未获荣誉勋章选手收益率第1名	8580187	宁静致远	7.40	2
预备役杰出奖章	预备役未获荣誉勋章选手收益率第1名	8510723	judychoo	7.75	1
机枪手杰出奖章	机枪手特战营未获荣誉勋章选手收益率第1名	—	—	—	—
远征军杰出奖章	远征军未获荣誉勋章选手收益率第1名	8580901	sche	5.46	1

注：因机枪手军种参赛人数少于10人，根据大赛规则规定取消该军种杰出奖章。

功绩勋章

排名	资产账号	选手名称	盈利额	动态奖金（万元）
1	8515252	郑加华	3017390.65	15
2	8510618	做期货的基金	2902944.98	7
3	8515878	niweigeng1	2860329.21	3

快速反应勋章

奖励类型	奖项说明	资产账号	选手名称	成交金额	奖金（万元）
快速反应一等勋章	成交金额第 1 名	8515123	h2o740405	22220246910	10
快速反应二等勋章	成交金额第 2 名	8580121	北冥有鱼，其名为鲲	7511619095	5
快速反应三等勋章	成交金额第 3 名	8510208	walkfish	6960987485	3

后备战地指挥官

排名	资产账号	选手名称	奖金 （万元）
1	8515252	郑加华	15
2	8510618	做期货的基金	15
3	8580156	期货梦想	15
4	8580305	溪水潺潺	15
5	8580049	ST 大豆	15

高地军旗手

奖励类型	资产账号	选手名称	奖励说明	记录值	奖金（万元）
月度记录高地军旗手	8515878	niweigeng1	2010.8.9—2010.9.6 打破此前比赛321.72%月度收益率记录	344.50%	3

晋衔奖

排名	盈亏额	军衔	单位净值	资产账号	选手名称	奖金（万元）
1	18349106	上将	2.3066	8666677	温州在握投资 1 号	—
2	10628092	上将	2.3458	8666635	温州在握投资 3 号	—
3	3017391	少将	7.0348	8515252	郑加华	5
4	2902945	大校	2.1929	8510618	做期货的基金	3
5	2860329	大校	5.6939	8515878	niweigeng1	3
6	2662494	大校	1.1724	8800158	探索 2 号基金	3
7	2159626	大校	3.1596	8580049	ST 大豆	3
8	1955069	上校	1.2351	8666676	温州在握投资 2 号	—
9	1430229	上校	37.6725	8580156	期货梦想	1
10	1378390	上校	2.2677	8515123	h2o740405	1
11	1330572	上校	3.1812	8510208	walkfish	1
12	1189895	上校	5.4647	8580901	sche	1
13	1121556	上校	2.0756	8515877	niweidong	1
14	1071188	上校	4.5468	8510905	lmgctt	1
15	1052958	上校	1.3856	8580888	镌灏投资	1
16	950792.3	中校	1.259	3000773	wuxue	—
17	896721.2	中校	2.8027	8510852	舍得	7000
18	840172.5	中校	1.4852	8580121	北冥有鱼，其名为鲲	7000
19	838736.5	中校	13.2705	8580305	溪水潺潺	7000
20	823669.1	中校	2.2597	8510183	ooeight	7000
21	808141.7	中校	1.3724	8580800	syz1236	7000
22	762899.3	中校	4.2623	8800533	六年	7000
23	688107.1	中校	1.7245	8510368	nxrrry	7000
24	685257.5	中校	7.3969	8580187	宁静致远	7000
25	625967	中校	1.3915	8801773	爱上趋势基金	—
26	556256.5	中校	1.465	8680201	睿海投资	7000
27	548994.1	中校	4.6272	8515268	zyl7712	7000
28	545911.6	中校	1.2518	7079000	龙行天下	—
29	510123.4	中校	2.4491	8515266	lijing868	7000

排名	盈亏额	军衔	单位净值	资产账号	选手名称	奖金（万元）
30	476250.4	少校	1.7011	8518899	mingzi	5000
31	430638.9	少校	2.4355	8580056	久赌必赢	5000
32	416136.1	少校	2.4576	8510113	freezegogo	5000
33	380591.2	少校	3.3087	8830805	爱上趋势陆军部队	—
34	365928.2	少校	1.6102	8510999	9号基金	5000
35	351533.5	少校	2.1726	8580159	wplovelm	5000
36	343599	少校	3.5884	8830381	sampras	5000
37	342698.1	少校	1.7092	8511977	夜色	5000
38	315984.5	少校	3.0882	8580352	8580352	5000
39	305659	少校	1.9807	8515691	爱上趋势空军部队	—
40	305316.7	少校	1.4115	8580216	老树	5000

注：以上表格只发布了将官晋衔奖和校官晋衔奖，未发布尉官晋衔奖和士官晋衔奖。

第三届(2010—2011)蓝海密剑期货实盘大赛获奖名单

年度先锋勋章

资产账号	ID	排名	奖金（万元）
8680288	闪闪红星	年收益率第1名	15万
DHHP2652	蓝色海岸	年收益率第2名	9万
8580389	大海投资	年收益率第3名	6万
8515661	凌波微步	年收益率第4名	5万
8515568	猫猫猫	年收益率第5名	4万
8515068	九世轮回	年收益率第6名	3万
8581003	RXD集团军	集团军收益率第1名*	3万
8515878	倪伟更	导弹部队收益率第1名	3万
8581098	海天1号	空军收益率第1名	3万
8581113	甲虫	海军收益率第1名	3万
7173002	丁洪波	陆军收益率第1名	3万
8515013	eprc2000	预备役收益率第1名	3万
8581385	红孩儿	机枪手收益率第1名	3万
DHFS3607	阿福	远征军收益率第1名	3万

高地军旗手

资产账号	ID	排名	奖金(万元)
8510588	王向洋	打破比赛日收益率纪录(2 次)	20
8580389	大海投资	打破比赛季度收益率纪录	10
8580199	zjl727689	打破比赛季度收益率纪录	10
8680288	闪闪红星	打破比赛季度收益率纪录	10

快速反应勋章

资产账号	ID	排名	奖金(万元)
7079000	杜小东	成交金额第 1 名	10
8581223	风险控制第一	成交金额第 2 名	6
8510208	擎天柱	成交金额第 3 名	3

晋衔奖

资产账号	ID	军衔	奖金(万元)
8581003	RXD 集团军	中将	20+ 佩剑
8580389	大海投资	少将	10+ 佩剑
8515878	倪伟更	大校	5+ 佩剑
8510618	做期货的基金	大校	5+ 佩剑
8580049	ST 大豆	大校	5+ 佩剑
8800533	六年	上校	3+ 佩剑
100001	镌灏投资	上校	3+ 佩剑
8515123	杜小东	上校	3+ 佩剑
8515659	顾伟浩	上校	3+ 佩剑
8510113	freezegogo	上校	3+ 佩剑
8515661	凌波微步	上校	3+ 佩剑
8580515	jane	上校	3+ 佩剑
7022001	樵夫	上校	3+ 佩剑
8580283	zijinzhilu	中校	2+ 佩剑
DHWW0078	sche	中校	2+ 佩剑
8680201	cw2006B	中校	2+ 佩剑
8580113	珍姐	中校	2+ 佩剑
8510208	擎天柱	中校	2+ 佩剑
8581098	海天 1 号	中校	2+ 佩剑
8580528	天行健	中校	2+ 佩剑
DHHP2652	蓝色海岸	中校	2+ 佩剑

资产账号	ID	军衔	奖金(万元)
8581016	于海飞	中校	2+佩剑
8515013	eprc2000	中校	2+佩剑
8581113	甲虫	少校	1+佩剑
8515252	郑加华	少校	1+佩剑
8510183	ooeight	少校	1+佩剑
7173002	丁洪波	少校	1+佩剑
8580352	8580352	少校	1+佩剑
8515106	zyl0717	少校	1+佩剑
8830381	sampras	少校	1+佩剑
8580216	老树	少校	1+佩剑
8519999	爱上趋势	少校	1+佩剑

注：以上表格只发布了将官晋衔奖和校官晋衔奖，未发布尉官晋衔奖和士官晋衔奖。

第四届(2011—2012)蓝海密剑期货实盘大赛获奖名单

年度先锋勋章

年度净值排名	资产账号	选手	单位净值	奖金(万元)
1	8580012	shou115	6.47	15
2	8515039	株洲老马	6.46	9
3	8582215	lfl	5.38	6
4	8580767	雪狼polar	5.07	5
5	8515025	cloudxu	4.72	4
6	DHZX8278	LOU	4.47	3

军种第一	资产账号	选手	单位净值	奖金(万元)
集团军	8510113	freezegogo	2.71	3
导弹部队	8580515	jane	4.19	3
空军	8580518	杭州尚泽投资	4.19	3
海军	8580961	tjahzgj	2.47	3
陆军	8580025	chinababy	3.55	3
预备役	8581505	惊鸿魅影	4.25	3
机枪手	8581376	一叶轻舟	1.6	3
远征军	DHZJ2009	韩柏	2.47	3
志愿军	8519999	爱上趋势	3.83	

快速反应勋章

排名	资产账号	选手	奖金(万元)
1	8510208	擎天柱	10
2	8515252	郑加华	6
3	8510113	freezegogo	3

高地军旗手

资产账号	选手	奖项说明	奖金(万元)
8580591	喜得千金	打破月收益率记录	10

晋衔奖

资产账号	选手	盈利额	原军衔	晋升军衔	奖金（万元）
8510113	freezegogo	7,647,421	上校	中将	17
8580515	jane	5,513,990	上校	中将	17
8580800	syz1236	3,263,572	上尉	少将	9.7
100001	镌灏投资Ⅰ	4,618,455	上校	少将	7
8580961	tjahzgj	2,255,718	上尉	大校	4.7
8580216	老树	2,465,711	少校	大校	4
8580666	叶小凤	2,722,211	中校	大校	3
8580528	镌灏投资Ⅱ	2,514,994	中校	大校	3
8580518	杭州尚泽投资	1,333,166		上校	3
7089111	长安财富 1 号期货基金	1,041,815		上校	3
8580027	a197208837	1,005,401		上校	3
8510999	9 号基金	1,133,702	少校	上校	2
8830381	sampras	1,026,381	少校	上校	2
8580888	镌灏投资	1,896,243	中校	上校	1
8510208	擎天柱	1,454,898	中校	上校	1
8515877	东东锵	901,854		中校	2
8515025	cloudxu	834,474		中校	2
7208008	爱上趋势的小清新	709,448		中校	2
7097067	杭州华天纸业	673,179		中校	2
8580767	雪狼polar	585,855	中级士官	中校	2
8580025	chinababy	505,077		中校	2
8580707	xiaorong	788,901	少尉	中校	1.9
8515266	风生水起	840,865	中尉	中校	1.8
8515568	天降大任 9.0 神灵附体	557,060	中尉	中校	1.8

续表

资产账号	选手	盈利额	原军衔	晋升军衔	奖金(万元)
8510822	daohun	551,748	中尉	中校	1.8
7173002	丁洪波	609,082	少校	中校	1
7212001	James	461,055		少校	1
8510121	平恺	431,103	高级士官	少校	1
8580151	wubiao888	424,067	中级士官	少校	1
7151002	江南之春	392,077		少校	1
7999888	融景投资	391,716		少校	1
8581505	惊鸿魅影	309,576		少校	1
8582191	盛夏光年	302,529		少校	1
DHFS3607	阿福	469,764	中尉	少校	0.8
8510212	jianke	456,387	上尉	少校	0.7
8580621	段定川	347,849	上尉	少校	0.7
8580108	江枫渔火	305,380	上尉	少校	0.7
8515068	朱啸宇	302,411	上尉	少校	0.7

注：以上表格只发布了将官晋衔奖和校官晋衔奖，未发布尉官晋衔奖和士官晋衔奖。

第五届(2012—2013)蓝海密剑期货实盘大赛获奖名单

蓝海密剑勋章(统计连续三年)

累计净值排名	资产账号	选手	单位净值	奖金(万元)
1	8515568	兵哥战无不胜	31.3084	30
2	8515231	如履薄冰	13.04178	20
3	7089071	钱丽娜	12.63057	3.6
4	8580389	东海	12.18939	8
5	DHZJ2009	韩柏	10.77296	6
6	8581382	Innova	10.00581	5

年度先锋勋章

年度净值排名	资产账号	选手	单位净值	奖金(万元)
1	DHZJ2009	韩柏	10.77	15
2	8581382	Innova	10.73	9
3	7089071	钱丽娜	10.52	1.8
4	8582259	戈灯岁月	8.92	5
5	**2325*	生煎馒头	7.50	0.4
6	8830381	[温州在握]资管团队 5 号	7.30	3

军种第一	资产账号	选手	单位净值	奖金(万元)
基金	100005	合顺投资 IV(有限合伙)	1.69	0.9
集团军	100006	光头包 1 号	2.99	3
导弹部队	8581003	niweixing	3.92	0.9
空军	7021111	[温州在握]资管团队 11 号	2.24	3
海军	**1076*	全国第三	3.87	0.3
陆军	3000773	wuxue	6.61	0.9
预备役	8515582	aa911	5.43	3
机枪手	8581539	老裤	5.24	3
远征军	WYHH0558	haihai	1.73	3

快速反应勋章

排名	资产账号	选手	奖金(万元)
1	7089071	钱丽娜	3
2	8510113	freezegogo	6
3	100005	合顺投资 IV(有限合伙)	0.9

高地军旗手

资产账号	选手	奖项说明	奖金(万元)
DHLJ2401	凤凰	打破日收益率记录	10

晋衔奖(统计连续三年)

资产账号	选手	盈利额	原军衔	晋升军衔	奖金(万元)
8810466	种子1号基金	14512638.82	中将	上将	—
8510113	freezegogo	12876832.86	中将	上将	10
100005	合顺投资IV(有限合伙)	12534834.17	士兵	上将	9
100006	光头包1号	8541899.98	上尉	中将	19.7
7089071	钱丽娜	7712248.71	中校	中将	5.4
8581382	Innova	6811363.98	上尉	中将	19.7
100001	合顺投资I	5694380.4	少将	中将	10
8580800	syz1236	5186694.91	少将	中将	10
**0018*	煌昱资产	4667250.13	士兵	少将	1
8515659	顾伟浩	4495355.03	上校	少将	7
8580216	友联(中长线)	4432382.46	大校	少将	5
8580961	tjahzgj	3428357.25	大校	少将	5
8580528	合顺投资II	3007179.42	大校	少将	5
7089111	长安财富1号期货基金	2357124.68	中校	大校	3
**0289*	持赢投资	2061091.79	士兵	大校	0.5
DHHX3902X	陆家嘴野牛	1814789.37	上尉	上校	2.7
**0035*	输缩赢冲	1705631.91	士兵	上校	0.3
**5060*	睿福投资稳健一	1639987.23	士兵	上校	0.3
DHZJ2009	韩柏	1588358.41	士兵	上校	3
**3055*	瑞雪	1493906.77	士兵	上校	0.3
**0091*	syz1236(二)	1456568.08	士兵	上校	0.3
**9057*	长安财富2号期货基金	1329482.82	士兵	上校	0.3
**0161*	紫贝壳一号	1295450.1	士兵	上校	0.3
8800533	f六年股指	1290265.53	士兵	上校	3
8580027	a197208837	1247664.8	少校	上校	2
**1076*	全国第三	1244543.03	士兵	上校	0.3
WYHH0558	haihai	1200033.07	士兵	上校	3
8515266	风生水起	1174906.34	中校	上校	1
8515877	niweidong1	1122868.54	中校	上校	1
8580707	xiaorong	1089802.87	中校	上校	1
3000773	wuxue	1040552.4	士兵	上校	0.9
**0019*	睿福投资稳健2	990107.5	士兵	中校	0.2

资产账号	选手	盈利额	原军衔	晋升军衔	奖金(万元)
**0286*	吴洪涛	972080.51	士兵	中校	0.2
7309002	林朝昱	950725.35	上尉	中校	1.7
7859020	孤舟蓑笠翁	895081.39	少尉	中校	1.9
8515880	蓝色昆仑	813982.42	少校	中校	1
**0180*	嘉诚投资-康	800826.19	士兵	中校	0.2
**0109*	量化风华 2 号	710486.95	士兵	中校	0.2
**0266*	熊德裸辉耀	691717.4	士兵	中校	0.2
8518208	borlan	670323.31	中尉	中校	1.8
8801088	精英一号	663820.11	士兵	中校	2
**2516*	赤天龙-赢家	609587.67	士兵	中校	0.2
**2325*	生煎馒头	590363.18	士兵	中校	0.2
**0322*	i-futures	575735.67	士兵	中校	0.2
8510121	平恺	563245.59	少校	中校	1
**5018*	睿福投资激进	563243.74	士兵	中校	0.2
7293006	恶狼	523543.5	上尉	中校	1.7
8580352	zhgh1688	504109.9	少校	中校	1
**0003*	36man	486727.54	士兵	少校	0.1
**1006*	独行侠	486684.97	士兵	少校	0.1
DHWD0812	倪伟东	481754.445	中尉	少校	0.8
**0052*	见风使舵	472414.08	士兵	少校	0.1
7021111	【温州在握】资管团队 11 号	456167.26	士兵	少校	1
**0206*	fangyuf	447830.58	士兵	少校	0.1
8582259	戈灯岁月	446856.12	士兵	少校	1
**0257*	听天由命	440834.89	士兵	少校	0.1
8581539	老裤	435159.15	高级士官	少校	1
7923029	易简之善	426098.42	士兵	少校	0.3
**0006*	他山	416615.95	士兵	少校	0.1
**0103*	道合投资	405100.01	士兵	少校	0.1
8580809	长安财富 3 号期货基金	397309.69	少尉	少校	0.9
**6279*	般若	385144.52	士兵	少校	0.1
8580977	8580977	382572.13	中尉	少校	0.8
7923003	百年投资	382446.18	士兵	少校	0.3

续表

资产账号	选手	盈利额	原军衔	晋升军衔	奖金(万元)
6019705	老狼基金	380998.41	少尉	少校	0.9
8580277	关山007	356017.09	少尉	少校	0.9
**0080*	聚禾基金激进	340761.87	士兵	少校	0.1
**5680*	鼎立基金	338526.69	士兵	少校	0.1
8515857	成长基金	325421.87	少尉	少校	0.9
8580879	ydsscz	324888.35	士兵	少校	1
**6120*	小熊猫二号	316696.04	士兵	少校	0.1
DHSS6702X	lishushan	314869.53	士兵	少校	1
**3023*	henrrry1	311334.92	士兵	少校	0.1
**2870*	南昌稳赢	308382.57	士兵	少校	0.1
8580363	rt1867356	300459.56	中级士官	少校	1

注: 以上表格只发布了将官晋衔奖和校官晋衔奖, 未发布尉官晋衔奖和士官晋衔奖。

第六届(2013—2014)蓝海密剑期货实盘大赛获奖名单

年度先锋勋章

年度净值排名	资产账号	选手	单位净值
1	DHXY9588	王向洋	24.77
2	8580836	Zhangmeijun	10.15
3	8582501	固利资产:趋势为王	10.13
4	8701886	时务投资	9.47
5	8580679	zhaohui	9.26
6	16810079137	寂寞之狐	9.25

军种第一	资产账号	选手	单位净值
基金	9900100000105	持赢1号	2.55
集团军	3711002862	善境投资吴洪涛	4.90
导弹部队	8510121	汉辰	3.68
空军	13703700508	南京飞鹰	4.27
海军	171076197	乘务队	6.00
陆军	8515013	小李飞刀	5.13
预备役	6616102	得与失	7.22
远征军	DHCY3623	火蓝投资	5.83
机枪手	8515636	gogo	1.55

高地军旗手

资产账号	选手	奖项说明
DHCY3623	火蓝投资	打破季度、半年收益率纪录
DHLJ2401	凤凰	打破日、季度收益率纪录
DHMB6584	漂流筏	打破季度收益率纪录

晋衔奖（统计连续三年）

资产账号	选手	盈利额	原军衔	晋升军衔
208257119999	14 持赢进取一号	45338687	士兵	上将
13010303018	刘福厚 02	43470135	士兵	上将
8808888	东航金融种子一号	32320635	士兵	上将
8580515	奔菁友联①	24098355	中将	上将
9900100000105	持赢1号	18833616	士兵	上将
158100106345	得胜六号	18062384	士兵	上将
9900100000155	持赢稳健1号	17677802	士兵	上将
DHCY3623	火蓝投资	16761846	士兵	上将
3711002862	善境投资吴洪涛	16295831	中校	上将
8581382	Innova	15275305	中将	上将
8580216	奔菁友联②	15174269	少将	上将

续表

资产账号	选手	盈利额	原军衔	晋升军衔
6060121	合顺投资Ⅳ（有限合伙）	13685678	上校	上将
189000002000358	输缩赢冲	13408900	上校	上将
8801301	凌云1号	11624358	士兵	上将
8801503	凌云2号	11054057	士兵	上将
100006	光头包1号	10824556	中将	上将
13010303030	刘福厚	10343920	士兵	上将
1812600537	恩萌18	9564371	士兵	中将
7710909956	syz1236（四）	7311848	士兵	中将
8515659	顾伟浩	7104770	少将	中将
208201000916	syz1236（二）	7088604	上校	中将
13010303029	百川爷	6968564	士兵	中将
6800002899	持赢投资	6580940	大校	中将
208279100615	jason	6559367	士兵	中将
3000773	wuxue	5892188	上校	中将
12981010068	独行侠	5762640	少校	中将
7061201	小熊猫二号	5352039	少校	中将
213330669	铁纪	5009765	士兵	中将
171270966	云淡风轻	4829831	士兵	少将
1778561004028	乾一	4816131	士兵	少将
12208816	佛意投资吴洪涛	4523851	大校	少将
8581016	飞鹤东航	4375096	士兵	少将
8515013	小李飞刀	3803898	中校	少将
8510121	汉辰	3751968	中校	少将
12610000187	煌昱投资专户	3567914	士兵	少将
8800533	f六年股指	3278745	上校	少将
12981081619	蓝色天际A	3250558	士兵	少将
12984021888	合顺投资量化交易团队一号	3166513	高级士官	少将
1728010100133	踏浪	3092418	士兵	少将
7309002	期待黑天鹅	3062195	中校	少将
13703700508	南京飞鹰	2924463	士兵	大校
60660300202792	syz1236（五）	2799604	士兵	大校
8516152	苹果梨	2777371	士兵	大校

续表

资产账号	选手	盈利额	原军衔	晋升军衔
7712011985	期货兔子	2726474	上尉	大校
8610353	睿福投资基金 2 号	2667130	士兵	大校
22261158	刘学伟	2620994	士兵	大校
156620083	恩萌 28	2547251	士兵	大校
11383300050	BLUE（程序化）	2447675	中尉	大校
8610356	睿福投资基金 3 号	2356434	士兵	大校
WYHH0558	haihai	2057295	上校	大校
158100300376	传奇	2052341	士兵	大校
171076197	乘务队	2012916	少尉	大校
20710058858	中睿投资	1838937	士兵	上校
7293006	恶狼	1820784	中校	上校
DHWD0812	东东锅④☆外盘☆	1781614	少校	上校
8582369	emmazhangster	1734426	士兵	上校
91928705	南昌稳赢	1648864	少校	上校
22290819	投资在线 2014	1641468	士兵	上校
6021603	★云旗★资产	1631814	上尉	上校
1778002252588	蓝色天际 B	1625407	士兵	上校
5290358208	奇获投资 2 号	1601520	士兵	上校
6818400035	老白干	1581758	少校	上校
151001101506	FLBT	1392186	士兵	上校
18728002679	成长投资	1322470	士兵	上校
8701519	喵了个咪	1288700	士兵	上校
22399989	奇获投资 10 号	1245472	士兵	上校
2552979	奇峰投资	1205058	士兵	上校
208257100502	杭州阿超投资	1193557	士兵	上校
1012301097	量化风华 2 号	1155904	中校	上校
12984020600	合顺投资 0600	1155019	士兵	上校
DHXY9588	王向洋	1123109	士兵	上校
8580809	长安财富 3 号期货基金	1121412	少校	上校
8610331	明天	1100941	士兵	上校
8580712	滚雪球	1080881	上尉	上校
11920210706	百里马	1045753	士兵	上校

续表

资产账号	选手	盈利额	原军衔	晋升军衔
10767213	徐不疾	1028563	初级士官	上校
12981162911	百年投资	1024118	士兵	上校
208257901015	东北角2	998932	士兵	中校
8701130	18900662***	984675	士兵	中校
7032853	杰西糖2014	978503	士兵	中校
15202067	fangyuf	975610	少校	中校
2102020330	东北角	965054	士兵	中校
156882397	恩萌d	963925	士兵	中校
8515231	如履薄冰	950616	上尉	中校
8582331	深圳景春	933580	士兵	中校
151001101505	张田（范磊指导）	913844	士兵	中校
8580108	江枫渔火	911864	少校	中校
12980700082	一根均线	886936	士兵	中校
763070018	lsd	886221	士兵	中校
1778002220562	gold16	884765	士兵	中校
8510212	jianke	882589	少校	中校
80100006769	期蛭	858123	少尉	中校
8582512	老火鸡	857424	士兵	中校
156882601	恩萌08	852154	士兵	中校
156882721	恩萌b	822453	士兵	中校
2160201900019	鳄鱼猎食	794559	士兵	中校
13010303001	刘福厚01	772239	士兵	中校
8831920	琳石一找伯乐	751772	士兵	中校
13588716658	品石资产	740095	士兵	中校
12981130925	恒星	734833	士兵	中校
13588702579	听天由命	724127	少校	中校
91918008	大国崛起	713676	中尉	中校
6818400036	向日葵投资	707249	中尉	中校
8701886	时务投资	696050	士兵	中校
12981081598	海豚一号	695286	士兵	中校
205600333999	qihuo laoren	686538	士兵	中校
7293003	狼啊狼	686340	士兵	中校
8580879	稳健投资	676144	少校	中校

资产账号	选手	盈利额	原军衔	晋升军衔
59392158	f6	667414	上尉	中校
7989003	申林 1	662904	士兵	中校
151000500311	点石成土	643231	上尉	中校
7805553	张金光	637517	士兵	中校
8582501	固利资产:趋势为王	626446	士兵	中校
205881001521	思思飞	623934	上尉	中校
205881009990	毛主席说我真丑	622537	上尉	中校
8580679	zhaohui	618914	中级士官	中校
2133607	义美基金	596826	士兵	中校
21979040109	玮猪炒期货	587203	士兵	中校
208100105657	焓天 Allen	587000	中尉	中校
20799006692	杭州阿超投资种子账户	571471	士兵	中校
22811803162	朗智基金 1	561064	中尉	中校
8581022	8581022	557433	上尉	中校
8580855	lixinpeng	547911	士兵	中校
7710700898	程序交易者	546183	士兵	中校
8510183	ooeight	536749	少校	中校
213305089	持之以恒 89	515428	士兵	中校
DHXX9320	许盛智	514467	上尉	中校
156620087	恩萌 c	512924	士兵	中校
9600600152	挪威森	507133	士兵	中校
59710820	龙行海天	490663	士兵	少校
880603028	元杰 _ 玉米	476342	士兵	少校
8582212	以期货为生	464559	初级士官	少校
218879064	老白干 01	459960	士兵	少校
6022719	李蓉 2146	455228	士兵	少校
12983100018	鳄鱼捕食	444470	士兵	少校
156602029	UniHarvest	425821	士兵	少校
16810079137	寂寞之狐	411739	士兵	少校
780025888	林之鹤	408973	士兵	少校
21021500098	富甲一方	404899	士兵	少校
193707133	守望者 (股指)	401036	士兵	少校
2711888	鲁南投资	399470	士兵	少校

续表

资产账号	选手	盈利额	原军衔	晋升军衔
116602325	纽约 Futures	396452	士兵	少校
23091000960	全部程序交易	391721	上尉	少校
100008	布林鳄 1 号	389899	士兵	少校
1800965	微时量化基金	386039	上尉	少校
8581510	蒋晓辉	385275	士兵	少校
18786001780	恩萌 38	384561	士兵	少校
8610363	CACF4	367049	士兵	少校
15639211	tom 顺势而为	362513	中尉	少校
60330034000534	知秋	357529	士兵	少校
60660300202999	周正晓	355717	士兵	少校
11920227088	fangyuf3	354014	士兵	少校
139100101007	谈小二	353979	士兵	少校
8580835	billcai	351888	高级士官	少校
1817005761	恩萌 j	348513	士兵	少校
DHZY9089X	houyong	347016	高级士官	少校
7270021	荣晓东	340148	上尉	少校
2829230	天才之梦	339641	士兵	少校
8516288	cchenlongg	339572	中尉	少校
12984018908	大信 5 号	337861	中级士官	少校
8703923	18960522***	337139	士兵	少校
8801300	煌昱一号基金	332729	士兵	少校
2088030309	ST 涛涛	330453	中尉	少校
10516579	杨沂茹	327003	士兵	少校
8513816	wyhaier	326320	中尉	少校
8831878	王卿:做期货的 95 后	325417	士兵	少校
20610180372	大信六号	319068	士兵	少校
22921700008	孙子兵法	318123	中级士官	少校
1010102227	QKPGDRWVXSLMHTZNBCF	317532	士兵	少校
170801002910	一粒米	312099	士兵	少校
22811803185	冬日恋歌	306798	士兵	少校
8705380	御风致远	304768	士兵	少校
8582528	长安财富 5 号期货基金	302414	士兵	少校

注: 以上表格只发布了将官晋衔奖和校官晋衔奖, 未发布尉官晋衔奖和士官晋衔奖。

第七届(2014—2015年)"蓝海密剑"中国对冲基金公开赛获奖名单

年度先锋勋章

年度前六				
年度净值排名	资产账号	选手	单位净值	奖金
1	8703620	15818203***	10.5307	60000
2	8515363	gaofengguo	8.241835	50000
3	8610295	丁崇龙	7.986962	40000
4	8582521	wxf2000	7.847611	30000
5	8515669	李海鹰	7.832111	20000
6	22369839	Tenacious Z	7.645074	1000
基金组				
年度净值排名	资产账号	选手	单位净值	奖金
1	171073640	齐商	5.000424	500
2	6060121	合顺投资Ⅳ(有限合伙)	1.98388	3000
3	13010303018	刘福厚02	1.966746	200
集团军				
年度净值排名	资产账号	选手	单位净值	奖金
1	87731136	爱财的老张	5.372547	500
2	8713727	安宁	5.075419	3000
3	2202100128	HEC 陈建华	4.860831	200

续表

导弹部队				
年度净值排名	资产账号	选手	单位净值	奖金
1	21011011527	流氓兔二号	4.722491	500
2	2160200000000	康宝亮叁号	4.419108	300
3	8515013	小李飞刀	3.360039	2000
空军				
年度净值排名	资产账号	选手	单位净值	奖金
1	8582501	固利资产：趋势为王	4.3388	5000
2	22688329	敬昭投资	4.263976	300
3	8519999	爱上趋势	3.895478	2000
海军				
年度净值排名	资产账号	选手	单位净值	奖金
1	22811803188	添瑞	4.86734	500
2	87730328	突然奔跑	3.042892	300
3	1778580000000	凯泽投资	2.914518	200
陆军				
年度净值排名	资产账号	选手	单位净值	奖金
1	8702330	趋势赢家	5.745083	5000
2	6029999	姜晓艳	5.3588	3000
3	51883311445	KKK520	4.613362	200
预备役				
年度净值排名	资产账号	选手	单位净值	奖金
1	81108169	小灵茹3	6.833116	500
2	8712027	有时候无聊	5.464821	3000
3	22399989	奇获投资10号	5.216686	200

续表

远征军				
年度净值排名	资产账号	选手	单位净值	奖金
1	DHJG9131	金鑫期货	3.637249	5000
2	DHSH8073	爱海超越梦想	3.273257	3000
3	DHHP2652	蓝色海岸	2.244827	2000

机枪手				
年度净值排名	资产账号	选手	单位净值	奖金
1	8706035	HJ	6.157184	5000
2	8831961	选手0000885	4.865839	3000
3	8705377	Ryan	4.509485	2000

晋衔奖

资产账号	参赛名	累计盈利额	历史最高军衔	第七届军衔	奖金
8713727	安宁	126019897.4	士兵	元帅	500000
13010303018	刘福厚 02	121465199.7	上将	元帅	30000
8808888	东航金融种子一号	110646757	上将	元帅	300000
8510113	freezegogo	64132226.17	上将	五星上将	100000
6060121	合顺投资IV（有限合伙）	52691382.03	上将	五星上将	100000
171073640	齐商	45320201.49	士兵	上将	20000
22811803188	添瑞	35443653.7	士兵	上将	20000
8999901	久富大泽保本基金	18767184.15	士兵	少将	50000
8808903	CTA 精英孵化基金	16432053.88	士兵	少将	50000
8808909	凌云 3 号	15515962.93	士兵	少将	50000
8808908	海证 2 号	13990939.34	士兵	少将	50000
87731136	爱财的老张	13384486.4	士兵	少将	5000
12984019716	康宝亮壹号	12062973.37	士兵	少将	5000
780025888	林之鹤	10684846.58	少校	少将	4500
2202100128	HEC 陈建华	9999378.93	士兵	大校	3000
1811980098	靠后偏右	8508053.71	士兵	大校	3000

续表

资产账号	参赛名	累计盈利额	历史最高军衔	第七届军衔	奖金
2102021208	鲍鱼	8122963.27	士兵	大校	3000
22220188	股指精灵	8107932.3	士兵	大校	3000
2160201900019	康宝亮叁号	7690637.48	中校	大校	2000
208217600336	奇获投资稳进型	6675942.7	士兵	大校	3000
8515363	gaofengguo	6254342.57	士兵	大校	30000
8808902	CTA 孵化基金	6201526.32	士兵	大校	30000
22812103986	三十三度资本 MOM- 赤道 1 号	6057022.78	士兵	大校	3000
6021603	★云旗★科技	5470965.94	上校	大校	10000
12983100018	康宝亮肆号	5112045.77	少校	大校	2500
8800158	滥竽充数基金	4532909.45	士兵	上校	20000
22399818	奇获投资锐意型	4490544.6	士兵	上校	2000
8519999	爱上趋势	4272301.35	少校	上校	15000
208201010005	蓝色天际1号	4044792.93	士兵	上校	2000
21011011527	流氓兔二号	4007153.64	士兵	上校	2000
1801058	中蕴投资	3979380.07	少校	上校	1500
22688329	敬昭投资	3885727.38	士兵	上校	2000
21979050288	奇获奇才	3842421.71	士兵	上校	2000
208257901015	东北角2	3751456.5	中校	上校	1000
1013500688	有意无意	3488697.72	士兵	上校	2000
7989003	申林1	3475196.21	中校	上校	10000
8582501	固利资产：趋势为王	3372739.91	中校	上校	10000
8710657	吴娱	3310347.46	士兵	上校	20000
2102020330	东北角	3303009.44	中校	上校	1000
22933685	千象1期	3128008.34	士兵	上校	2000
12984018908	大信五号	2958646.76	少校	中校	500
8808929	合顺伟业对冲基金	2799120.92	士兵	中校	10000
8582521	wxf2000	2749317.04	士兵	中校	10000
13588716827	谈谈小二	2681836.31	士兵	中校	1000
12984019705	康宝亮贰号	2662006.93	士兵	中校	1000
8808922	洼盈1号	2659952.9	士兵	中校	10000
6031301	非却投资进取型	2538344.35	士兵	中校	10000

续表

资产账号	参赛名	累计盈利额	历史最高军衔	第七届军衔	奖金
1778701882986	千象资产趋势	2385958.55	士兵	中校	1000
8809002	余道稳健1号	2374547.37	士兵	中校	10000
81108169	小灵茹3	2253581.58	士兵	中校	1000
8711531	冰封王座	2126590.05	士兵	中校	10000
13033100013	张弛有道	2070147.68	士兵	中校	1000
12984016395	琪胜	2011355.11	士兵	中校	1000
8515669	李海鹰	1990238.59	士兵	少校	5000
208100108300	hillxyh	1867685.53	士兵	少校	500
205930000075	与取投资	1700485.57	士兵	少校	500
205890001629	紫贝壳航母号	1573703.77	士兵	少校	500
132686678	包元明	1542171.54	士兵	少校	500
156860879	雨人系列-微愚西疯	1534196.45	士兵	少校	500
8610295	丁崇龙	1461547.44	士兵	少校	5000
12506315	霹突辟投资	1452702.09	士兵	少校	500
DHJG9131	金鑫期货	1423049.3	士兵	少校	5000
1778582000916	凯泽投资	1413083.66	士兵	少校	500
12984018985	大信七号	1408156.33	士兵	少校	500
132885019	千象稳健	1405404.6	士兵	少校	500
6818400038	老白干02	1400252.36	士兵	少校	500
7118561	陈杰cj	1399373.83	士兵	少校	5000
7960888	应坚平	1395338.48	士兵	少校	5000
763070210	大海的方向	1346112.79	士兵	少校	500
8703938	九月	1345661.75	士兵	少校	5000
13010303355	万福1	1330030.15	士兵	少校	500
13701591023	恶狼意志一号	1294002.26	士兵	少校	500
11381001053	峥嵘岁月三号	1286844.68	士兵	少校	500
56108172	广江会05	1269027.51	士兵	少校	500
205880001022	大阳公馆	1264326.91	士兵	少校	500
116213519	金友莆田一咏春拳	1262262.77	士兵	少校	500
12984022090	典典	1248799.94	士兵	少校	500
105191201	雅痞浪子	1187152.72	士兵	少校	500

续表

资产账号	参赛名	累计盈利额	历史最高军衔	第七届军衔	奖金
87730328	突然奔跑	1185622.69	士兵	少校	500
763120009	道纪投资2号	1181410.61	士兵	少校	500
8718739	柒雪馨凉	1175180.83	士兵	少校	5000
12981121389	中衍泰富	1147125.99	士兵	少校	500
15679057	诚益操盘	1140147.06	士兵	少校	500
763121607	道纪投资1号	1029621.98	士兵	少校	500

注：晋衔奖盈利额自2010年累计统计，盟军选手所获奖金为常规军种的10%。

第八届(2015—2016)蓝海密剑期货实盘大赛获奖名单

年度先锋勋章

年度前六				
年度净值排名	资产账号	选手	单位净值	奖金
1	8680095	omnbmh	40.40914844	60000
2	1800566	弄潮儿	36.16588741	5000
3	8800405	liuxuesong	33.03311151	40000
4	8701886	随势(时务)-彭俊英	21.76881739	30000
5	8735657	"金猴"专户	16.52176049	20000
6	171073640	"齐商"专户	13.98107022	1000
基金组				
年度净值排名	资产账号	选手	单位净值	奖金
1	13010303030	"刘1962"专户	7.50876305	500
2	8713727	"安宁"专户	3.73467907	3000
3	8808929	合顺伟业对冲基金	3.24615509	2000

集团军				
1	8717088	济南春晖资产	5.38717	5000
2	8718675	固利资产十年磨一剑	4.1498866	3000
3	7710500192	沈军 2	3.40905401	200
导弹部队				
1	2135200	影歌	4.53295862	500
2	1.778E+12	蓝色天际 B	3.72937337	300
3	2039037	Mr Wen	3.06132341	200
空军				
年度净值排名	资产账号	选手	单位净值	奖金
1	8580073	闪舞 ice	9.25901043	5000
2	13010303011	文刀	6.93163193	300
3	6580677777	曲笛	5.80482825	200
海军				
年度净值排名	资产账号	选手	单位净值	奖金
1	8581003	东东锵①	12.18687122	5000
2	1232335007	德天王	9.83792441	300
3	7293003	十年春秋	5.89841861	2000
陆军				
1	8515878	虹在波浪	11.26824927	5000
2	3221060091	归零心态	7.07771935	300
3	8515109	wl168	7.04333567	2000
预备役				
1	8732187	Kiwi	13.23233391	5000
2	8701306	小侃姐	11.1566529	3000
3	7198100	胡闹	10.68074305	2000

续表

远征军				
1	100009	久富大泽旅游基金	4.61564318	5000
2	20000015	灰灰是只发财猫	4.1785271	3000
3	DHYQ5490	玉米一号	3.0046487	2000
机枪手				
1	8750858	宁静的大海	3.85507668	5000
2	8735191	Charles	2.09942019	3000
3	8751956	权	1.72628682	2000

晋衔奖

资产账号	选手	盈利额	原军衔	晋升军衔	奖金(万元)
13010303030	"刘 1962" 专户	293824914.8	上将	元帅	30000
171073640	"齐商" 专户	263723864.5	上将	元帅	30000
8735657	"金猴" 专户	170031410.3	士兵	元帅	500000
8510113	freezegogo	119546310.4	五星上将	元帅	200000
12981126666	德胜资产(f 六年)	119324012.4	士兵	元帅	50000
8808929	合顺伟业对冲基金	96307053.89	中校	五星上将	290000
8808903	CTA 精英孵化基金	64457793.56	少将	五星上将	—
8808920	常然鸿凯 1 号	42060340.2	士兵	上将	200000
780025888	"林之鹤" 专户	36161336.79	少将	上将	15000
8718675	固利资产十年磨一剑	29527916.82	士兵	中将	100000
8808902	CTA 孵化基金	29161051.34	大校	中将	—
8510121	言尘投资	27414190.01	少将	中将	50000
2102021208	鲍鱼	25609479.23	大校	中将	7000
8800533	f 六年(德胜零号)	21051158.39	少将	中将	50000
2202100128	陈建华基金 2 号	18208345.91	大校	少将	2000
7710500192	沈军 2	15361364.22	士兵	少将	5000
8808953	从石资产	15177309.15	士兵	少将	50000
21011011527	流氓兔二号	14825177.83	上校	少将	3000
205119669	老高的期货	14218412.56	大校	少将	2000
8717088	济南春晖资产	12396160.73	上尉	少将	50000
7293006	恶狼	12242620.73	上校	少将	30000

资产账号	选手	盈利额	原军衔	晋升军衔	奖金(万元)
8701886	随势(时务)－彭俊英	8053548.68	中校	大校	20000
1970110687	大庆鼎诺三号	7853935.01	士兵	大校	3000
12630358888	由势十八载	7639328.29	士兵	大校	3000
8580073	闪舞ice	7394308.23	上尉	大校	30000
8718831	成金	7366049.16	士兵	大校	30000
2.08258E+11	东北角2	7300826.59	上校	大校	1000
2102027777	鲍鱼3	7247156.77	士兵	大校	3000
8729870	康宝亮叁号	7191686.61	士兵	大校	30000
8808963	种子二号基金	7136574.89	士兵	大校	—
1801058	中蕴投资	7108143.98	上校	大校	1000
7989003	申林	6860194.07	上校	大校	10000
100009	久富大泽旅游基金	6843464.48	士兵	大校	30000
8718739	柒雪馨涼	6737898.06	少校	大校	25000
6818400035	老白干	6542283.12	上校	大校	1000
6580677777	曲笛	6495628.68	士兵	大校	3000
8809002	余道稳健1号	6346624.44	中校	大校	20000
8717836	薄冰	6164521.07	上尉	大校	30000
1.778E+12	gold16	5986669.22	中校	大校	2000
10108000129	与取投资33	5873688.42	士兵	大校	3000
2.0593E+11	与取投资	5575747.4	少校	大校	2500
1.7787E+12	千象趋势1号	5256379.42	中校	大校	2000
8582521	wxf2000	5201971.17	中校	大校	20000
13010303011	文刀	5034438.06	士兵	大校	3000
8515877	东东锵②	5030177.32	上校	大校	10000
9600777757	涌顺投资2号	4855216.37	士兵	上校	2000
2136269	天心无改移	4605451.67	上尉	上校	2000
15810113666	ZJ猎手	4489510.4	士兵	上校	2000
8735689	世界顶级的角度	4360412.87	士兵	上校	20000
2135200	影歌	4224130	上尉	上校	2000
8582512	黄金鱼	4196904.89	中校	上校	10000
213188760	虎啸	4025128.74	高级士官	上校	2000
13588716827	谈谈小二	3882728.09	中校	上校	1000
8808937	中国黑色金属1号	3772932.92	士兵	上校	—

资产账号	选手	盈利额	原军衔	晋升军衔	奖金(万元)
8808932	鸿凯15号基金	3685793.78	士兵	上校	20000
7089111	长安财富1号期货基金	3629099.66	士兵	上校	20000
12984016395	琪胜	3590656.25	中校	上校	1000
21979060482	期海任我行	3423506.14	士兵	上校	2000
12981081598	海豚一号	3395446.95	中校	上校	1000
2.05881E+11	毛主席说我真丑	3196128.43	中校	上校	1000
12662000297	HEC陈建华-众筹	3116223.93	士兵	上校	2000
59791189	黄润华	2887043.17	士兵	中校	1000
59713099	涌顺投资1号	2871770.33	士兵	中校	1000
80100036068	东日寿	2858039.93	上尉	中校	1000
8730066	橡木	2846442.87	士兵	中校	10000
171046670	沈军1	2777581.23	士兵	中校	1000
2.0588E+11	大阳公馆	2635534.89	少校	中校	500
156860879	雨人	2560653.88	少校	中校	500
8702066	恶狼财富管理	2543214.92	少尉	中校	10000
8713989	源林	2460001.37	上尉	中校	10000
13266666519	低调的道道	2428177.37	初级士官	中校	1000
13588705987	百仓对冲	2404738.11	士兵	中校	1000
22811806557	行为资本	2331854.15	上尉	中校	1000
6818400038	老白干02	2244135.02	少校	中校	500
11005201011	黄辽野	2239644.95	士兵	中校	1000
8610382	受伤的小鱼	2109194.15	上尉	中校	10000
8703758	辛格	2038484.09	士兵	中校	10000
132686678	包元明	2021537.46	少校	中校	500
DHJG9131	金鑫期货	2009774.02	少校	中校	5000
8680095	omnbmh	1887723.2	少尉	少校	5000
8582125	wen_shichun	1784026.47	士兵	少校	5000
156886260	期市飘	1772859.6	士兵	少校	500
1.70805E+11	佩玮投资	1760381.02	上尉	少校	500
12984016302	大信九号	1731056.61	上尉	少校	500
11001303639	木桥	1594314.55	士兵	少校	500
51883311445	KKK520	1584050.84	上尉	少校	500
20970100302	点石资管	1529335.29	上尉	少校	500

续表

资产账号	选手	盈利额	原军衔	晋升军衔	奖金(万元)
205881881	理发师章位福	1513240.41	士兵	少校	500
1055827	南山	1490526.19	士兵	少校	500
9610600181	小灵茹	1484011.98	士兵	少校	500
20710026666	高山流水 2 号	1465343.25	士兵	少校	500
1015800323	京笙进取 1 号	1447258.79	士兵	少校	500
36990202198	博弈树 3 号	1445080.25	上尉	少校	500
8717238	草木	1408578.16	上尉	少校	5000
2.08279E+11	永红 1 号(xu)	1396891.12	士兵	少校	500
8716819	永远保住本钱	1387612.26	士兵	少校	5000
8580355	zhangguohai	1316786.62	上尉	少校	5000
86003643	森林	1290556.72	上尉	少校	500
8831965	选手 0038367	1276851.6	上尉	少校	5000
81107056	小丹尼东方汇金	1187198.59	上尉	少校	500
8515527	liusong	1168710.84	士兵	少校	5000
11009301698	无忧量化	1160979.82	上尉	少校	500
8726998	晋亨资本多策略	1138003.77	士兵	少校	5000
3221060091	归零心态	1123273.89	士兵	少校	500
9600600152	笑	1122157.99	士兵	少校	500
8710102	林教头	1115479.61	上尉	少校	5000
6029999	姜晓艳	1101241.76	上尉	少校	5000
20610701577	只做短线爱打球	1083867.57	上尉	少校	500
11003600023	老高 6	1073865.73	上尉	少校	500
8725052	冯云华	1065790.08	上尉	少校	5000
22933633	千象趋势 2 号	1055319.29	上尉	少校	500
2.05881E+11	毛主席真说我丑	1048251.48	士兵	少校	500
8712899	顺道	1041364.41	士兵	少校	5000
1800566	弄潮儿	1040631.19	士兵	少校	500
8808951	高登望远 1 号	1027475.89	士兵	少校	5000
22812500053	随波逐流	1021524.14	士兵	少校	500
20000015	灰灰是只发财猫	1019484.39	中尉	少校	5000
7068003	融达	1005551.83	上尉	少校	5000
51881810839	德申资本	1004543.66	士兵	少校	500

注：依据比赛规则，晋衔奖"累计盈利额"自2010年持续累计统计，盟军选手所获奖金为常规军种的10%。

附录二：第九届"蓝海密剑"中国对冲基金经理公开赛获奖名单

年度先锋勋章

年度前六				
年度净值排名	资产账号	选手	单位净值	奖金
1	8581003	东东锦①	7.974736	60000
2	7805508	迷途回头路	7.51386128	50000
3	20001530	河南王	5.42244443	40000
4	8700981	滑铁卢之夜	4.81174179	30000
5	6800821052	江山易手	4.73624168	2000
6	3060150310	木易	4.69718116	1000
基金组				
年度净值排名	资产账号	选手	单位净值	奖金
1	8808920	鸿凯1号基金	2.12011962	5000
2	20799006366	"trader20"专户	1.98122075	300
3	1236200001	洼盈9号	1.89742774	200
集团军				
1	21011011527	流氓兔二号	2.44665696	500
2	16681700920	像风一样自由	2.02592145	300
3	2136269	天心无改移	1.92880363	200
导弹部队				
1	212836188	ZJ猎手-2017	2.32699901	500
2	1010901288	夸克	2.32593258	300
3	8510208	walkfish	2.3094899	2000

续表

空军				
年度净值排名	资产账号	选手	单位净值	奖金
1	2.081E+11	宵唯	2.2659133	500
2	2855560	雁阳天	1.93990737	300
3	8766717	栗园叶晓杭	1.87458289	2000

海军				
年度净值排名	资产账号	选手	单位净值	奖金
1	78900706329	舍得	2.59238084	500
2	13033100013	张弛有道	2.54556341	300
3	8720299	合家欢乐	2.50984683	2000

陆军				
1	8733532	万茗	3.99793	5000
2	8701286	shikari	3.97360193	3000
3	7805853	Melin	3.72778931	2000

预备役				
1	7010741	东方大败	4.44760717	500
2	8756160	勇闯天涯 H	4.16639046	3000
3	8726057	随风 AK	4.06176953	2000

远征军				
1	DHYJ5898	郭延軍	2.52647472	5000
2	WYHH0558	haihai	1.68901129	3000
3	20001978	benn	1.66790705	2000

机枪手				
1	8703966	月季阳 J	2.52206139	5000
2	8750858	宁静的大海	2.13323394	3000
3	8510545	weinsteinfans	1.74548274	2000

高地军旗手

资产账号	选手	奖项说明	记录值	奖金
8716981	神奇波浪	打破日收益率纪录	270.29%	10000

晋衔奖

资产账号	参赛名	累计盈利额	历史最高军衔	第九届军衔	晋衔奖金
8808920	鸿凯 1 号基金	84080749.68	上将	五星上将	100000
1236200001	浥盈 9 号	51443456.33	士兵	五星上将	30000
2102021208	"鲍鱼"专户	33940130.07	中将	上将	10000
25008888	巨人资管(香港)1 號	18129689.18	士兵	少将	50000
20799006366	"trader20"专户	11446985.17	士兵	少将	5000
8718831	成金	11313250.72	大校	少将	20000
1801058	摸金嘛尉	10226387.21	大校	少将	2000
2136269	天心无改移	8774866.39	上校	大校	1000
3060150310	木易	8213699.26	上尉	大校	3000
8808937	中国黑色金属 1 号	6254235.21	上校	大校	10000
13588716827	TGR	5750726.15	上校	大校	1000
59791189	黄润华	5558473.28	中校	大校	2000
22295555	银翼杀手	5091711.02	士兵	大校	3000
25001635	巨人资管(香港)5 號	4623669.4	士兵	上校	20000
208100500179	真欣投资	4115853.27	士兵	上校	2000
8831920	琳石一找伯乐	3830665.67	中校	上校	10000
8703758	辛格	3467370.79	中校	上校	10000
8808980	东航骐骏 3 号	3349397.34	士兵	上校	20000
13752790041	风台心情	3181144.59	士兵	上校	2000
13020186688	夺冠高手	3119728.75	士兵	上校	2000
208217600368	银利进取三年期	3082759.56	士兵	上校	2000
11005201011	黄辽野	3067795.22	中校	上校	1000
8610382	受伤的小鱼	3008986.1	中校	上校	10000
1010901288	夸克	2796730.18	中尉	中校	1000
20710026666	高山流水 2 号	2685021.88	少校	中校	500
7710800688	康宝亮资产壹号	2591552.3	士兵	中校	1000
22008880	巨人资管(香港)4 號	2576001.89	士兵	中校	10000

续表

资产账号	参赛名	累计盈利额	历史最高军衔	第九届军衔	晋衔奖金
8726998	晋亨资本多策略	2571855.54	少校	中校	5000
212836188	ZJ猎手-2017	2484200.33	士兵	中校	1000
9600600152	笑	2363861.71	少校	中校	500
PI10002	巨人资管(香港)2號	2310942.44	士兵	中校	10000
158105500336	京笙进取5号	2235608.24	上尉	中校	1000
51881613718	未来的空头	2220147.74	士兵	中校	1000
36990202198	博弈树3号	2143519.46	少校	中校	500
89107700035	彭江浩	2139076.4	上尉	中校	1000
8680095	omnbmh	2134162.44	少校	中校	5000
1710001129	金玉满堂	2131792.23	士兵	中校	1000
8582125	wen_shichun	2031820.69	少校	中校	5000
763077269	火龙果	1980370.4	士兵	少校	500
205880001089	谋事在人	1936432.22	士兵	少校	500
1020062092	cqm	1865916.21	士兵	少校	500
22811802060	Sennawang	1793869.08	高级士官	少校	500
8808985	—	1772675.33	士兵	少校	5000
16681700920	像风一样自由	1717422.87	士兵	少校	500
8733850	狙击手	1705577.17	上尉	少校	5000
8830381	sampras	1683983.35	士兵	少校	5000
208100201336	宵唯	1667291.84	士兵	少校	500
10862500301	点石成水2号	1527437.71	士兵	少校	500
1095200068	宁静致远	1486573.9	上尉	少校	500
205881001120	谋事在人2	1378847.94	士兵	少校	500
205881001201	快乐期货	1266447.89	上尉	少校	500
22868801225	icefish711	1261206.44	中尉	少校	500
78902200688	君信投资一号	1234272.75	士兵	少校	500
8808967	东航骐骏2号	1198594.6	士兵	少校	5000
1811982970	彭炳然5	1187291.48	士兵	少校	500
25000917	FAAM	1180163.42	士兵	少校	5000
213280288	兰瑞1号	1145569.09	士兵	少校	500
8701286	shikari	1139101.31	士兵	少校	5000
5290801718	拾荒者	1138805.39	上尉	少校	500

续表

资产账号	参赛名	累计盈利额	历史最高军衔	第九届军衔	晋衔奖金
11003600018	稳健50	1124287.72	士兵	少校	500
139100200111	马安小墅	1109289.77	上尉	少校	500
13266880262	乐丁	1099494.09	士兵	少校	500
60110099999643	康宝亮资产伍号	1082132.21	上尉	少校	500
12507666	王卿资管②号	1076078.2	上尉	少校	500
8757718	期货骰子	1041483.37	士兵	少校	5000
13615889866	长天康富Y	1040344.26	士兵	少校	500
90021369	风云际会	1039175.35	士兵	少校	500
2195856	旭东	1017204.62	士兵	少校	500
13588716809	sleepingleo	1013423.15	上尉	少校	500
13588706961	交易之道①	1011647.74	上尉	少校	500

注: 依据比赛规则, 晋衔奖 "累计盈利额" 自2010年持续累计统计, 当年颁发衔级晋升的选手, 盟军选手所获奖金为常规军种的10%。

参评年度先锋勋章奖项账户如期权盈利额占比超过80%, 需同时满足账户初始本金不低于5万元。

附录三："蓝海密剑"中国对冲基金
经理公开赛比赛【最新规则】

"蓝海密剑"中国对冲基金经理公开赛比赛规则

为了促进衍生品市场投资管理人才的成熟，探索和积累衍生品投资基金管理经验，推动我国衍生金融力量全面成长，秉承科学、严谨、创新、高效的精神，东航金融(www.kiiik.com)联合汇添富基金(www.99fund.com)、第一财经(www.yicai.com)共同举办"蓝海密剑"中国对冲基金经理公开赛。

[比赛时间]每年(1月1日—12月31日)一届，连续10年。

[奖金总额]计划每年超过100万元人民币，总计1000万元以上。

[赛事规划]

(1)适应对外开放趋势需求，大赛向全球开放。为全面加速培养衍生品投资管理人才，第七届比赛期货实盘大赛基础上，FOF、金融期货仿真和杠杆式外汇仿真等辅助策略测试平台，参与者可单独报名。

(2)第六届"蓝海密剑"实盘大赛选手默认自动进入本次比赛，过往比赛成绩将被连续计算列入大赛官网"蓝色档案"以备查考。

(3)比赛中成绩优异、表现突出的选手将载入精英档案，组委会将予以推广。

(4)为提升比赛竞技水平，国内任何期货公司的投资者均可参加期货实盘大赛。

(5)特约交易商(东航期货与东航国际金融)投资者将有机会获得增值服务中心使用机会。

(6)其他期货公司投资者可向大赛组委会申请参加比赛，该类投资者在参赛后列入盟军序列，并需提供相关必要信息，该类信息仅用于比赛成绩处理和获奖时身份验证。

(7) 主办方将通过科学严谨的评估体系进行星级基金经理评估，同时还将邀请潜质选手加盟"种子系列"基金经理培养计划，提供规模资金操作培养平台，锻炼选手规模资金掌控能力。

(8) 大赛表现优异选手将获主办方相应礼遇，并有机会获组委会以高薪职涯邀聘或进行深度合作。

(9) 大赛所有奖项均为税前额。

(10) 蓄意弄虚作假而非展示真实操作水平者，组委会可根据情况取消其参赛资格。

(11) 组委会拥有本次比赛解释权并随赛程进展必要时对规则进行合理调整，但每届比赛最后三个月不再修改比赛规则。

[奖项总揽]

第七届中国对冲基金经理公开赛设年度先锋勋章、晋衔奖、高地军旗手等奖项，年度比赛结束后颁发。

奖项总揽		
所属赛事	奖项要求	计奖周期
年度先锋勋章	年净值增长前六名	每年颁发
	各军种年净值增长前三名	
晋衔奖	累计收益额突破晋衔标准	
高地军旗手	突破各周期收益率纪录	
星级基金经理	星级排名评分前100位	优先入选FOF基金池

注：表格左侧"实盘比赛"纵向合并"年度先锋勋章、晋衔奖、高地军旗手、星级基金经理"各行。

[大赛官网]比赛详情请登录　蓝海密剑http://www.lhmj.org

[大赛论坛]选手交流请登录　蓝海密剑-中国对冲基金论坛　http://fo-

rum.kiiik.com/

[大赛技术协办]东航期货有限责任公司、东航国际金融(香港)有限公司

[隐私保护]主办方承诺对所有选手个人信息资料、交易数据实行最严格保护，未得选手同意，不得泄露。

期货实盘大赛竞赛规则

[基本规则]

(1)有志于从事衍生金融事业的国内、外所有期货(期权)投资者和杠杆式外汇投资者，均可报名参加比赛。

(2)国内市场交易不限交易商，如申请在特约交易商东航期货有限责任公司比赛，将获各类增值服务、特许手续费率、机枪手组等机会，非特约交易商为盟军选手；国际市场特约交易商为东航国际金融(香港)有限公司。

(3)比赛交易风格不限，交易品种不限（包括在竞赛期间推出的新品种），保证金规模不限，保证金出入不限。

(4)上届"蓝海密剑"期货实盘赛选手，默认自动进入本次比赛。特约交易商客户如愿参加比赛须向组委会申请并提供资产账号。

(5)比赛中将构建科学严谨的评估指标体系全方位考察选手交易状况。

(6)为增强比赛的直观性和观赏性，比赛模拟军事行动展开，特引入兵种、军衔序列编制，根据选手的资金规模（日均净本金）和取得的收益额划分不同兵种和配授相应军衔；晋衔选手将获得相应奖项。

(7)为保证盟军参赛选手交易数据连续性，参赛选手应向主办方提供参赛账户的保证金监控中心账户和密码且在比赛期间持续有效。如遇期货保证金监控中心技术升级、选手保证金监控中心密码变更及其他非主办方原因造成盟军成绩缺失，大赛主办方不承担责任。

[入伍编队规则]

1. 所有选手按日均净本金或战技特征编入蓝海密剑相应军种

军种	日均净本金(战技)
基金组	1000万(含)以上
集团军	200万(含)以上
导弹部队	100万(含)以上
空军	50万(含)以上
海军	30万(含)以上
陆军	10万(含)以上
预备役	10万以下
机枪手特战营	日内交易选手
远征军	外盘选手
盟军	非特约交易商选手

2. 军种划分及军种调整条件

(1)所有选手参赛后如有出入金变化,其军种划分方法采取日均净本金的算法。

(2)盟军选手以日均净本金编入基金组、集团军、导弹部队、空军、海军、陆军、预备役等常规军种(不包括机枪手和远征军)参与大赛排名。

(3)机枪手特战营(日内交易)根据选手的交易状况编队。具体条件为:

①日内交易,无隔交易日持仓。不符合条件者,自动划入其他军种继续参战。

②常规军种选手申请加入机枪手,以重新参赛处理。

③对于利用比赛规则,反复申报机枪手组别情形实施限制条件:违反组别规则退出机枪手组后,每届比赛只有一次再度申报该组别资格。

(4)进编远征军(外盘选手)选手需向组委会特别申请并提供相应账户资料。具体条件为:

①持有东航国际金融 (香港)有限公司的港股、恒指及海外证券、海外期货、杠杆式外汇交易账户的选手均可加入远征军。

②远征军选手的成绩每日将根据中国外汇交易中心外汇中间价统一结算成人民币后进行计算。

[成绩计算]

(1)实盘大赛根据选手权益、出入金等情况采取单位净值法计算成绩，并与每日进行发布。年单位净值为以当届参赛为初始状态计算的单位净值，当届比赛内连续计算，每届比赛结束后清零重新计算。总单位净值以2014年1月1日10年比赛周期起点为初始状态计算的单位净值，连续滚动计算。

(2)选手由常规军种申请转入机枪手，当届比赛成绩清零，次日重新计算。

(3)机枪手选手违反比赛规则持仓，自动转入常规军种，当届比赛成绩延续计算；选手由机枪手转为常规军种，当届比赛成绩延续计算。

(4)盟军选手申请转入常规军种、机枪手参赛的，需向特约交易商申请开立交易账户，其中盟军选手转为常规军种参赛的，当届比赛成绩延续计算；盟军选手转入机枪手的，当届比赛成绩清零，次日重新计算。

(5)盟军选手转入常规军种后，延续计算此前盟军成绩的，需同时满足以下条件方可视为常规军种组别奖励：第一，不少于50%盈利额在转入常规军种后取得；第二，当届比赛以常规军种身份参加比赛时间不少于50%且不少于3个月。未同时满足上述条件的选手，奖金依然依据盟军标准颁发。

(6)主办方每日对选手成绩进行计算和发布，其中常规军种选手在开赛前如有持仓，期初权益按开赛前日收盘价计；如中途报名参赛或因其他原因导致重新计算，期初权益按前日结算价计；比赛过程中按结算价计算，每届比赛末按最后一日收盘价计算成绩；盟军选手账户权益在比赛全程按结算价计算成绩。

(7)由于外盘、外汇市场在国内时段为跨天交易，大赛统一规定T日账户权益为累加计算T-1交易日外汇市场收盘，T日港交所收盘以及北京时间凌晨5：15（夏令时）海外期货市场的即时账户权益，作为计算当日远征军选手成绩的依据。(海外期货数据冬令时比夏令时延迟1小时)。

(8)大赛盟军选手成绩计算所需数据通过期货保证金监控中心获取，因各期货公司结算时间差异，大赛盟军选手成绩于每日18：00左右发布，并在此后陆续更新，次日6：00为当日成绩最终截止时间。

(9) 比赛各周期收益率、收益额奖项以及各项收益率记录的认定，均以周期起始日前一个交易日和周期期末日收盘价确认账户权益。盟军选手涉及参赛奖项和收益率记录认定时，需按所在军种统一手续费标准调整账户权益后确认。

(10) 为真实反映选手交易能力，保证大赛公平，每个比赛周期末组委会将按照收盘价和手续费水平对账户成绩进行核实，最终获奖情况以大赛官网正式公告为准。

[奖项设置]

第七届实盘大赛专设年度先锋勋章、晋衔奖、高地军旗手等奖项，于每届比赛结束后颁发。盟军均根据日均净本金编入相应军种排名，各评奖周期末根据所在军种进行交易手续费统一核算，如达到各奖项要求，可参选年度先锋勋章、晋衔奖、高地军旗手奖项和星级基金经理评估体系，盟军选手可获得相应奖项奖金的10%。

年度先锋勋章

奖励类型	奖项说明	获奖人数	奖金／人	奖金合计
先锋勋章	年净值增长第 1 名	1 名	6 万元	21 万元
	年净值增长第 2 名	1 名	5 万元	
	年净值增长第 3 名	1 名	4 万元	
	年净值增长第 4 名	1 名	3 万元	
	年净值增长第 5 名	1 名	2 万元	
	年净值增长第 6 名	1 名	1 万元	
先锋勋章（年净值增长前6名以外）	各军种年净值增长第 1 名	1 名	5000 元	9 万元
	各军种年净值增长第 2 名	1 名	3000 元	
	各军种年净值增长第 3 名	1 名	2000 元	
每年奖金 30 万元				

注：如某军种参赛人数少于10人，则取消该军种年度先锋勋章。

[晋衔奖]

大赛所有选手盈利额采取滚动连续方式计算。所有在每届比赛参赛时间在3个月以上（含）且在每届比赛结束时获得衔级者，均可获得相应晋衔奖励。晋衔奖每年向当年晋级选手颁发一次，奖金额为晋升后衔级与历史过往最高衔级奖金差额。

军衔	收益额	晋衔奖
元帅	1亿元（含）以上	50万元
五星上将	5000万元（含）至1亿元	30万元
上将	1000万元（含）至5000万元	20万元
中将	500万元（含）至1000万元	10万元
少将	300万元（含）至500万元	5万元
大校	200万元（含）至300万元	3万元
上校	100万元（含）至200万元	2万元
中校	50万元（含）至100万元	1万元
少校	30万元（含）至50万元	5000元
上尉	15万（含）至30万元	
中尉	8万元（含）至15万元	
少尉	5万元（含）至8万元	
高级士官	3万元（含）至5万元	
中级士官	1万元（含）至3万元	
初级士官	5000元（含）至1万元	
士兵	5000元以下	

注：盟军选手需获得校官以上衔级可获得晋衔奖奖金。

高地军旗手

奖励类型	奖项说明	获奖人数	奖金／人
年度纪录高地军旗手	打破比赛年度收益率纪录	不限	1万元
半年纪录高地军旗手	打破比赛半年度收益率纪录	不限	1万元
季度纪录高地军旗手	打破比赛季度收益率纪录	不限	1万元
月度纪录高地军旗手	打破比赛月度收益率纪录	不限	1万元
日纪录高地军旗手	打破比赛日度收益率纪录	不限	1万元

注：①本次十年比赛周期"蓝海密剑"比赛的日、月度、季度、半年、年度等各项收益率记录，均以累计东航金融举办前五届期货实盘比赛结果对应各项收益率最高记录为初始值。

②某周期纪录被刷新后，即作为下一次纪录突破的基准值；如有多位选手在同一天打破某周期纪录，均可获得高地军旗手奖项，取成绩最高者作为下一次纪录突破的基准值。

③高地军旗手奖项确认除满足突破此前比赛收益率记录外，同时在该周期内盈利应不少于人民币5万元，每届比赛结束后根据当年比赛记录情况颁发一次。

④比赛新产生的日、月度、季度、半年、年度等各项收益率记录，均以周期起始日前一个交易日和周期期末日收盘价确认账户权益，并通过单位净值法进行计算。每个记录周期期末，组委会将对比赛自动计算出的超过或接近各项记录成绩进行人工复核，并对破记录的成绩予以确认。

FOF 仿真测试平台

(1)长期关注期货资产管理，有志从事对冲基金事业者均可报名参与，参加者需提供姓名、联系方式、有效身份证等资料，每人只能注册一个账户。报名成功后，获得主办方开设的蓝海FOF账户和统一的5000万人民币资金规模。

(2)FOF参赛选手以蓝海密剑实盘大赛参赛账户做为作为目标基金池进行投资，首批目标基金池为蓝海密剑星级评估排名前100位选手(以申购前一交易日名单为准)，标的基金根据其账户规模有投资权重限制。选手可自行利用蓝海密剑大赛官网的数据、指标、资料等对目标基金进行评估。

(3)蓝海FOF账户初始权益为5000万，初始FOF蓝海净值为1。

(4)每日收盘后计算蓝海FOF账户单位净值，单位净值=T日权益/初始权益，其中T日权益=T-1日现金+T日目标基金份额×T日目标基金净值之和，T日现金=T-1日现金-T日申购金额+T日转入赎回金额。

(5)蓝海FOF账户对目标基金投资采取现金申购、份额赎回方式，申购和赎回可24小时连续进行。申购赎回价格以申购赎回指令发出时间来确定，交易日当天15：15以前发出的申购赎回指令以当日收盘价作为申购赎回的成交价。15：15以后发出的申购赎回指令以下一个交易日收盘价作为申购赎回的成交价。申购赎回指令的发出时间以系统接收到委托指令的时间为准。

(6)为了培养基金投资的审慎态度，FOF目标基金的申购和赎回费用均由基金申购人承担，使用蓝海FOF账户内的现金支付扣除，FOF基金的申购费率为0.5%，赎回费率为0.5%。

(7)FOF目标基金申购份额的计算：净申购金额=申购金额/(1+申购费率)，申购费用=申购金额-净申购金额，申购份额=净申购金额/提出申购当日基金年单位净值。

(8)FOF目标基金赎回金额的计算：赎回采用"份额赎回"方式，赎回价格以提出赎回当日(T日)基金年度单位净值为基准进行核算，计算公式如下：

赎回总金额=赎回份额×T日当日收盘时基金年单位净值，赎回费用=赎回总金额×赎回费率，净赎回金额=赎回总金额-赎回费用

(9)根据目标基金净本金规模不同，蓝海FOF账户对其投资份额进行限制（见下表）。

军种	日均净本金	份数限额
基金组	1000万(含)以上	5000万
集团军	200万(含)以上	1000万
导弹部队	100万(含)以上	500万
空军	50万(含)以上	250万
海军	30万(含)以上	150万
陆军	10万(含)以上	100万
预备役	10万以下	50万
机枪手	日内交易选手	50万
远征军		暂不参与

(10)蓝海FOF账户如遇所持目标基金在实盘比赛中申请退赛，以退赛前一日净值赎回该目标基金的全部份数计算权益。如遇目标基金在实盘比赛中军种组别调整，目标基金份数限额跟随自动调整，原持有人所持该基金的份额不变。

附录四："种子一号"对冲基金经理养成计划

"种子一号"对冲基金经理养成计划

衍生产品基于企业规避市场风险需要而产生，作为金融工具而完善，显现为重要的投资渠道而繁荣。2010年，随着中国股指期货的成功推出，期货市场的功能完善和市场容量迈上了新台阶。

然而，我国期货市场发展水平与国际同行业相比仍然存在很大差距。在成熟的期货市场上，机构投资者是市场中的主要力，而我国期货市场个人投资者占据了市场的主要地位。失衡的投资者结构不利于我国期货市场的健康发展，加快培养我国专业的机构投资者是市场建设的当务之急。

为此，东航金融在"潜龙出渊"和"蓝海密剑"期货实盘大赛开赛之初就明确了"探索和积累衍生品基金管理经验"的宗旨。通过数年的探索和积累？拟推出"种子一号"基金经理养成计划，以期为未来真正的对冲基金培养出优秀的经理人才。

一、基金经理养成计划目的

通过系统组合，资金规模增压，促进比赛中表现出卓越潜能的选手成长，使选手通过本计划培养后顺利过渡为未来基金经理。东航金融通过提供种子基金的方式，为选手提供一个贯彻自己投资理念和展示交易技巧的平台。随着选手投资水平的提升和选手数量的扩充，逐步增加种子基金规模，进一步提升选手运作资金的能力。本设计方案参考目前基金公司"专户理财"产品的运行架构，但保持资金和选手的开放性，以实现资金规模和人才规模的扩充。

二、基金经理养成计划的运作

针对目前期货行业资产管理无序的情况，本基金经理养成计划按照基金公司方式运作，希望通过规范的运作形式，提升整个期货行业资产管理标准，使得期货行业资产管理向着有序、健康、标准化的方向发展。基金经理养成计划运作期间，东航金融对参加基金经理养成计划的选手定期进行评估，通过对选手交易记录进行多维度分析，结合对选手交易手法、交易风格的定性考察，甄选优秀的选手稳步增加资金规模，以下是本计划运作的流程图。

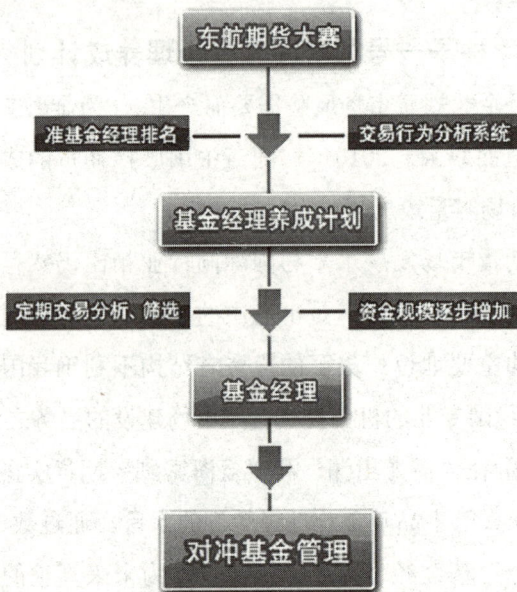

三、基金经理养成计划选手挑选标准

(1)参加潜龙出渊和蓝海密剑大赛满12个月，个别表现极为突出选手可放宽至6个月。

(2)准基金经理("蓝海密剑"实盘大赛综合排名)排名前60(随着参赛人数增加，可酌情放宽)。

(3)有较明确的投资理念和交易策略，符合基金经理养成计划产品的要求。

(4)有较为严格的风控方案，并有较强的执行力。

(5)有合作意愿，具有较强自律性。

四、基金经理养成计划产品构建方法

通过对参加"蓝海密剑"期货大赛的优秀选手进行交易行为分析并结合

本基金产品的风险控制要求，首期甄选出10～15位优秀选手；将选手交易策略进行分类、组合，根据"种子一号"风格要求分配权重和资金规模(以后定期调整权重和资金规模)。

五、基金经理养成计划产品特点

通过优选期货组合投资经理，利用短线、中线、长线等策略进行组合投资，并采用对投资经理的组合比例调整，追求资本在低风险水平下的长期平稳复利增长；以期"种子一号"有杰出表现。

通过多种不同投资策略组合，获取稳健基础上的高额投资收益。

东航金融发挥主动管理能力，采用组合基金的设计结构，根据市场状况和选手表现，适时动态调整子基金配置权重，对选手在综合谨慎考察基础上实行优胜劣汰。

多种措施保障风险。通过东航金融、期货公司和投资经理三级风控体系严密布控；通过动态保证金比率调整、投资品种设定、严格止损、交易软件自动交易参数设定、多重安全垫等多种手段实施风控。

明星投资经理+激励约束机制。东航金融从800多位交易选手中，挑选了60位投资经理组成备选池，再从中挑选10多位投资经验丰富，投资策略鲜明的明星基金经理。同时东航金融将出资认购种子基金的启动规模。对培养的基金经理实行投资顾问(CTA)制度，激励措施为基本顾问费+绩效奖励。

风险承托机制。如果基金实际净值低于0.7，即亏损额超过30%的部分由东航金融承担。

六、基金经理养成计划产品要素

基金经理养成计划产品采取主动管理组合投资方式，业绩激励参考国外期货投资基金以及国内的专户理财产品的激励制度，对投资顾问实行基本投资顾问费+业绩奖励方式，投资顾问不承担投资风险。基金经理养成计划投资产品，每3个月为一个申购赎回窗口，申购赎回逻辑如下：

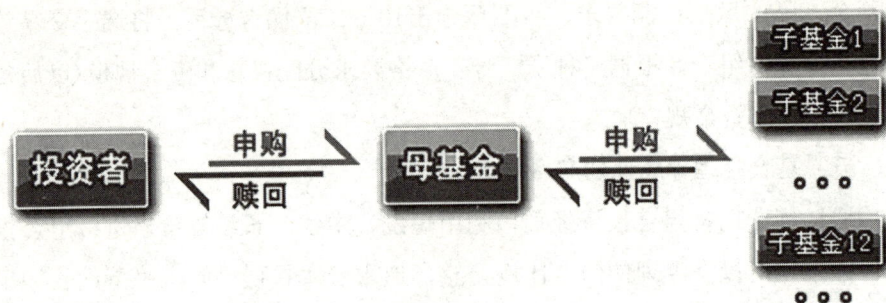

基金类型	主动管理组合期货投资基金
基金投资范围	暂仅限定于上海期货交易所、大连商品期货交易所、郑州期货交易所的主力合约
基金投资规模	最低投资 1000 万元人民币,不封上限
投资者申购赎回费率	申购费 0%;赎回费 0%
投资者申购赎回期	每季度末倒数第二个交易日开放申购赎回
基金产品期限	不定期限
基金分红	在产品份额单位净值超过 1.0 进行分红,每年至少分红一次
基金计划跟踪指数	绝对回报
静态预警线	子基金净值 0.85
止损线	子基金净值 0.7
基金固定管理费用	2%/年,按理财产品资产规模收取,按日计提,逐日累计到每月月末,按月支付
基金浮动业绩报酬	按照基金份额年化收益率超过 8%部分计提 20%作为业绩报酬

基金经理业绩奖励总额	根据基金份额的年化收益率表现超额部分按以下方式计算： 0＜基金份额年化收益率≤8%,不提取业绩奖励； 8%＜基金份额年化收益率≤18%,超额部分收取 9%业绩奖励； 18%＜基金份额年化收益率≤28%,超额部分收取 10%业绩奖励； 28%＜基金份额年化收益率≤35%,超额部分收取 11%业绩奖励； 35%＜基金份额年化收益率,超额部分收取 12%业绩奖励
基金经理基本投资顾问费总额	资产总规模 1%/ 年，为扶持基金经理养成计划，初期暂定资产规模 6%/年左右
基金经理个人业绩奖励	基金经理个人业绩奖励 = $\dfrac{\text{子基金的贡献额}}{\text{所有子基金的贡献额之和}}$ ×基金的奖励总额； 子基金贡献额根据子基金份额的年化收益率表现超额部分计算,具体参照基金业绩奖励计算； 若基金经理单位净值达到止损线,终止合作;不享有个人业绩奖励

七、投资决策程序和投资限制

1. 投资决策流程

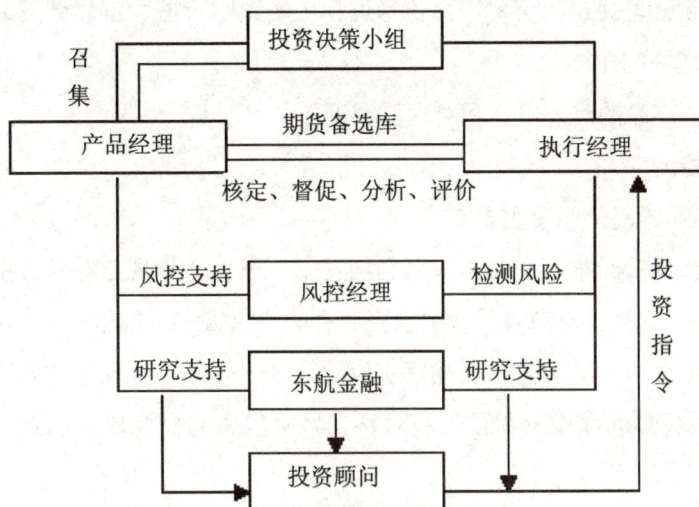

2．投资决策组

(1)成员：包括产品及运营部门负责人、产品经理、投资顾问、运营经理、风控经理。

(2)职责：审议运营经理报告的投资异常状况并确定处理方案。

(3)议事规则：

①投资决策组会议由产品部门或运营部门负责人召集，须半数以上人员出席方可召开(产品及运营部门负责人必须出席)，召开前运营经理须将投资异常状况报告发送到小组每个成员。

②投资决策组讨论确定的处理方案形成会议纪要由小组成员签字表决，半数以上成员同意予以通过并执行，否则予以否决。部门负责人可再行提议其他处理方案并表决。运营经理负责形成书面报告，上报产品和运营部门负责人并报公司分管领导。

③投资决策组确定的处理方案，分管领导有一票否决权。

3．运营经理

运营经理的岗位职责主要有：

(1)对投资顾问的投资建议进行审核，在授权范围内执行场外交易指令，并记录交易执行情况，必要时对投资异常情况报告投资决策组并执行处理方案。

(2)按照公司规定，负责产品执行过程中的跟踪管理、信息披露、终止清算和档案管理等工作。

(3)负责产品的对外联络和对内协调工作。

4．风控经理

风控经理的岗位职责主要有：

(1)监督运营经理、交易员按照合同文本、投资政策规定在各自授权范围内进行投资、交易，对超越授权的投资履行必要报告和审批程序。

(2)监测分析各类风险，贯彻落实风险管理，收集、整理各类风险监测的指标数据，及时进行提示和预警；对存在风险隐患的投资进行调查并做出独立判断。

(3)与公司风险管理部，落实公司有关风控政策。

5．投资顾问

(1)按照自己的交易策略对执行经理发出投资指令。

(2)对投资异常情况报告产品经理以及投资决策组。

6．投资限制

(1)只交易商品期货的主力合约和次主力合约。

(2)禁止交易近交割月合约。

注：主力合约和次主力合约按照交易量排名的最大的两个合约。非主力合约是指除主力合约和次主力合约的其他合约。近交割月合约是指交割月合约或临近交割月合约。

八、风险分析及管理对策

期货市场的保证金制度使得期货具有较高的杠杆效应，这决定了期货具有高收益、高风险的特征，"种子一号"基金经理养成计划作为探索性的期货基金，如何建立科学有效的风险监管制度，通过有效措施，对基金风险进行控制，规避、分散，成为一个重要课题。

"种子一号"基金经理养成计划通过三层风险保障措施设置既基金经理、东航金融、期货公司三级风控体系严密布控，以期达到对风险的严格控制。作为基金的管理者，东航金融分别从以下方面对基金进行风险监控管理。

1．基金组合配置监控

(1)基金经理资产配置。

通过东航期货主办的实盘期货大赛，对优秀选手的交易进行数量化分析，挑选出优秀的基金经理。同时，根据基金经理的交易风格，进行基金组合配置，从而达到对冲，分散风险和稳定盈利的目的。确定基金经理的投资组合也是我们进行风险管理的事前风险部分，通过事前对选手的交易策略和风险控制有足够的了解和认识，从而对整个组合产品的收益风险特征有足够的了解，在产品运行后对产品出现的异常情况能够及时进行监控。

(2)基金经理资产配置定期调整。

"种子一号"基金经理养成计划产品运营后每3个月定期调整一次，根据此期间基金经理的交易行为、交易结果调整基金组合资产配置。此期间主要考察以下方面：

①基金组合管理水平分析，通过对基金组合的收益构成分析，收益增长分析（主要关注基金组合收益率的增长及回撤情况）研究基金组合资产配置能力及业绩的持久性；

②基金经理交易分析，通过东航金融自有的客户交易行为分析系统跟踪基金经理交易行为，并定期对基金经理交易行为进行分析。

2. 基金交易行为监控

(1)交易合约限制。

根据期货市场和子基金投资策略的特点，综合考虑基金组合产品风险管理和公司内部风险管理的要求，根据合约的交易量、活跃程度以及是否为近交割月合约等因素，我们确定基金经理可交易的合约。通过东航金融自行开发的"红绿联盟交易系统"对基金经理可交易合约进行设定，并根据实际情况不断调整基金经理可交易的合约。

(2)交易保证金率限制。

通过调整期货合约的保证金比率即调整基金经理使用的投资杠杆倍数，从而有效的实现对期货投资杠杆的控制。根据基金经理不同的交易策略特征，设定不同的初始保证金和维持保证金比率：在亏损的时候将提高基金经理的保证金比率，而在盈利的时候将降低基金经理的保证金比率，根据基金经理的交易情况动态调整保证金比率，根据净值表现调整不同基金经理的保证金比率。保证金比率表见附件1。

(3)交易参数设定。

通过东航金融自行开发的"红绿联盟交易系统"，对基金经理的交易参数进行设置，包括选手使用资金额度，交易品种等。同时，本系统可以对基金经理一些交易行为通过参数设置进行预警，如日内超短线基金经理的过夜持仓超过比率限制。

(4)盘中实时交易监控。

采用"红绿联盟交易系统"，及时、有效地进行盘中交易监控。对基金经理的交易品种进行评估，以及选手的交易风格进行监控，在突发的情况下采取减仓、强平等措施控制风险。

3．基金经理投资风险监控

本基金经理养成计划的业绩很大程度上依赖基金经理的投资管理能力、勤勉尽责的执行投资管理义务和恪守各项法律法规。为了更好地控制本基金的风险，保护投资者利益，特此规定：

（1）要求基金经理进行无不良记录和合规运作等的陈述和保证。

（2）要求基金经理应及时向东航金融披露其信用事件、涉及诉讼、被国家机关立案调查、及影响其发挥专业能力的事件，以便对其跟踪管理。

（3）要求基金经理定期准备投资计划、研究分析报告、评估报告等投资管理文件，递交并配合东航金融用于风险分析和信息披露；基金经理发出的投资建议应符合东航金融认同的研究分析报告。

（4）在基金经理养成计划中向投资人披露可能出现的投资风险，特别是出现道德风险时造成的不利影响。

（5）基金经理违反其职责时，东航金融有权根据合同的规定解聘基金经理或者提前终止养成计划。

4．基金净值跌破0.70止损点的风险

若基金产品净值在接近止损点之时仍满仓交易，即便不存在杆杆（保证金比率为100%），也有可能在次日交易盘中因交易品种价格的下跌，而导致最终清盘后的基金单位净值跌破0.70，出现净值跌破止损点的风险。在净值跌破0.7以后该基金将停止运作，东航金融首先用自己购买份额补足客户的亏损，保证投资人最大亏损控制在30%以内。

九、保证金调整比率表

(1)基础保证金率。

交易所	品种	交易所基础保证金	基础保证金率
郑州商品	硬冬麦 WT	5%	10%
	强筋麦 WS	5%	10%
	棉花 CF	5%	10%
	白糖 SR	6%	12%
	PTA TA	6%	12%
	菜籽油 RO	6%	12%
	早籼稻 ER	5%	10%
大连商品	豆粕 m	5%	10%
	大豆1号 a	5%	10%
	聚乙烯 l	7%	14%
	玉米 c	5%	10%
	大豆2号 b	5%	10%
	豆油 y	5%	12%
	棕榈油 p	7%	12%
	聚氯乙烯 v	7%	14%
上海期货	铜 cu	8%	16%
	铝 al	7%	14%
	天然胶 ru	8%	16%
	燃料油 fu	8%	16%
	锌 zn	7%	14%
	黄金 au	7%	14%
	螺纹钢 rb	8%	16%
	线材 wr	8%	16%

(2)当子基金单位净值≤0.9时，则按照下面标准执行。

交易所	品种	交易所基础保证金	保证金率
郑州商品	硬冬麦 WT	5%	15%
	强筋麦 WS	5%	15%
	棉花 CF	5%	15%
	白糖 SR	6%	18%
	PTA TA	6%	18%
	菜籽油 RO	6%	18%
	早籼稻 ER	5%	15%
大连商品	豆粕 m	5%	15%
	大豆1号 a	5%	15%
	聚乙烯 l	7%	21%
	玉米 c	5%	15%
	大豆2号 b	5%	15%
	豆油 y	5%	15%
	棕榈油 p	7%	21%
	聚氯乙烯 v	7%	21%
上海期货	铜 cu	8%	24%
	铝 al	7%	21%
	天然胶 ru	8%	24%
	燃料油 fu	8%	24%
	锌 zn	7%	21%
	黄金 au	7%	21%
	螺纹钢 rb	8%	24%
	线材 wr	8%	24%

(3)当理财产品单位净值≤0.8时，则按照下面标准执行。

交易所	品种	交易所基础保证金	保证金率
郑州商品	硬冬麦　WT	5%	20%
	强筋麦　WS	5%	20%
	棉花　CF	5%	20%
	白糖　SR	6%	24%
	PTA　TA	6%	24%
	菜籽油　RO	6%	24%
	早籼稻　ER	5%	20%
大连商品	豆粕　m	5%	20%
	大豆1号　a	5%	20%
	聚乙烯　l	7%	28%
	玉米　c	5%	20%
	大豆2号　b	5%	20%
	豆油　y	5%	20%
	棕榈油　p	7%	28%
	聚氯乙烯　v	7%	28%
上海期货	铜　cu	8%	32%
	铝　al	7%	28%
	天然胶　ru	8%	32%
	燃料油　fu	8%	32%
	锌　zn	7%	28%
	黄金　au	7%	28%
	螺纹钢　rb	8%	32%
	线材　wr	8%	32%

(4)当理财产品单位净值＞1.1时，则按照下面标准执行。

交易所	品种	交易所基础保证金	保证金率
郑州商品	硬冬麦　WT	5%	8%
	强筋麦　WS	5%	8%
	棉花　CF	5%	9%
	白糖　SR	6%	10%
	PTA　TA	6%	10%
	菜籽油　RO	6%	10%
	早籼稻　ER	5%	8%
大连商品	豆粕　m	5%	9%
	大豆1号　a	5%	9%
	聚乙烯　l	7%	11%
	玉米　c	5%	8%
	大豆2号　b	5%	8%
	豆油　y	5%	10%
	棕榈油　p	7%	10%
	聚氯乙烯　v	7%	11%
上海期货	铜　cu	8%	13%
	铝　al	7%	11%
	天然胶　ru	8%	13%
	燃料油　fu	8%	13%
	锌　zn	7%	11%
	黄金　au	7%	11%
	螺纹钢　rb	8%	13%
	线材　wr	8%	13%

同时注意以下：

(1)当上述保证金率低于交易所规定的保证金率，按照交易所保证金率执行。

(2)调整保证金率的时候将在基金净值达到调整值的±2%范围内灵活调整，防止频繁调整。